瑞佩尔 主编

新能源电动汽车
混合动力汽车
维修资料大全
国外品牌

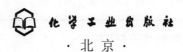

化学工业出版社

·北京·

图书在版编目（CIP）数据

新能源电动汽车混合动力汽车维修资料大全. 国外品
牌/瑞佩尔主编. —北京：化学工业出版社，2019. 7
　　ISBN 978-7-122-34145-7

　　Ⅰ. ①新… Ⅱ. ①瑞… Ⅲ. ①电动汽车-车辆修理-
国外 ②混合动力汽车-车辆修理-国外 Ⅳ. ①U469.
720. 7 ②U469. 707

中国版本图书馆 CIP 数据核字（2019）第 052965 号

责任编辑：周　红　　　　　　　　　　　文字编辑：张燕文
责任校对：王　静　　　　　　　　　　　装帧设计：王晓宇

出版发行：化学工业出版社（北京市东城区青年湖南街 13 号　邮政编码 100011）
印　　刷：三河市航远印刷有限公司
装　　订：三河市宇新装订厂
787mm×1092mm　1/16　印张 22½　字数 552 千字　2019 年 7 月北京第 1 版第 1 次印刷

购书咨询：010-64518888　　售后服务：010-64518899
网　　址：http://www.cip.com.cn
凡购买本书，如有缺损质量问题，本社销售中心负责调换。

定　　价：99. 00 元　　　　　　　　　　　　　　　　版权所有　违者必究

前言
FOREWORD

新能源汽车是指采用非常规的车用能源（即除汽油、柴油之外）作为动力来源（或使用常规的车用燃料、采用新型车载动力装置），综合车辆的动力控制和驱动方面的先进技术，形成的技术原理先进，具有新技术、新结构的汽车。

广义上的新能源汽车包括纯电动汽车（BEV，Battery Electric Vehicle）、增程插电式电动汽车（PHEV，Plug in Hybrid Electric Vehicle）（装有小排量汽油发动机但行驶动力以电为主）、油电或油气混合动力汽车（HEV，Hybrid Electric Vehicle）、燃料电池电动汽车（PCEV，Fuel Cell Electric Vehicle）、氢发动机汽车、太阳能和其他新型能源汽车等。目前新能源汽车一般特指纯电动汽车与插电增程式电动汽车。

纯电动汽车顾名思义就是纯粹靠电能驱动的车辆，不需要其他能量。它可以通过家用电源（普通插座）、专用充电桩或者在特定的充电场所进行充电，以满足日常行驶需求。

广义上的混合动力汽车（Hybrid Vehicle）是指车辆驱动系统由两个或多个能同时运转的单个驱动系统联合组成的车辆，车辆的行驶功率依据实际的车辆行驶状态由单个驱动系统单独或共同提供。

通常所说的混合动力汽车，一般是指油电混合动力汽车（HEV，Hybrid Electric Vehicle），即采用传统的内燃机（柴油机或汽油机）和电动机作为动力源。

新能源汽车中的插电式混合动力电动汽车，是特指通过插电进行充电的混合动力汽车。一般需要专用的供电桩进行供电，在电能充足时，采用电动机驱动车辆，电能不足时，发动机会参与到驱动或者发电环节。

插电式混合动力汽车是可以在正常使用情况下，从非车载装置中获取电能，以满足车辆一定的纯电动续驶里程的混合动力汽车。

增程式混合动力汽车是在纯电动汽车的基础上开发的电动汽车。之所以称之为增程式混合动力汽车是因为车辆追加了增程器（传统发动机加发电机），而为车辆追加增程器的目的是进一步提升纯电动汽车的续驶里程，使其能够尽量避免频繁地停车充电。

插电式混合动力汽车是由混合动力汽车进化而来的，它继承了混合动力汽车的大部分特点，但把混合动力汽车的功率型电池替换为比容量（单位质量所包含的能量）更大的能量型电池，如此一来动力电池就有足够的能量保证车辆可以在零排放、无油耗的纯电动模式下行驶一定的距离。

从驱动的角度来看，增程式混合动力汽车无论是工作在纯电动模式下还是增程模式下，其车轮始终由电动机独立驱动，而插电式混合动力汽车如果工作在混合动力模式下，发动机会与电机一同参与到驱动车轮的行列（经动力耦合后）。

从系统选型的角度来说，增程式混合动力汽车必须是串联式混合动力形式，而插电式混合动力汽车可以是并联式混合动力形式，也可以是混联式混合动力形式。

燃料电池电动汽车是利用氢气和空气中的氧在催化剂的作用下在燃料电池中经电化学反应产生的电能作为主要动力源驱动的汽车。

随着新能源电动汽车这一行业的兴起，整个产业链的配套服务，相关电动汽车配件、服务组件的研发，教育产业中汽车新能源专业建设，以及电动汽车的售后技术支持，维修养护服务等都在寻找着属于各自的机遇。在技术出版输出方面，种类繁多的相关新能源汽车技术，电动汽车原理构造、维修与养护的图书也数不胜数，但能够提供对应车辆数据与技术资料的书籍却很少。为此，笔者根据当前市场热销及电动汽车（除纯电车型外还包括插电混动与油电混动车型）保有量的排行，选取了数款国内外知名品牌新能源电动与混合动力车型，并集中整理了这些车型的技术资料，以满足行业需求。

本套丛书分为国内品牌与国外品牌两个分册。本分册为国外品牌分册，主要涉及的品牌车型有特斯拉（MODEL S、MODEL X）、宝马（i3、530Le PHEV、X1 25Le PHEV）、奔驰（C350 PHEV、GLE500e PHEV、S500 PHEV、S400 HEV）、大众-奥迪（高尔夫 GTE PHEV、途观 L PHEV、帕萨特 PHEV、奥迪 Q7 PHEV）、通用别克-雪佛兰-凯迪拉克（别克君越 H30 HEV、别克 VELITE 5 PHEV、雪佛兰迈锐宝 XL HEV、凯迪拉克 CT6 PHEV）、福特-林肯（蒙迪欧 PHEV、C-MAX Energi PHEV、林肯 MKZ HEV）、丰田-雷克萨斯（普锐斯 PHEV、凯美瑞 HEV、卡罗拉-雷凌 HEV、雷克萨斯 CT200H HEV、雷克萨斯 ES300H HEV）、本田（雅阁 HEV、思铂睿 HEV、CR-V HEV）、日产（聆风 LEAF、楼兰 HEV）、现代-起亚（现代索纳塔 HEV、现代悦动 EV、起亚 K5 HEV、起亚 K5 PHEV、起亚 KX3 EV、华骐 300E EV）。

编选资料主要包括以下几个方面：一是高压部件的安装位置、部件结构分解的信息；二是高压电气部件接口位置，接插件端子分布与功能定义及数据检测；三是各控制系统的故障代码含义与相关故障快速排除方法；四是各车型高压系统电路图，如电池管理系统电路、电机驱动控制电路、整车控制器电路、充电控制电路；五是高压系统总成部件，如高压电池包、驱动电机、车载充电机、DC-DC 转换器、变速器与减速器、电动空调系统等的关键技术参数；六是常用维护保养数据，如油液规格及用量、熔丝与继电器盒信息等。因数据繁多，限于篇幅，不同品牌车型只能择其要点选录。

本书由瑞佩尔主编，此外参加编写的人员还有朱其谦、杨刚伟、吴龙、张祖良、汤耀宗、赵炎、陈金国、刘艳春、徐红玮、张志华、冯宇、赵太贵、宋兆杰、陈学清、邱晓龙、朱如盛、周金洪、刘滨、陈棋、孙丽佳、周方、彭斌、王坤、章军旗、满亚林、彭启凤、李丽娟、徐银泉。在编写过程中，参考了大量汽车厂商的文献资料，在此，谨向这些资料信息的原创者们表示由衷的感谢！

囿于笔者水平及成书之匆促，书中不足在所难免，还望广大读者朋友及业内专家多多指正。

编者

目录
CONTENTS

第3章　奔驰汽车 ／ 042

第4章　大众-奥迪汽车 ／ 059

第5章　通用别克-雪佛兰-凯迪拉克汽车／087

第1章

特斯拉汽车

1.1 MODEL S(2014~)

1.1.1 高压系统部件位置

高压系统部件位置如图 1-1 所示。

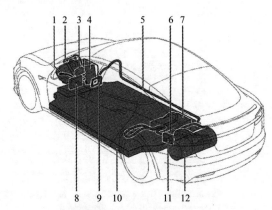

图 1-1 高压系统部件位置

1—前驱单元（如果配备）；2—A/C 压缩机；3—电池冷却液加热器；4—前接线盒；5—高压电缆；6—快速分离器；
7—充电机；8—DC-DC 转换器；9—前舱加热器；10—高压电池；11—充电端口；12—后驱单元

1.1.2 2014~2016 年款车型熔丝与继电器信息

三个熔丝盒位于前舱内的维护板下方，如图 1-2 所示。各熔丝盒熔丝分布如图 1-3～图 1-5 所示，熔丝信息见表 1-1～表 1-3。

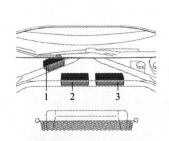

图 1-2 熔丝盒位置

1—熔丝盒1；2—熔丝盒2；3—熔丝盒3

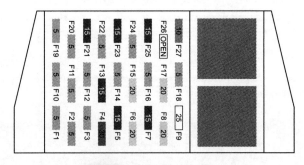

图 1-3 熔丝盒 1 熔丝分布

表 1-1 熔丝盒 1 熔丝信息

熔丝	额定电流	保护电路
F1	5A	辅助传感器、收音机、USB 设备集线器
F2	5A	头灯调平系统(仅限欧盟和中国采用螺旋悬架弹簧设计的轿车)
F3	5A	阅读灯、后视镜
F4	30A	后排外侧座椅加热器(寒冷天气选项)
F5	15A	座椅加热器(驾驶员座椅)

熔丝	额定电流	保护电路
F6	20A	基础音频放大器
F7	15A	座椅加热器(前乘客座椅)
F8	20A	高级音频放大器
F9	25A	天窗
F10	5A	被动安全辅助系统
F11	5A	转向盘开关
F12	5A	驱动模式传感器及偏航率传感器(车身稳定/牵引力控制系统)
F13	15A	雨刮复位开关
F14	5A	驱动变流器
F15	20A	电控驻车制动
F16	5A	停车传感器
F17	20A	电控驻车制动
F19	5A	车载 HVAC 传感器
F20	5A	驾驶室空气加热器逻辑控制器
F21	15A	冷却液泵 1
F22	5A	进气驱动器
F23	15A	冷却液泵 2
F24	5A	驾驶室温度控制器
F25	15A	冷却液泵 3
F27	10A	温度控制器

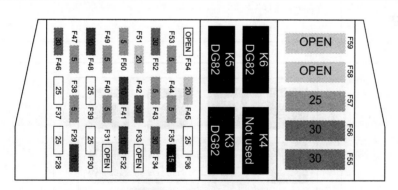

图 1-4 熔丝盒 2 熔丝分布

表 1-2 熔丝盒 2 熔丝信息

熔丝	额定电流	保护电路
F28	25A	摇窗机构电机(右后)
F29	10A	接触器电源
F30	25A	摇窗机构电机(右前)
F32	10A	车门控制器(右侧)

熔丝	额定电流	保护电路
F34	30A	后中座椅加热器、挡风玻璃清洗器/雨刷除霜器(寒冷天气选项)
F35	15A	12V电源插座
F36	25A	空气悬架
F37	25A	摇窗机构电机(左后)
F38	5A	驾驶员座椅记忆模块
F39	25A	摇窗机构电机(左前)
F40	5A	后车门把手
F41	10A	车门控制器(左侧)
F42	30A	电动行李厢盖
F43	5A	功率传感器、制动开关
F44	5A	充电机(充电接口)
F45	20A	被动门禁系统(喇叭)
F46	30A	车身控制模块(第2组)
F47	5A	杂物箱灯
F48	10A	车身控制模块(第1组)
F49	5A	仪表板
F50	5A	警报器、侵入/倾斜传感器(仅限欧洲)
F51	20A	触摸屏
F52	30A	加热后窗器
F53	5A	电池组管理系统
F55	30A	左前电动座椅
F56	30A	右前电动座椅
F57	25A	驾驶室风扇

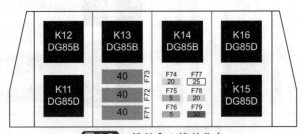

图 1-5　熔丝盒 3 熔丝分布

表 1-3　熔丝盒 3 熔丝信息

熔丝	额定电流	保护电路
F71	40A	冷凝器风扇(左)
F72	40A	冷凝器风扇(右)
F73	40A	真空泵
F74	20A	12V电源(驾驶室)

熔丝	额定电流	保护电路
F75	5A	动力转向系统
F76	5A	ABS
F77	25A	车身稳定控制系统
F78	20A	大灯-远光/近光
F79	30A	车灯-外部/内部

如果 MODEL S 配有寒冷天气选项，会有一个附加的熔丝盒 4 位于驾驶员侧饰板下方，熔丝分布如图 1-6 所示，熔丝信息见表 1-4。

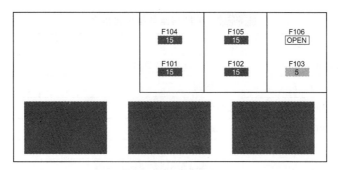

图 1-6 熔丝盒 4 熔丝分布

表 1-4 熔丝盒 4 熔丝信息

熔丝	额定电流	保护电路
F101	15A	左后座椅加热器
F102	15A	右后座椅加热器
F103	5A	中后座椅加热器控制器
F104	15A	中后座椅加热器
F105	15A	雨刮除霜器

1.1.3 2017～2018 年款车型熔丝与继电器信息

2017 年款起 MODEL S 前舱熔丝与继电器盒如图 1-7 所示，仪表板熔丝与继电器盒如图 1-8 所示，熔丝与继电器信息见表 1-5 和表 1-6。

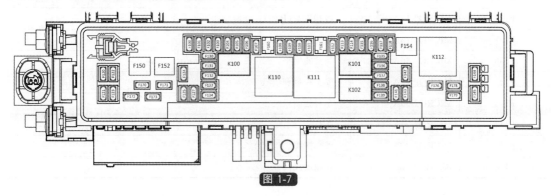

图 1-7

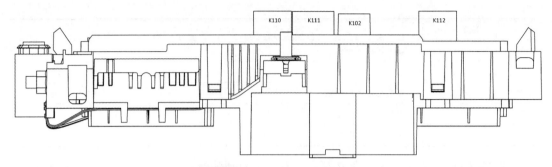

图 1-7　前舱熔丝与继电器盒

表 1-5　前舱熔丝与继电器信息

熔丝与继电器	规格	保护电路
F100	MICRO2-5A	警报器和入侵传感器
F103	MICRO2-25A	ABS 阀
F107	MICRO2-5A	后驱动逆变器
F108	MICRO2-5A	驾驶轨道感应器
F109	MICRO2-10A	驻车辅助
F110	MICRO2-5A	线束控制模块
F112	MICRO2-5A	乘客舱舒适系统
F113	MICRO2-10A	乘客舱加热器
F114	MICRO2-10A	热控制器；电池加热器；进气口冷却阀
F116	MICRO2-10A	车身控制模组 1
F117	MICRO2-10A	空气悬架控制阀
F122	MICRO2-15A	冷却液泵（PT1）
F123	MICRO2-15A	冷却液泵（BA2）
F124	MICRO2-10A	刮水器
F125	MICRO2-10A	接触器功率
F127	MICRO2-10A	自动驾驶 ECU 2
F130	MICRO2-5A	前端雷达
F132	MICRO2-5A	前驱动逆变器
F135	MICRO2-10A	前端摄像头除雾
F136	MICRO2-15A	冷却液泵（PT2）
F137	MICRO2-15A	冷却液泵（BA1）
F138	MICRO2-30A	后除霜网格
F142	MICRO2-15A	安全控制和喇叭
F143	MICRO2-30A	车身控制模组 2
F144	MICRO2-20A	头灯
F145	MICRO2-25A	外部照明
F160	JCASELP-30A	客舱鼓风机

续表

熔丝与继电器	规格	保护电路
K101	MICRO280	HVAC 组
K102	MICRO280	后除霜网格
K110	ISO	驱动装置
K111	ISO	HVAC 组

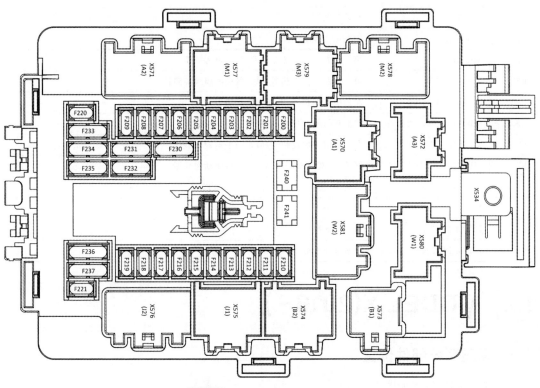

图 1-8　仪表板熔丝与继电器盒

表 1-6　仪表板熔丝与继电器信息

熔丝	规格	保护电路
F200	MICRO2-5A	记忆座椅模块
F201	MICRO2-25A	左后车窗电机
F203	MICRO2-20A	中控台 12V 电源插座
F204	MICRO2-25A	右前车窗电机
F205	MICRO2-25A	左前车窗电机
F206	MICRO2-25A	天窗.转向柱调节
F207	MICRO2-15A	12V USB 插座
F210	MICRO2-30A	电动掀背门
F211	MICRO2-25A	右后车窗电机
F214	MICRO2-30A	自动驾驶 ECU(主)

熔丝	规格	保护电路
F215	MICRO2-10A	转向盘加热器
F216	MICRO2-25A	电动驻车制动（主）
F217	MICRO2-20A	高级音频放大器
F218	MICRO2-20A	基础音频放大器
F219	MICRO2-5A	杂物箱灯，诊断接口
F220	MICRO2-5A	制动开关
F221	MICRO2-5A	BMS 电池管理系统
F230	MICRO3-15A×2	第二排右座椅加热器，12V 附件电源插座
F231	MICRO3-15A×2	第二排左座椅加热器，第二排中间座椅加热器
F232	MICRO3-15A×2	左前座椅加热器，右前座椅加热器
F233	MICRO3-10A×2	左前车门手柄控制，右前车门手柄控制
F234	MICRO3-5A×2	左后车门手柄控制，右后车门手柄控制
F235	MICRO3-10A×2	网关，充电系统，中央显示屏，后驱动逆变器
F236	MICRO3-5A×2	转向角/转向柱，后视镜，收音机，TPMS
F237	MICRO3-5A×2	智能助力器，仪表盘
F240	JCASEM-15A	右前电动座椅
F241	JCASEM-15A	左前电动座椅

1.2 MODEL X(2016~)

1.2.1 高压系统部件位置

高压系统部件位置如图 1-9 所示。

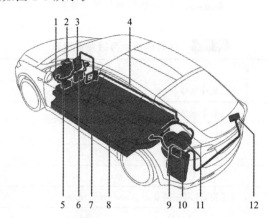

图 1-9 高压系统部件位置

1—前置电机；2—空调压缩机；3—前接线盒；4—高压电缆；5—电池冷却剂加热器；6—DC-DC 转换器；
7—驾驶室加热器；8—电池；9—车载充电机；10—充电接口；11—后置电机；
12—高压线至后部供暖、通风和空调总成

1.2.2 四轮定位数据

四轮定位数据见表 1-7。

表 1-7 四轮定位数据

项目	空气悬架	
	前轮	后轮
车轮外倾角	$-0.75°±0.35°$	不适用
车轮外倾角分割	$0.00°±0.20°$	$0.00°±0.50°$
后倾角	$4.20°±0.50°$	不适用
后倾角分割	$0.00°±0.20°$	不适用
单车轮前束角	外侧 $0.05°{}^{+0.05°}_{-0.15°}$	内侧 $0.20°±0.05°$
推力角	不适用	$0.00°±0.30°$
悬挂螺栓高度（设计值）	$(258.5±5)mm$	90D 和 P90D 车型：$(189±5)mm$

1.2.3 制动系统检修数据

四轮防抱死制动系统（ABS）带电子制动力分配，集成高级稳定性控制和电子加速踏板激活的能量回收制动系统。制动系统检修数据见表 1-8。

表 1-8 制动系统检修数据

项目	数据
制动钳	四活塞固定
转盘直径(风冷)	前：13.98in/355mm　后：14.37in/365mm
前转盘厚度	新品：1.26in/32mm　使用极限：1.18in/30mm
后转盘直径	新品：1.10in/28mm　使用极限：1.02in/26mm
前刹车片厚度(不包括背板)	新品：0.354in/9.0mm　使用极限：0.078in/2mm
后刹车片厚度(不包括背板)	新品：0.315in/8.0mm　使用极限：0.078in/2mm
电子驻车制动(EPB)块厚度(不包括背板)(电子制动钳自调整,适应制动块磨损)	新品：0.216in/5.5mm　使用极限：0.039in/1mm
驻车制动器	电动驻车制动钳
制动踏板自由行程	0.47in/12mm
制动盘摩擦副	前：0.31in/8mm　后：0.28in/7mm

1.2.4 熔丝与继电器信息

前舱熔丝与继电器盒如图 1-10 所示，仪表板熔丝与继电器盒如图 1-11 所示，后乘客舱辅助熔丝盒如图 1-12 所示，熔丝与继电器信息见表 1-9～表 1-11。

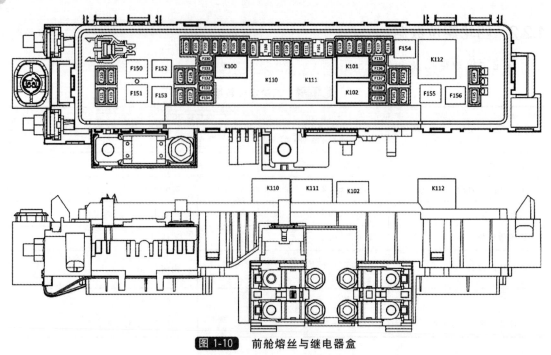

图 1-10　前舱熔丝与继电器盒

表 1-9　前舱熔丝与继电器信息

熔丝与继电器	规格	保护电路
F100	MICRO2-5A	警报器和入侵传感器
F103	MICRO2-25A	ABS 阀
F105	MICRO2-15A	拖车灯
F107	MICRO2-5A	后驱动逆变器
F108	MICRO2-5A	IGN 感应器
F110	MICRO2-5A	安全气囊系统
F111	MICRO2-20A	拖车制动控制器(客户提供的控制器)
F112	MICRO2-5A	前乘客舱空调控制
F113	MICRO2-10A	前舱加热器,后座空调控制,空气质量传感器
F114	MICRO2-10A	热控制器,电池加热器,进气口冷却阀
F117	MICRO2-10A	空气悬架
F122	MICRO2-15A	冷却液泵 3(PT1)
F123	MICRO2-15A	冷却液泵 2(BA1)
F125	MICRO2-10A	接触器功率
F127	MICRO2-5A	自动驾驶 ECU2.5
F130	MICRO2-15A	前端雷达
F131	MICRO2-15A	IGN 拖车控制器
F132	MICRO2-5A	前驱动逆变器
F133	MICRO2-30A	电动掀背门
F134	MICRO2-20A	右大灯
F135	MICRO2-10A	前端摄像头除雾
F136	MICRO2-15A	冷却液泵 4(PT2)
F137	MICRO2-15A	冷却液泵 1(BA1)
F138	MICRO2-30A	后除霜网格
F139	MICRO2-15A	喇叭
F143	MICRO2-20A	中央车身控制器

熔丝与继电器	规格	保护电路
F144	MICRO2-20A	左大灯
F145	MICRO2-15A	前车身控制器
F150	JCASELP-25A	左前车门执行器
F152	JCASELP-25A	后舱鼓风机
F160	JCASELP-30A	前舱鼓风机
F161	JCASEM-25A	右前车门执行器
K100	MICRO280	刮水器
K101	MICRO280	HVAC组1（F114，F136，F137）
K102	MICRO280	后除霜网格
K110	ISO	IGN驱动装置（F107～F110，F130～F132）
K111	ISO	HVAC（F112，F113，F160）

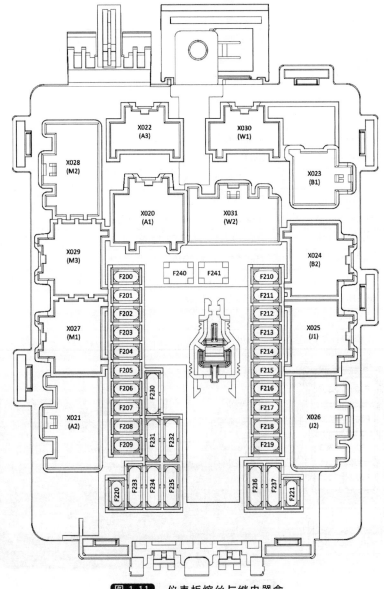

图 1-11　仪表板熔丝与继电器盒

表 1-10　仪表板熔丝与继电器信息

熔丝与继电器	规格	保护电路
F200	MICRO2-5A	记忆座椅
F201	MICRO2-25A	左后车窗电机
F203	MICRO2-20A	中控台 12V 电源插座
F204	MICRO2-25A	右前车窗电机
F205	MICRO2-25A	左前车窗电机
F206	MICRO2-25A	中央车身控制器-转向柱调节
F207	MICRO2-15A	刮水器
F208	MICRO2-20A	刮水器
F210	MICRO2-30A	电动掀背门
F211	MICRO2-25A	右后车窗电机
F214	MICRO2-30A	自动驾驶 ECU(主)
F215	MICRO2-10A	转向盘加热器
F216	MICRO2-25A	电动驻车制动(主)
F217	MICRO2-20A	高级音频放大器
F218	MICRO2-20A	基础音频放大器
F219	MICRO2-5A	诊断接口
F220	MICRO2-5A	制动开关
F221	MICRO2-5A	BMS 电池管理系统
F230	MICRO3-15A	USB 集线器第三排 USB12V 插座
F231	MICRO3-15A	后置 12V 附件电源插座
F232	MICRO3-15A	左前座椅加热器,右前座椅加热器
F234	MICRO3-15A	左后车门控制,右后车门控制
F235	MICRO3-10A	充电系统,中央显示屏
F236	MICRO3-5A	SCCM,智能助力器,IGN,ACC 传感器,后视镜,收音机,TPMS
F237	MICRO3-5A	智能助力器,仪表盘
F240	JCASEM-15A	右前电动座椅
F241	JCASEM-15A	左前电动座椅

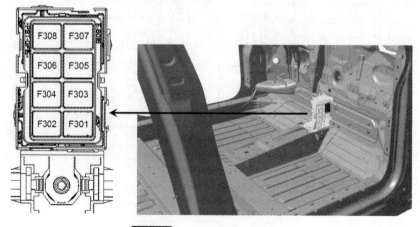

图 1-12　后乘客舱辅助熔丝盒

表 1-11 后乘客舱辅助熔丝盒熔丝信息

熔丝	规格	保护电路
F301	JCASE-50A	左后车门执行器
F302	JCASE-50A	右后车门执行器
F303	JCASE-50A	右后车门执行器
F304	JCASE-50A	左后车门执行器
F305	JCASE-30A	第二排座椅动力（左）
F306	JCASE-30A	第二排座椅动力（中）
F307	JCASE-30A	第二排座椅动力（右）
F308	JCASE-30A	拖车制动器动力

2.1 i3(2016～)

2.1.1 高压系统部件位置

高压系统部件位置如图 2-1 所示。

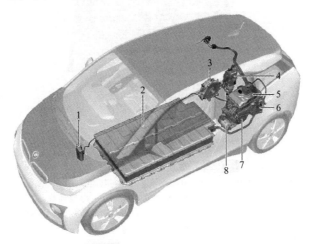

图 2-1 高压系统部件位置

1—电气加热装置；2—高压电池；3—增程电机；4—增程电机电子装置；5—电机电子装置；
6—便捷充电电子装置；7—电机；8—电动制冷剂压缩机

2.1.2 高压电池位置与部件分解

高压电池位置如图 2-2 所示，高压电池单元模块分布如图 2-3 所示，高压电池温度控制系统部件如图 2-4 所示。

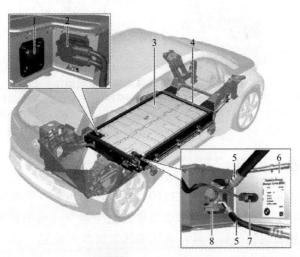

图 2-2 高压电池位置

1—排气口；2—高压接口；3—高压电池单元；4—框架（Drive 模块）；
5—制冷剂管路；6—提示牌；7—低压接口；8—膨胀和截止组合阀

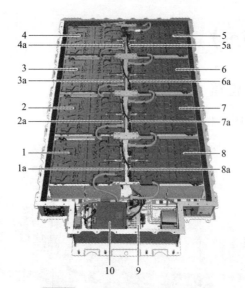

图 2-3 高压电池单元模块分布

1—电池模块 1；1a—电池监控电子装置 1；2—电池模块 2；2a—电池监控电子装置 2；3—电池模块 3；3a—
电池监控电子装置 3；4—电池模块 4；4a—电池监控电子装置 4；5—电池模块 5；5a—电池监控电子装置 5；
6—电池模块 6；6a—电池监控电子装置 6；7—电池模块 7；7a—电池监控电子装置 7；8—电池模块 8；8a—
电池监控电子装置 8；9—安全盒；10—高压电池管理电子装置（SME）

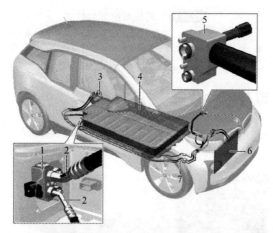

图 2-4 高压电池温度控制系统部件

1—膨胀和截止组合阀；2—用于冷却高压电池单元的制冷剂管路；3—电动制冷剂压缩机；4—高压电池单元；
5—用于车内冷却的膨胀阀；6—制冷剂循环回路内的冷凝器；7—制冷剂管路

2.1.3 高压电池系统电路

高压电池单元除汇集在 8 个电池模块内的电池外，还包括以下电气/电子部件：高压电池管理电子装置（SME）控制单元；8 个电池监控电子装置［电池监控电路（CSC）］；带接触器、传感器和过电流熔丝的安全盒；电气加热装置控制装置（选装）。高压电池系统电路如图 2-5 所示。

除电气组件外，高压电池单元还包括制冷剂管路、冷却通道以及电池模块的机械固定元件。

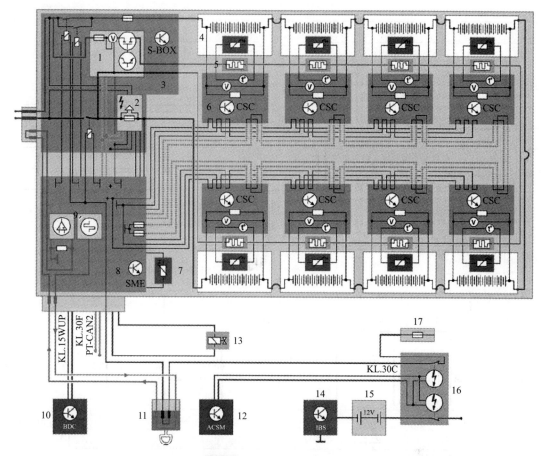

图 2-5 高压电池系统电路

1—电气加热装置控制装置；2—用于测量高压电池单元负极导线内电流强度的传感器；3—安全盒；4—电池模块；5—电气加热装置；6—电池监控电子装置［电池监控电路（CSC）］；7—制冷剂管路温度传感器；8—高压电池管理电子装置（SME）；9—高压触点监控电路控制装置；10—车身控制器；11—高压安全插头（售后服务时断开连接）；12—用于触发安全型蓄电池接线柱的碰撞安全模块（ACSM）控制电路；13—冷却液管路截止阀；14—智能型蓄电池传感器；15—蓄电池；16—安全型蓄电池接线柱；17—前部配电盒

2.1.4 高压电池管理电子装置电路与端子定义

高压电池管理电子装置电路如图 2-6 所示，高压电池管理电子装置（SME）位置如图 2-7 所示，其端子分布如图 2-8 和图 2-9 所示，端子定义见表 2-1 和表 2-2。

表 2-1 A191＊01B（黑色）18 针高压电池管理电子装置（SME）端子定义

端子	端子说明
1	Life 模块配电盒熔丝 F116,总线端 KL.30F 电源
3	总线端 KL.15 连接器唤醒信号
5	接地
6	驱动系统 CAN2 总线连接 PT-CAN 总线信号
7	驱动系统 CAN2 总线连接 PT-CAN 总线信号

端子	端子说明
9	高压电池单元制冷剂单向阀控制
10	高压安全插头总线端 KL. 30C 信号
13	高压安全插头高压触点监测装置信号
14	温度传感器接地
15	温度传感器控制
16	电机电子装置高压触点监测装置信号
18	高压电池单元制冷剂单向阀控制

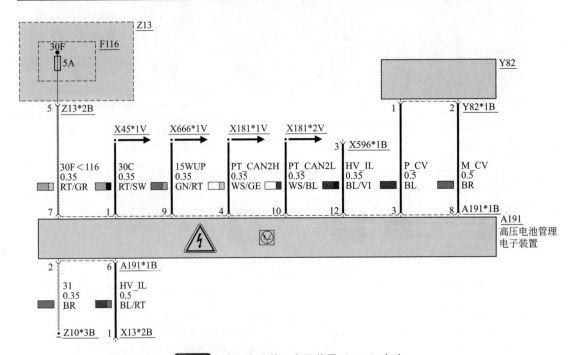

图 2-6　高压电池管理电子装置（SME）电路

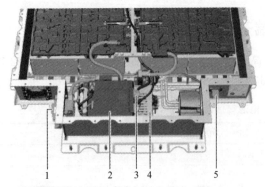

图 2-7　高压电池管理电子装置（SME）位置

1—高压接口；2—高压电池管理电子装置（SME）；

3—18 芯插头连接；4—熔丝盒；5—12 芯插头连接

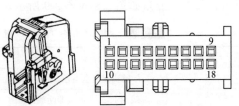

图 2-8　A191 * 01B（黑色）18 针高压电池
管理电子装置（SME）端子分布

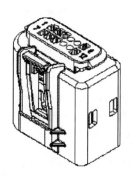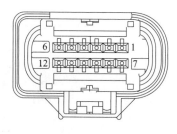

图 2-9 A191＊1B（黑色）12 针高压电池管理电子装置（SME）端子分布

表 2-2 A191＊1B（黑色）12 针高压电池管理电子装置（SME）端子定义

端子	端子说明
1	高压安全插头总线端 KL. 30C 信号
2	接地
3	高压电池单元制冷剂单向阀控制
4	驱动系统 CAN2 总线连接 PT-CAN 总线信号
6	带快速充电功能,便捷充电系统高压触点监测装置信号
6	无增程设备且不带快速充电功能,电机电子装置高压触点监测装置信号
6	带增程设备且不带快速充电功能,增程设备电机电子装置高压触点监测装置信号
7	Life 模块配电盒熔丝 F116,总线端 KL. 30F 电源
8	高压电池单元制冷剂单向阀控制
9	总线端 KL. 15 连接器唤醒信号
10	驱动系统 CAN2 总线连接 PT-CAN 总线信号
12	高压安全插头高压触点监测装置信号

2.1.5　便捷充电系统电路与端子定义

便捷充电系统电路如图 2-10 所示,各接口位置如图 2-11 所示,A290＊1B 端子分布如图 2-12 所示,端子定义见表 2-3～表 2-10。

表 2-3 A290＊1B 端子定义

端子	端子说明
2	总线端 KL. 30C 信号
3	无增程设备,电机电子装置高压触点监测装置信号
3	带增程设备,增程设备电机电子装置高压触点监测装置信号
4	高压电池管理电子装置高压触点监测装置信号
5	便捷充电系统充电接口模块充电信号
6	Life 模块配电盒熔丝 F123 总线端 KL. 30B 电源
7	总线端 KL. 15 连接器唤醒信号总线端 KL. 15
8	驱动系 CAN2 总线连接 PT-CAN 总线信号
9	驱动系 CAN2 总线连接 PT-CAN 总线信号
12	接地

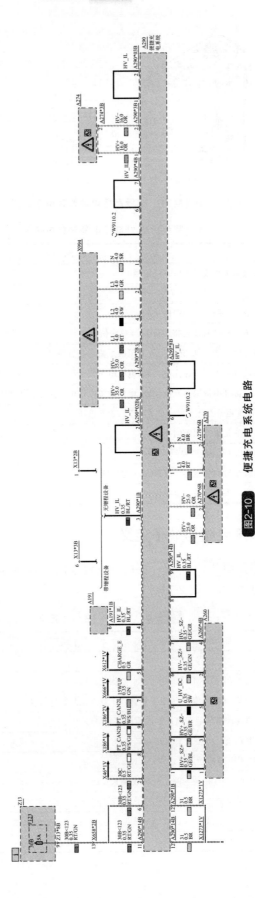

图2-10　便捷充电系统电路

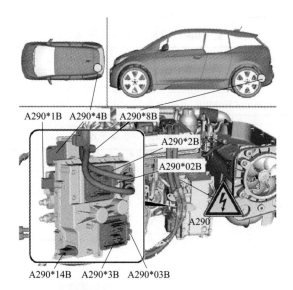

图 2-11 便捷充电系统各接口位置

A290 * 1B—12 针黑色部件接口；A290 * 02B—2 针黑色高压触点监测装置接口；A290 * 2B—2 针橙色高压接口；
A290 * 03B—2 针黑色高压触点监测装置接口；A290 * 3B—2 针橙色高压接口带增程设备；
A290 * 4B—7 针橙色高压接口；A290 * 8B—5 针橙色高压接口；A290 * 14B—12 针黑色部件接口

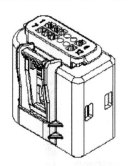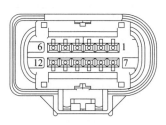

图 2-12 A290 * 1B 端子分布

表 2-4 A290 * 02B 端子定义

端子	端子说明
1	便捷充电系统高压触点监测装置信号
2	便捷充电系统高压触点监测装置信号

表 2-5 A290 * 2B 端子定义

端子	端子说明
1	高压充电接口 DC 充电高压正极
2	高压充电接口 DC 充电高压负极

表 2-6 A290 * 03B 端子定义

端子	端子说明
1	便捷充电系统高压触点监测装置信号
2	便捷充电系统高压触点监测装置信号

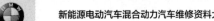
表 2-7　A290 * 3B 端子定义

端子	端子说明
1	增程设备电机电子装置高压正极
2	增程设备电机电子装置高压负极

表 2-8　A290 * 4B 端子定义

端子	端子说明
1	高压充电接口零线
2	高压充电接口外导体
3	高压充电接口外导体
4	高压充电接口外导体
5	屏蔽
6	便捷充电系统高压触点监测装置信号
7	便捷充电系统高压触点监测装置信号

表 2-9　A290 * 8B 端子定义

端子	端子说明
1	电机电子装置外导体
2	电机电子装置零线
3	便捷充电系统高压触点监测装置信号
4	便捷充电系统高压触点监测装置信号
5	屏蔽

表 2-10　A290 * 14B 端子定义

端子	端子说明
1	充电接口模块控制接触器
2	充电接口模块控制接触器
3	充电接口模块信号
6	充电接口模块控制接触器
7	充电接口模块控制接触器
8	便捷充电系统高压触点监测装置信号
9	便捷充电系统高压触点监测装置信号
11	Life 模块配电盒熔丝 F123 总线端 KL.30B 电源
12	接地

2.1.6　驱动组件冷却系统部件位置

驱动组件冷却系统部件位置如图 2-13 所示。

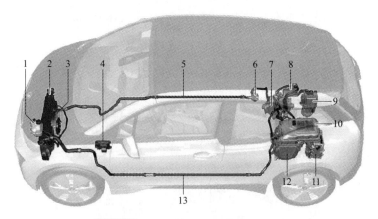

图 2-13 驱动组件冷却系统部件位置

1—驱动组件冷却液循环回路内的补液罐；2—冷却液散热器；3—用于冷却液散热器的电风扇；4—数字式发动机电气电子系统；5—供给管路；6—电动冷却液泵（80W）；7—增程电机；8—内燃机冷却液循环回路内的补液罐；9—增程电机电子装置（REME）；10—电机电子装置（EME）；11—便捷充电电子装置（KLE）；12—电机；13—回流管路

2.1.7 电机电子装置接口分布

带导线电机电子装置接口分布如图 2-14 所示。

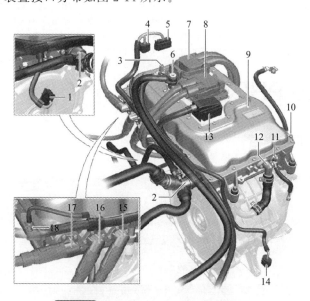

图 2-14 带导线电机电子装置接口分布

1—驻车锁模块内的电机供电和连自/连至驻车锁模块的信号导线；2—冷却液管路（供给，电机电子装置）；3—DC-DC 转换器－12V 输出端；4，5—低压接口；6—DC-DC 转换器＋12V 输出端；7—至高压电池的高压导线（DC）；8—至增程器的高压导线（DC）；9—电机电子装置壳体；10，11—电位补偿导线接口；12—冷却液管路（回流，电机电子装置，至电机）；13—电机电子装置（EME）低压接口（信号接口）；14—电动制冷压缩机（EKK）低压接口；15—至电动制冷剂压缩机的高压导线；16—至电气加热装置的高压导线；17—用于交流充电的高压导线；18—接地接口

2.1.8 全车控制单元位置

全车控制单元位置如图 2-15 所示。

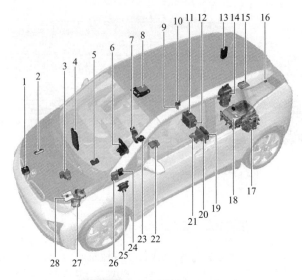

图 2-15　全车控制单元位置

1—车辆发声器（VSG）；2—右侧前部车灯电子装置（FLER）；3—动态稳定控制系统（DSC）；4—车身控制器（BDC）；5—自动恒温空调（IHKA）或手动恒温空调（IHKR）；6—组合仪表（KOMBI）；7—选挡开关（GWS）；8—车顶功能中心（FZD）；9—触控盒（TBX）；10—驻车操作辅助系统（PMA）或驻车距离监控系统（PDC）；11—主控单元（HEADUNIT）；12—选装配置系统（SAS）；13—充电接口模块（LIM）；14—增程电机电子装置（REME）；15—增程器数字式发动机电子系统（RDME）；16—顶部后方侧视摄像机（TRSVC）；17—便捷充电电子装置（KLE）；18—电机电子装置（EME）；19—放大器（AMP）；20—远程通信系统盒（TCB）；21—高压电池管理电子装置（SME）；22—碰撞和安全模块（ACSM）；23—控制器（CON）；24—燃油箱功能电子系统（TFE）；25—数字式发动机电气电子系统（EDME）；26—基于摄像机的驾驶员辅助系统（KAFAS）；27—电子助力转向系统（EPS）；28—左侧前部车灯电子装置（FLEL）

2.2　530Le PHEV(2018~)

2.2.1　高压系统部件位置

高压系统部件位置如图 2-16 所示。

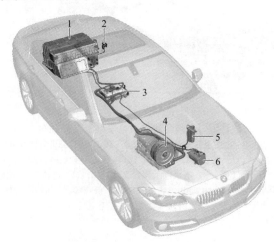

图 2-16　高压系统部件位置

1—高压电池单元；2—高压充电接口；3—电机电子装置（EME）；4—电机；
5—电加热装置；6—电动制冷压缩机（EKK）

2.2.2　高压电池位置与部件分解

高压电池单元安装在行李厢内后排座椅后面位置，如图 2-17 所示。

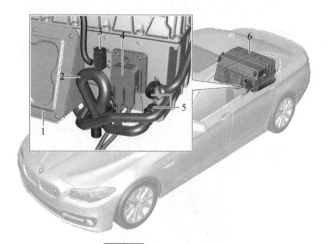

图 2-17　高压电池位置

1—维修盖板；2—排气管；3—高压电池管理电子装置（SME）信号接口；
4—高压接口；5—冷却液管路接口；6—高压电池单元

高压电池单元由 8 个串联的电池模块组成，分解如图 2-18 所示。每个电池模块分配有一个电池监控电子装置。电池模块本身由 12 个串联的单体电池组成。每个单体电池的额定电压为 3.78V，额定容量为 40A·h。

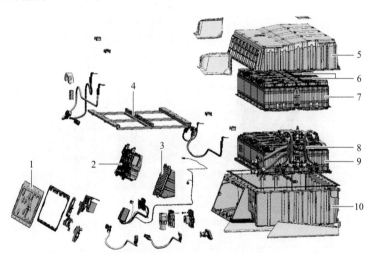

图 2-18　高压电池模块分解

1—高压电池单元上的维修盖板；2—安全盒（S盒）；3—高压电池管理电子装置（SME）；
4—上部电池模块支撑架；5—上部壳体；6—电池监控电子装置；7—上部电池模块；
8—冷却液管；9—下部电池模块；10—下部壳体

高压电池温度管理单元部件分布和高压电池电动冷却液泵位置分别如图 2-19 和图 2-20 所示。

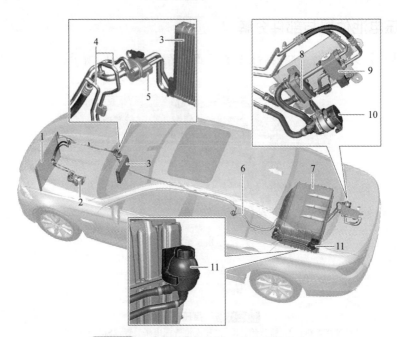

图 2-19 高压电池温度管理单元部件分布

1—冷凝器；2—电动制冷压缩机（EKK）；3—车内蒸发器；4—至冷却装置的制冷剂管路支路；5—组合式膨胀阀和单向阀（车内）；6—至冷却装置的制冷剂管路；7—高压电池单元；8—冷却装置（冷却液-制冷剂热交换器）；9—组合式膨胀阀和单向阀；10—电动冷却液泵（50W）；11—冷却液热膨胀平衡罐

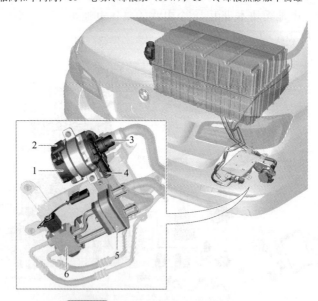

图 2-20 高压电池电动冷却液泵位置

1—电气接口；2—电动冷却液泵；3—进气侧冷却液管接口；4—压力侧冷却液管接口；
5—冷却装置（冷却液-制冷剂热交换器）；6—组合式膨胀阀和单向阀

2.2.3　高压电池系统电路

　　高压电池单元除了集中在 8 个电池模块中本身的单体电池，还包含以下电气/电子部件：高压电池管理电子装置（SME）；8 个电池监控电子装置（CSC）；带接触器和传感器的安全盒。高压电池系统电路如图 2-21 所示。

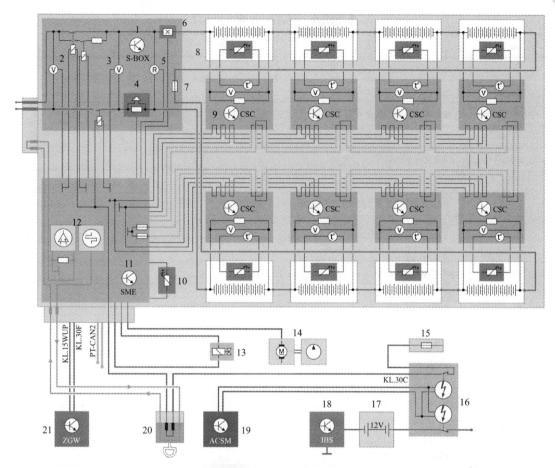

图 2-21 高压电池系统电路

1—安全盒；2—电压传感器（车辆侧）；3—电压传感器（蓄电池侧）；4—电流传感器（并联电阻）；5—电阻测量（用于绝缘监控）；6—电流传感器（霍尔传感器）；7—熔丝（250A）；8—电池模块；9—电池监控电子装置（CSC）；10—冷却液温度传感器；11—高压电池管理电子装置（SME）；12—高压触点监测装置的电路控制；13—组合式膨胀阀和单向阀；14—电动冷却液泵；15—行李厢配电盒；16—安全型蓄电池接线柱（SBK）；17—12V 蓄电池；18—智能型蓄电池传感器（IBS）；19—碰撞安全模块（ACSM）及用于触发安全蓄电池接线柱的控制线；20—高压安全插头；21—中央网关模块（ZGM）

2.2.4 车载充电机端子定义

车载充电机接口位置如图 2-22 所示，端子定义见表 2-11～表 2-15。

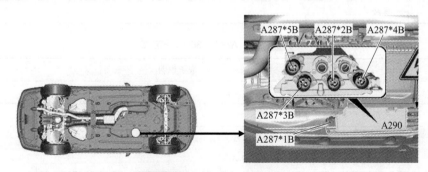

图 2-22 车载充电机接口位置

A287 * 1B—48 针黑色接口；A287 * 2B～A287 * 5B—5 针橙色高压接口

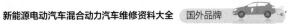

表 2-11　A287 * 1B 端子定义

端子	端子说明
1(1L)	熔丝 F280 供电
10(1H)	充电接口盖中控锁驱动装置信号
13(2L)	充电接口盖中控锁驱动装置控制
14(2M)	充电接口盖中控锁驱动装置控制
20(2F)	便捷充电系统信号
21(2G)	便捷充电系统信号
24(2K)	充电过程状态显示 LED 指示灯控制
25(3L)	充电接口中控锁驱动装置控制
26(3M)	充电接口中控锁驱动装置控制
27(3A)	PT-CAN 总线信号
32(3F)	高压充电接口信号
34(3H)	充电接口盖中控锁驱动装置信号
36(3K)	充电过程状态显示 LED 指示灯控制
37(4L)	充电过程状态显示接地
38(4M)	接地
39(4A)	PT-CAN 总线信号
43(4E)	屏蔽
46(4H)	充电接口中控锁驱动装置信号
48(4K)	充电过程状态显示 LED 指示灯控制

表 2-12　A287 * 2B 端子定义

端子	端子说明
1	空调压缩机(电动)高压正极
2	空调压缩机(电动)高压负极
3	便捷充电系统高压触点监测装置信号
4	便捷充电系统高压触点监测装置信号
5	屏蔽

表 2-13　A287 * 3B 端子定义

端子	端子说明
1	电机电子装置高压正极
2	电机电子装置高压负极
3	便捷充电系统高压触点监测装置信号
4	便捷充电系统高压触点监测装置信号
5	屏蔽

表 2-14　A287 * 4B 端子定义

端子	端子说明
1	电控辅助加热器高压正极
2	电控辅助加热器高压负极
3	便捷充电系统高压触点监测装置信号
4	便捷充电系统高压触点监测装置信号
5	屏蔽

表 2-15　A287 * 5B 端子定义

端子	端子说明
1	高压充电接口外导体
2	高压充电接口零线
3	便捷充电系统高压触点监测装置信号
4	便捷充电系统高压触点监测装置信号
5	屏蔽

2.2.5　驱动电机位置与结构

　　混合动力组件作为单独的组件集成在变速器钟形罩中，占据了液压变矩器在变速器壳体中的安装空间。电机主要组件有转子和定子、接口、转子位置传感器、冷却装置，如图 2-23 所示。

　　驱动电机内部结构如图 2-24 所示，驱动电机接口与传感器位置如图 2-25 所示，驱动电机冷却部件及管路如图 2-26 所示。

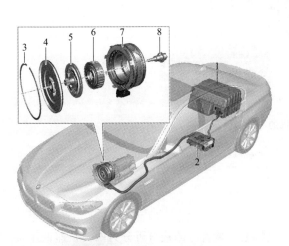

图 2-23　驱动电机位置与构造

1—高压电池单元；2—电机电子装置；3—防松环；
4—电机盖板；5—辅助扭转减振器；6—分离离合器；
7—电机；8—空心轴

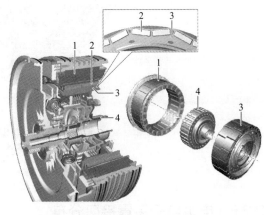

图 2-24　驱动电机内部结构

1—定子；2—永久磁铁；3—转子；
4—带分离离合器外壳的空心轴

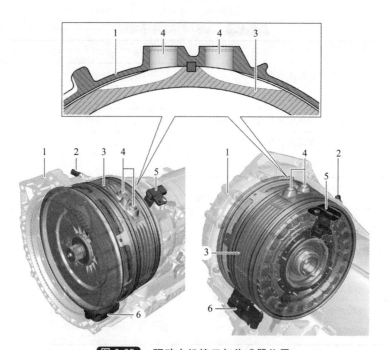

图 2-25　驱动电机接口与传感器位置

1—变速器钟形罩；2—温度传感器；3—冷却液通道；4—冷却液接口；
5—转子位置传感器电气接口；6—高压接口

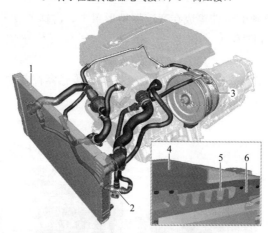

图 2-26　驱动电机的冷却部件及管路

1—冷却液-空气热交换器；2—电机节温器；3—电机；
4—自动变速器壳体；5—电机冷却液管路；6—定子支架

2.2.6　电机电子装置接口分布

电机电子装置安装在后桥前的左侧底板上。电机电子装置上的接口可分为四类，即低压接口、高压接口、电位平衡导线接口、冷却液管路接口，接口分布如图 2-27 所示。电机电子装置冷却管路如图 2-28 所示。

2.2.7　电机驱动装置端子定义

电机驱动装置位置与接口分布如图 2-29 所示，端子定义见表 2-16～表 2-20。

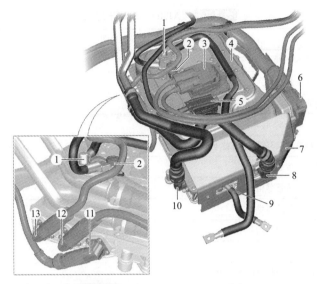

图 2-27　电机电子装置接口分布

1—DC-DC 转换器－12V 输出端；2—DC-DC 转换器＋12V 输出端；3—至高压电池的高压导线（DC）；4—电机电子装置壳体；5—低压接口；6—至电机的高压导线（AC）；7—防冲击装置；8—冷却液回流管路接口；9—电位平衡导线接口；10—冷却液供给管路接口；11—至电动制冷压缩机的高压接口；12—至电加热装置的高压接口；13—充电接口的交流充电高压接口

图 2-28　电机电子装置冷却管路

1—冷却液-空气热交换器；2—冷却液热膨胀平衡罐；3—电动冷却液泵（80W）；4—电机电子装置（EME）

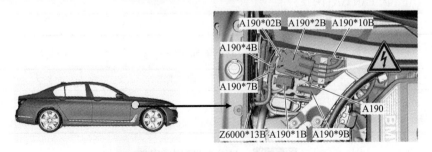

图 2-29　电机驱动装置位置与接口分布

A190 * 1B—58 针黑色接口；A190 * 2B—2 针橙色高压接口；A190 * 02B—2 针黑色接口；
A190 * 4B，A190 * 7B—电位平衡引线；A190 * 9B—5 针橙色高压接口；
A190 * 10B—3 针橙色高压接口；Z6000 * 13B—搭铁点

表 2-16 A190 ＊ 1B 端子定义

端子	端子说明
1	总线端 KL. 30 电源
6	电动真空泵控制
7	总线端 KL. 30C 信号
8	总线端 KL. 30 电源
10	局域网总线信号-智能型蓄电池传感器 2
12	电机温度传感器信号
13	电机位置传感器信号
14	电机位置传感器供电
15	电机位置传感器信号
17	接地
18	车厢内部制冷剂单向阀供电
19	车厢内部制冷剂单向阀控制
25	电机温度传感器接地
26	电机位置传感器信号
27	电机位置传感器接地
28	电机位置传感器信号
34	高压电池单元高压触点监测装置信号
38	电机电子装置 FlexRay 总线信号
39	电机电子装置 FlexRay 总线信号
42	驱动系统 PT-CAN 总线信号
43	驱动系统 PT-CAN 总线信号
47	高压安全插头高压触点监测装置信号
49	电机电子装置 FlexRay 总线信号
50	电机电子装置 FlexRay 总线信号
51	主域控制器 FlexRay 总线信号
52	主域控制器 FlexRay 总线信号
57	PT-CAN 总线信号
58	PT-CAN 总线信号

表 2-17 A190 ＊ 2B 端子定义

端子	端子说明
1	高压电池单元高压正极
2	高压电池单元高压负极

表 2-18 A190 ＊ 02B 端子定义

端子	端子说明
1	电机电子装置高压触点监测装置信号
2	电机电子装置高压触点监测装置信号

表 2-19　A190 * 9B 端子定义

端子	端子说明
1	便捷充电系统高压正极
2	便捷充电系统高压负极
3	电机电子装置高压触点监测装置信号
4	电机电子装置高压触点监测装置信号
5	屏蔽

表 2-20　A190 * 10B 端子定义

端子	端子说明
1	电机高压相位 U
2	电机高压相位 V
3	电机高压相位 W

2.2.8　带电机的变速器结构

带驱动电机的变速器（宝马 GA8P75HZ 变速器）装置内部结构如图 2-30 和图 2-31 所示。

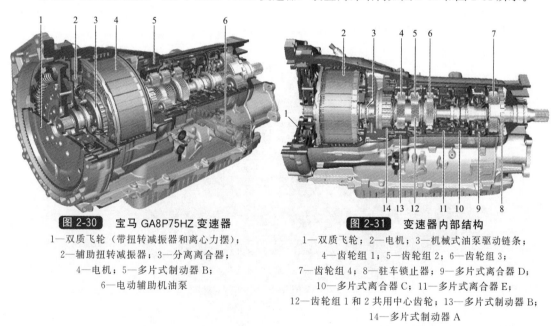

图 2-30　宝马 GA8P75HZ 变速器

1—双质飞轮（带扭转减振器和离心力摆）；
2—辅助扭转减振器；3—分离离合器；
4—电机；5—多片式制动器 B；
6—电动辅助机油泵

图 2-31　变速器内部结构

1—双质飞轮；2—电机；3—机械式油泵驱动链条；
4—齿轮组 1；5—齿轮组 2；6—齿轮组 3；
7—齿轮组 4；8—驻车锁止器；9—多片式离合器 D；
10—多片式离合器 C；11—多片式离合器 E；
12—齿轮组 1 和 2 共用中心齿轮；13—多片式制动器 B；
14—多片式制动器 A

2.3　X1 25Le PHEV(2017~)

2.3.1　高压系统部件位置

高压系统部件位置如图 2-32 所示。

2.3.2　高压电池位置与部件分解

高压电池安装在车身底部燃油箱前，如图 2-33 所示。高压电池内部模块与控制单元布置如图 2-34 所示。

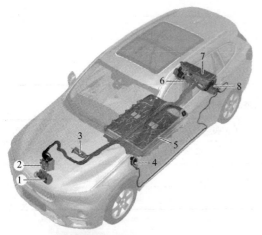

图 2-32　高压系统部件位置

1—电动空调压缩机（EKK）；2—高压启动电动发电机
（HV-SGR）；3—电加热装置（EH）；4—充电插座；
5—高压电池单元；6—电机（EM）；7—电机电子装置
（EME）；8—便捷充电电子装置（KLE）

图 2-33　高压电池位置

1—燃油箱；2—高压电池

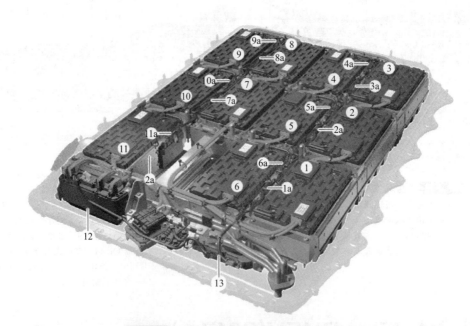

图 2-34　高压电池内部模块与控制单元布置

1—电池模块 1；1a—电池监控电子装置 1；2—电池模块 2；2a—电池监控电子装置 2；3—电池模块 3；3a—
电池监控电子装置 3；4—电池模块 4；4a—电池监控电子装置 4；5—电池模块 5；5a—电池监控电子装置 5；
6—电池模块 6；6a—电池监控电子装置 6；7—电池模块 7；7a—电池监控电子装置 7；8—电池模块 8；8a—
电池监控电子装置 8；9—电池模块 9；9a—电池监控电子装置 9；10—电池模块 10；10a—电池监控电子装置
10；11—电池模块 11；11a—电池监控电子装置 11；12—安全盒；13—高压电池管理电子装置（SME）

高压电池温度控制系统部件如图 2-35 所示，冷却系统部件如图 2-36 所示。

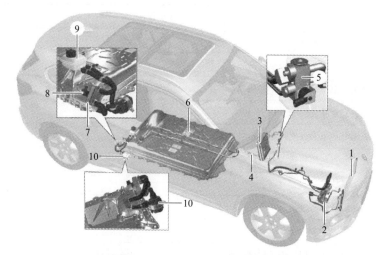

图 2-35 高压电池温度控制系统部件

1—冷凝器；2—电动空调压缩机（EKK）；3—车内空间热交换器；4—至高压电池冷却单元的制冷剂管路；
5—用于热交换器的膨胀和截止组合阀；6—高压电池；7—冷却单元（冷却液-制冷剂热交换器）；
8—膨胀和截止组合阀；9—冷却液膨胀箱；10—电动冷却液泵（50W）

2.3.3　高压电池管理器端子定义

高压电池管理器端子分布如图 2-37 和图 2-38 所示，端子定义见表 2-21 和表 2-22。

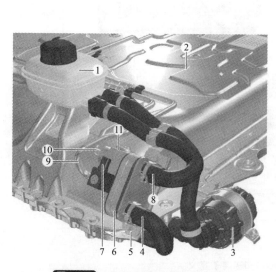

图 2-36 高压电池冷却系统部件

1—冷却液膨胀箱；2—高压电池；3—电动冷却液泵；
4—冷却液供给管路；5—顶板；6—冷却液-制冷剂
热交换器；7—用于膨胀和截止组合阀的电气接口；
8—冷却液回流管路；9—制冷剂管路（压力管路）；
10—制冷剂管路（入口管）；11—膨胀和截止组合阀

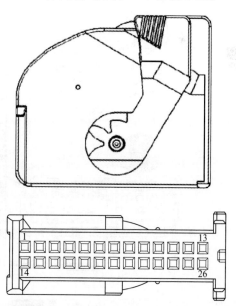

图 2-37 高压电池管理器 A191＊3B 端子分布

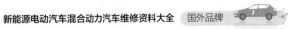

表 2-21　A191 * 3B 端子定义

端子	端子说明
1	前部配电盒总线端 KL.30 电源
3	高压安全插头高压触点监测装置信号
4	高压电池单元制冷剂单向阀控制
5	高压安全箱总线端 KL.30 电源
7	高压电池单元温度传感器信号
8	高压触点监测装置信号
10	驱动系统 CAN2 总线连接 PT-CAN 总线信号
13	高压安全箱总线信号
16	接地
17	高压电池单元制冷剂单向阀接地
18	高压安全箱接地
20	高压电池单元温度传感器接地
21	连接器唤醒信号总线端 KL.15
23	驱动系统 CAN2 总线连接 PT-CAN 总线信号
26	高压安全箱总线信号

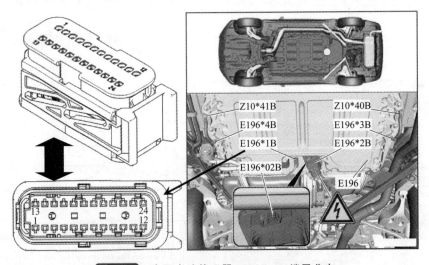

图 2-38　高压电池管理器 E196 * 1B 端子分布

表 2-22　E196 * 1B 端子定义

端子	端子说明
1	前部配电盒总线端 KL.30 电源
2	电机电子装置高压触点监测装置信号
3	总线端 KL.30C 信号

端子	端子说明
6	连接器唤醒信号总线端 KL.15
10	高压电池单元制冷剂单向阀控制
11	高压电池单元制冷剂单向阀控制
12	接地
13	驱动系统 CAN2 总线连接 PT-CAN 总线信号
14	驱动系统 CAN2 总线连接 PT-CAN 总线信号
15	电机电子装置 PT-CAN 总线信号
16	电机电子装置 PT-CAN 总线信号
23	高压安全插头高压触点监测装置信号

2.3.4　便捷充电系统低压端子定义

便捷充电系统低压端子分布如图 2-39 所示，端子定义见表 2-23。

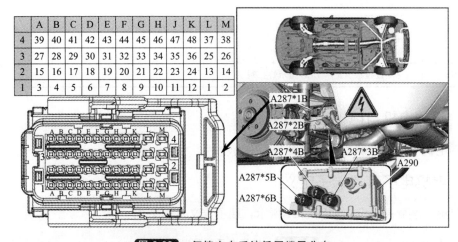

图 2-39　便捷充电系统低压端子分布

表 2-23　便捷充电系统低压端子定义

端子	端子说明
1(1L)	前部配电盒总线端 KL.30F 电源
3(1A)	驱动系统 CAN2 总线连接 PT-CAN 总线信号
4(1B)	驱动系统 CAN2 总线连接 PT-CAN 总线信号
9(1G)	总线端 KL.15 连接器唤醒信号
10(1H)	充电接口盖中控锁驱动装置信号
13(2L)	充电接口盖中控锁驱动装置控制
14(2M)	充电接口盖中控锁驱动装置控制

续表

端子	端子说明
20(2F)	便捷充电系统信号
21(2G)	便捷充电系统信号
24(2K)	充电过程状态显示 LED 指示灯控制
25(3L)	充电接口中控锁驱动装置控制
26(3M)	充电接口中控锁驱动装置控制
27(3A)	PT-CAN 总线信号
32(3F)	高压充电接口信号
34(3H)	充电接口盖中控锁驱动装置信号
36(3K)	充电过程状态显示 LED 指示灯控制
37(4L)	充电过程状态显示 LED 指示灯接地
38(4M)	接地
39(4A)	PT-CAN 总线信号
43(4E)	焊接连接件屏蔽
44(4F)	高压充电接口信号
46(4H)	充电接口中控锁驱动装置信号
48(4K)	充电过程状态显示 LED 指示灯控制

2.3.5　驱动电机与电机控制器电路

驱动电机与电机控制器电路如图 2-40 所示。

2.3.6　电机电子装置端子定义

电机电子装置端子分布如图 2-41 所示，端子定义见表 2-24。

表 2-24　电机电子装置端子定义

端子	端子说明
1	电动真空泵供电
4	电机离合器传感器信号
5	前部配电盒总线端 KL.30B 电源
6	电机离合器传感器信号
7	电机位置传感器信号
8	电机位置传感器信号
10	车厢内部制冷剂单向阀供电
11	车厢内部制冷剂单向阀控制
13	制动真空传感器接地

端子	端子说明
14	制动真空传感器供电
15	制动真空传感器信号
16	接地
18	高压启动器发电机位置传感器信号
19	高压启动器发电机位置传感器信号
20	电机位置传感器信号
21	电机位置传感器信号
26	高压电池单元 PT-CAN 总线信号
27	高压电池单元 PT-CAN 总线信号
28	PT-CAN 总线信号
29	PT-CAN 总线信号
31	高压启动器发电机位置传感器信号
32	高压启动器发电机位置传感器信号
33	高压启动器发电机位置传感器信号
34	高压启动器发电机位置传感器信号
35	电机离合器传感器接地
36	电机离合器传感器供电
38	主域控制器 FlexRay 总线信号
39	主域控制器 FlexRay 总线信号
44	高压启动器发电机位置传感器信号
45	高压启动器发电机位置传感器信号
46	电机温度传感器信号
47	电机温度传感器信号
48	电机温度传感器信号
49	电机温度传感器信号
50	电机离合器传感器信号
51	总线端 KL.15 连接器唤醒信号
53	总线端 KL.30C 信号
54	高压电池单元高压触点监测装置信号
55	高压安全插头高压触点监测装置信号
57	高压启动器发电机温度传感器信号
58	高压启动器发电机温度传感器信号

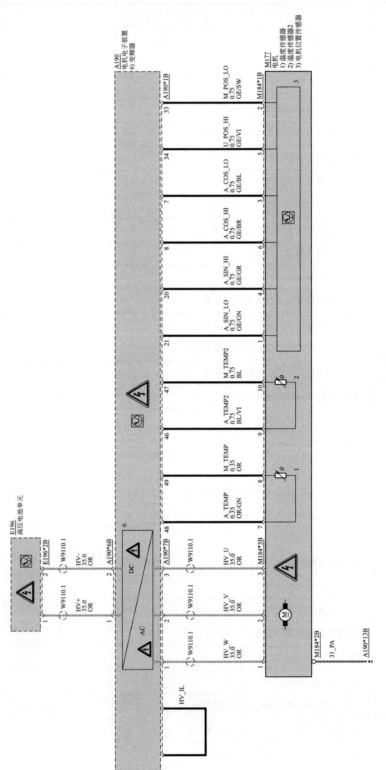

图2-40　驱动电机与电机控制器电路

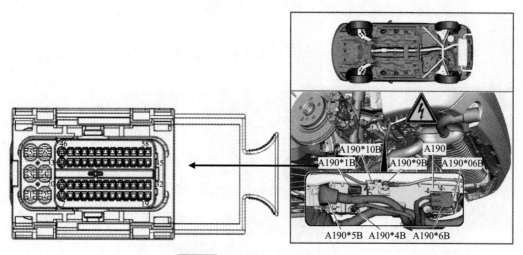

图 2-41 电机电子装置端子分布

2.3.7 驱动系统部件位置

驱动系统部件位置如图 2-42 所示。

图 2-42 驱动系统部件位置

1—3 缸汽油发动机；2—6 速自动变速器；3—高压启动器电动发电机；4—高压电池单元；5—加压油箱（35L）；
6—电机；7—电机电子装置（EME）；8—减速装置；9—便捷充电电子装置（KLE）

第3章

奔驰汽车

3.1 C350 PHEV(2016~)

3.1.1 高压系统部件位置

高压系统部件位置如图 3-1 所示。

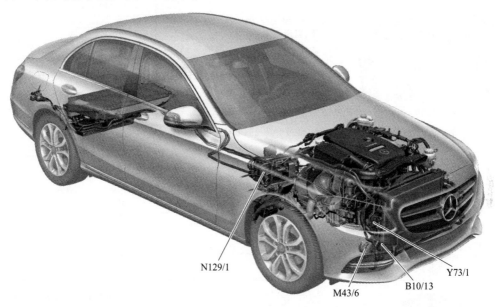

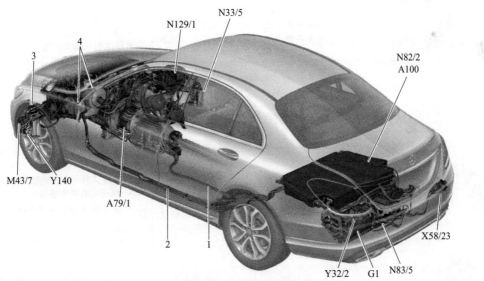

图 3-1　高压系统部件位置

1—高压电缆；2—冷却液管路；3—热交换器；4—再生制动系统［制动助力器和电控车辆稳定行驶系统（ESP）控制单元］；A79/1—电动机；A100—高压电池模块（蓄电池、接触器、冷却液入口的温度传感器、高压电池单元温度传感器）；Y32/2—低温回路转换阀 2；G1—车载电网蓄电池；M43/7—低温回路循环泵 2；M43/6—低温回路循环泵 1；N129/1—电力电子装置控制单元；N33/5—高压正温度系数（PTC）辅助加热器；N82/2—蓄电池管理控制单元；N83/5—充电机（车载充电机）；B10/13—低温回路温度传感器；X58/23—充电装置供电接口；Y140—高压电池冷却转换阀

3.1.2　高压系统部件功能与特性

高压系统部件功能与特性见表 3-1。

表 3-1　高压系统部件功能与特性

高压系统部件	功能	特性
 充电机	• 将 AC 输入电压转换为 DC 输出电压，以便为高压电池充电 • 控制与车辆插座的通信（状态 LED 和联锁电机） • 充电插头识别（防止带着充电电缆起步） • 控制与公共充电站的通信（费用结算或智能充电） • 通过引导控制监控充电过程	功率 3.3kW
高压电池	作为蓄能器并为高压组件提供所需的电能	• 质量约 90kg • 电压范围 176～317VDC • 电量约 6.2kW·h
集成式电力电子装置	由一个 DC-DC 转换器和一个电动机整流器组成。DC-DC 转换器功能：为车辆提供低电压（12V 车载电气系统），也被称为降压模式；替换普通的 12V 发电机	• 持续提供 210A 并在短时间内提供最大 240A 的电流 • 整流器功能 • 将高压电池的直流电转化为电动机所需的三相交流电 • 根据规定调节电动机转速（发动机控制单元和位置传感器） • 促动低温回路泵
电动机	将电能转换为动能，可实现以下功能： • 通过电动机的制动转矩实现能量回收 • 电动起步、电动运行、巡航 • 助力（在极端加速要求时为内燃机提供额外的电动转矩） • 发电机模式（降低一定的内燃机转矩，用于发电）	三相电动机作为永磁同步电动机 • 最大功率 60kW，持续为 50kW • 最大转矩 340N·m • 集成式转子位置传感器 • 集成式温度传感器 • 集成在 NAG2 变速器内
电动空调压缩机	• 根据空调控制单元的指令为空调提供相应的制冷剂压力 • 建立高压电池冷却装置相应的制冷剂压力 • 建立预调节装置的制冷剂压力	• 压缩机连同电动机和相应电力电子装置 • 电流可达 60A（在最大功率时） • 促动取决于许多因素（蓄电池电量状态，驾驶员的空调冷却要求等）

高压系统部件	功能	特性
PTC	加热冷却液，以使车内空间更快达到标准温度	• 进流温度－20℃时额定功率为7kW • 电流可达30A（短时间）

3.1.3　高压互锁电路

高压互锁电路如图3-2所示。

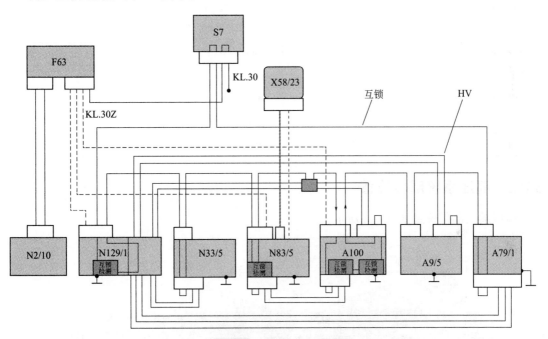

图 3-2　高压互锁电路

A9/5—电动空调压缩机；A79/1—电动机；A100—高压电池模块；F63—燃爆熔丝；
N2/10—辅助防护系统（SRS）控制单元；N33/5—高压正温度系数（PTC）辅助加热器；
N83/5—充电装置；N129/1—电力电子装置控制单元；S7—高压切断装置；
X58/23—充电装置供电插座

3.2　GLE500e PHEV(2016~)

3.2.1　整车动力系统技术参数

整车动力系统技术参数见表3-2。

表 3-2　整车动力系统技术参数

项目	参数
发动机	V6 双涡轮、直接喷射、电动机
排量	2996mL
内燃机功率	245kW（333HP）（5250～6000r/min 时）
电动机功率	85kW（116HP）
系统功率	325kW（442HP）
内燃机转矩	480N·m（1600～4000r/min 时）
电动机转矩	340N·m
系统转矩	650N·m
消耗燃料（NEDC）	3.5～3.7L/100km
排放 CO_2	78g/km
电量可行驶距离	30km
耗电	16.7kW·h/100km
废气排放等级	欧 6
变速器	基于 7G-TRONIC
驱动机构	全时四轮驱动 4MATIC

3.2.2　高压系统部件位置

高压系统部件位置如图 3-3 所示。

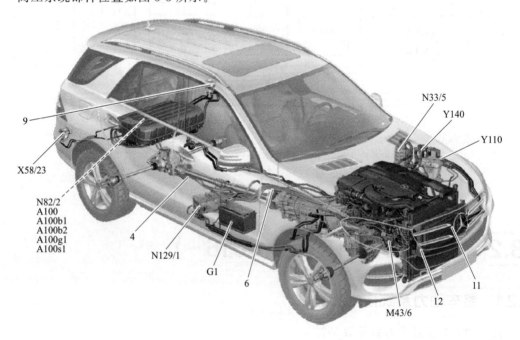

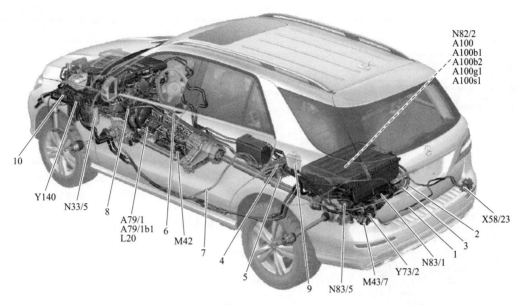

图 3-3　高压系统部件位置

1—充电装置供电插座与充电装置之间的线束（可单独更换）；2—充电机和高压电池之间的线束；3—DC-DC
转换器和高压电池之间的线束；4—高压电池和电力电子装置控制单元高压配电板之间的线束（可单独更
换）；5—电力电子装置控制单元高压配电板；6—电力电子装置控制单元高压配电板和电动机之间的线束
（仅可连同线束 8 一起更换）；7—电力电子装置控制单元高压配电板和高压 PTC 加热器（N33/5）之间的线
束（可单独更换）；8—电力电子装置控制单元高压配电板和电动制冷剂压缩机之间的线束（仅可连同线束 6
一起更换）；9—低温回路 2 膨胀容器；10—热交换器；11—低温回路 2 散热器；12—低温回路 1 散热器；
N82/2 蓄电池管理系统控制单元；A79/1—电动机；A79/1b1—电动机温度传感器；A100—高压电池模块；
A100b1—高压电池冷却液入口的温度传感器；A100b2—高压电池单元的温度传感器；A100g1—高压电池；
A100s1—接触器；G1—车载电气系统蓄电池；L20—电动机转子位置传感器；M42—电动变速器油泵；M43/
6—低温回路循环泵 1；M43/7—低温回路循环泵 2；N33/5—高压 PTC 加热器；N83/1—DC-DC 转换器控制
单元；N83/5—车载充电装置；N129/1—电力电子装置控制单元；X58/23—充电装置供电插座；Y73/2—低
温回路转换阀；Y110—高压电池冷却装置膨胀阀；Y140—高压电池冷却装置转换阀

3.2.3　高压系统部件功能与特性

高压系统部件功能与特性如表 3-3 所示。

表 3-3　高压系统部件功能与特性

高压系统部件	功能	特性
车载充电装置	• 将 AC 输入电压转换为 DC 输出电压，以便为高压电池充电 • 控制与车辆插座的通信（状态 LED 和联锁电机） • 充电插头识别（防止带着充电电缆起步） • 控制与公共充电站的通信（费用结算或智能充电） • 通过引导控制监控充电过程	功率 3.6kW

续表

高压系统部件	功能	特性
高压电池	作为蓄能器并为高压组件提供所需的电能	电量 8.8kW·h
电力电子装置	• 根据发动机电子设备控制单元的要求控制电动机 • 监控电动机的温度和位置 • 将高压电池的直流电转化为电动机所需的三相交流电	
DC-DC转换器	• 提供降压模式。在该模式下，高压电池支持 12V 蓄电池 • 替换普通的 12V 发电机	持续提供 210A 并在短时间内提供最大 240A 的电流
电动机	将电能转换为动能,可实现以下功能: • 通过电动机的制动转矩实现能量回收 • 电动起步、电动运行 • 助力(额外的转矩,用于支持内燃机) • 发电机模式	• 三相电动机作为永磁同步电动机 • 最大功率 85kW • 最大转矩 340N·m • 集成式转子位置传感器 • 集成式温度传感器 • 集成在 NAG2 变速器内
高压空调压缩机	• 根据空调控制单元的指令为空调提供相应的制冷剂压力 • 建立高压电池冷却装置相应的制冷剂压力 • 建立预调节装置的制冷剂压力	• 压缩机连同电动机和相应电力电子装置 • 电流可达 60A(在最大功率时) • 促动取决于许多因素(蓄电池电量状态,驾驶员的空调冷却要求)

续表

高压系统部件	功能	特性
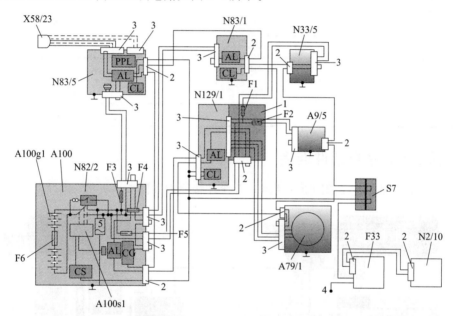 高压PTC	加热冷却液,以使车内空间更快达到标准温度	• 进流温度－20℃时额定功率为7kW • 电流可达30A(短时间)

3.2.4 高压互锁电路

GLE500e4MATIC 高压互锁电路如图 3-4 所示。

图 3-4 GLE500e4MATIC 高压互锁电路

1—高压配电板;2—12V 插头连接;3—高压接口;4—端子 30;5—绝缘监控;A9/5—电动制冷剂压缩机;A79/1—电动机;A100—高压电池模块;A100g1—高压电池;A100s1—接触器;F1—高压 PTC 加热器熔丝 (可更换);F2—电动制冷剂压缩机熔丝 (可更换);F3—充电机熔丝 (可更换);F4—DC-DC 转换器熔丝 (可更换);F5—电力电子装置控制单元高压配电板熔丝 (可更换);F6—高压电池熔丝 (不可更换);F33—蓄电池舱预熔丝盒;N2/10—辅助防护系统 (SRS) 控制单元;N33/5—高压 PTC 加热器;N82/2—蓄电池管理系统控制单元;N83/1—DC-DC 转换器控制单元;N83/5—充电装置;N129/1—电力电子装置控制单元;S7—高压切断装置;X58/23—充电装置供电插座;AL—联锁装置评估逻辑;CG—发电机联锁装置;CL—端子 30C 评估逻辑;CS—端子 30C (电源接触器);PPL—邻近先导 (Proximity Pilot) 评估逻辑

3.3 S500 PHEV(2016~)

3.3.1 高压系统技术参数

高压系统技术参数见表 3-4。

表 3-4 高压系统技术参数

项目		参数
系统功率		325kW
系统转矩		650N·m
高压电池	电量	8.7kW·h
	质量	114kg
	额定电压	396V
	最大电压	432V
	单体电池容量	22A·h
功率电子装置	质量	8.5kg
直流转换器	质量	4.8kg
充电装置	功率	3.6kW
	质量	5.0kg
电动机	功率	85kW
	转矩	340N·m
	质量	37.6kg

3.3.2 混合动力系统部件连接

混合动力系统部件连接如图 3-5 所示，系统连接原理如图 3-6 所示。

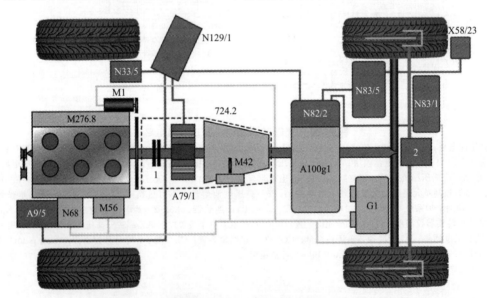

图 3-5 混合动力系统部件连接

1—湿式离合器（NAK）；2—再生制动系统（RBS）；724.2—自动变速器；A9/5—电动制冷剂压缩机；A79/1—电动机；A100g1—高压电池；G1—车载电气系统蓄电池；M1—起动机；M276.8—内燃机；M42—电动辅助油泵（集成在变速器内）；M56—真空泵（电动）；N33/5—高压正温度系数加热器；N68—电子动力转向控制单元；N82/2—蓄电池管理系统控制单元；N83/1—直流转换器控制单元；N83/5—充电装置；N129/1—功率电子装置控制单元；X58/23—充电装置供电插座

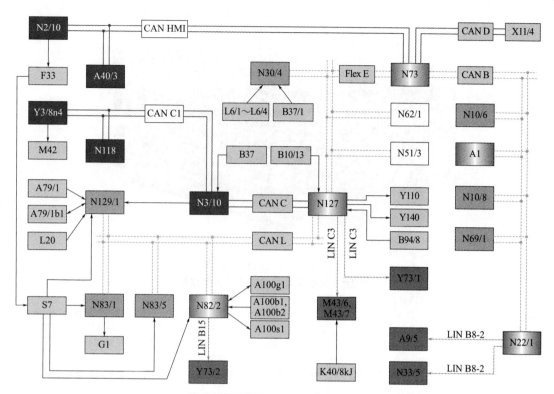

图 3-6 系统连接原理

A1—仪表盘；A9/5—电动制冷剂压缩机；A40/3—驾驶室管理及数据系统（COMAND）控制单元；A79/1—电动机；A79/1b1—电动机温度传感器；A100g1—高压电池；A100b1—高压电池冷却液输入端温度传感器；A100b2—单体高压电池温度传感器；A100s1—接触器；B10/13—低温回路温度传感器；B37—加速踏板传感器；B37/1—踏板角度传感器；B94/8—制冷剂压缩机温度传感器；F33—后部预熔熔丝盒；G1—车载电气系统蓄电池；K40/8kJ—混合动力继电器；L6/1—前轴左侧转速传感器；L6/2—前轴右侧转速传感器；L6/3—后轴左侧转速传感器；L6/4—后轴右侧转速传感器；L20—电动机转子位置传感器；M42—电动辅助油泵；M43/6—低温回路循环泵1；M43/7—低温回路循环泵2；N2/10—辅助防护装置控制单元；N3/10—ME控制单元；N22/1—恒温控制系统控制单元；N10/6—前部信号采集及促动控制模组（SAM）控制单元；N10/8—后部信号采集及促动控制模组（SAM）控制单元；N33/5—高压正温度系数加热器；N30/4—电控车辆稳定行驶系统（ESP）控制单元；N51/3—空气悬挂系统（AIRMATIC）控制单元；N62/1—雷达测距传感器控制单元；N69/1—左前门控制单元；N73—电子点火开关控制单元；N82/2—蓄电池管理系统控制单元；N83/1—直流转换器控制单元；N83/5—充电装置；N118—燃油泵控制单元；N127—驱动系统控制单元；N129/1—功率电子装置控制单元；S7—高压切断装置；Y3/8n4—全集成化变速器控制系统的控制单元；X11/4—诊断连接器；Y73/1—低温回路转换阀1；Y73/2—低温回路转换阀2；Y110—高压电池冷却膨胀阀；Y140—高压电池冷却转换阀；CAN B—车内CAN；CAN C—发动机CAN；CAN C1—传动系统CAN；CAN D—诊断CAN；CAN HMI—用户接口CAN；CAN L—混合动力CAN；Flex E—底盘FlexRay；LIN B8-2—空调LIN 2；LIN B15—蓄电池传感器LIN；LIN C3—传动系统LIN

3.3.3　集成电动机的变速器

集成电动机的变速器（图 3-5 中的 724.2）内部结构如图 3-7 所示。

3.3.4　高压系统主要部件接口

高压电池接口如图 3-8 所示，直流转换器接口如图 3-9 所示，充电装置接口如图 3-10 所示，功率电子装置接口如图 3-11 所示，电动机内部结构如图 3-12 所示，电动空调压缩机接口如图 3-13 所示，高压正温度系数加热器接口如图 3-14 所示。

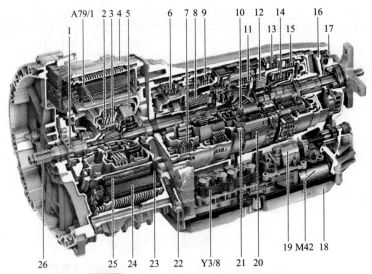

图 3-7 **集成电动机的变速器内部结构**

1—油泵（初级泵）；2—湿式离合器的离合器摩擦片；3—内齿板支架；4—驱动单元；5—扭转减振器；6—多片式制动器 B1；7—多片式离合器 K1；8—拉维娜式齿轮组；9—多片式制动器 B3；10—前部单行星齿轮组；11—多片式离合器 K2；12—后部单行星齿轮组；13—多片式制动器 BR；14—多片式离合器 K3；15—多片式制动器 B2；16—驻车止动爪齿轮；17—用于记录转速的脉冲环；18—油底壳；19—电动液压式驻车止动爪操纵机构；20—用于记录转速的环形磁铁；21—用于记录转速的环型磁铁；22—机油节温器；23—机油叶轮；24—定子；25—转子；26—湿式离合器驱动轴；A79/1—电动机；M42—电动辅助油泵；Y3/8—全集成化变速器控制系统的控制单元

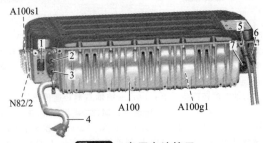

图 3-8 **高压电池接口**

1—控制单元接口；2—冷却液进流管；3—冷却液回流管；4—排气管；5—高压接口（充电装置）；6—高压接口（直流转换器）；7—高压接口（功率电子装置控制单元）；A100—高压电池模块；A100g1—高压电池；A100s1—接触器；N82/2—蓄电池管理系统控制单元

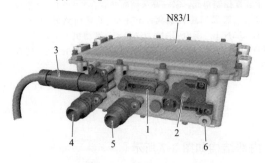

图 3-9 **直流转换器接口**

1—控制单元接口；2—端子 30（B+）；3—高压接口（高压电池）；4—冷却液进流管；5—冷却液回流管；6—接地；N83/1—直流转换器控制单元

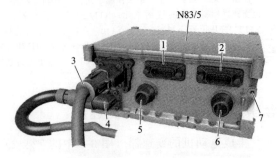

图 3-10 **充电装置接口**

1—12V 接口（充电装置供电插座）；2—控制单元接口；3—高压接口（充电装置供电插座）；4—高压接口（至高压电池）；5—冷却液进流管；6—冷却液回流管；7—安全引线；N83/5—充电装置

图 3-11　功率电子装置接口

1—控制单元接口；2—高压配电板高压接口［连接电动机（端子 U）］；3—高压配电板高压接口［连接电动机（端子 V）］；4—高压配电板高压接口［连接电动机（端子 W）］；5—高压配电板高压接口（高压电池）；6—冷却液回流管；7—冷却液进流管；N129/1—功率电子装置控制单元

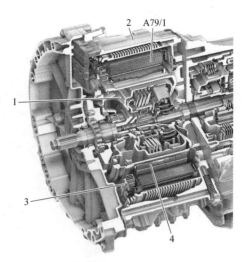

图 3-12　电动机内部结构

1—湿式离合器；2—变速箱钟形壳；3—定子；4—转子；A79/1—电动机

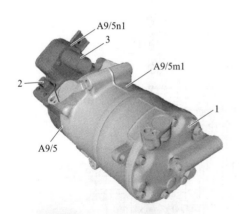

图 3-13　电动空调压缩机接口

1—螺杆式压缩机；2—控制单元接口；3—高压接口；A9/5—电动制冷剂压缩机；A9/5m1—制冷剂压缩机电机；A9/5n1—制冷剂压缩机控制单元和功率电子装置

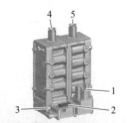

图 3-14　高压正温度系数加热器

1—高压接口；2—控制单元接口；3—接地；4—冷却液进流管；5—冷却液回流管

3.3.5　高压线束分布

高压线束分布如图 3-15 所示。

3.3.6　高压互锁电路

高压互锁电路如图 3-16 所示。

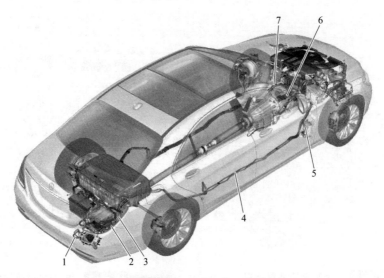

图 3-15　高压线束分布

1—充电装置供电插座和充电装置之间的线束（可单独更换）；2—直流转换器和高压电池之间的线束；3—充电装置和高压电池之间的线束；4—高压电池和功率电子装置控制单元上的高压配电板之间的线束（可单独更换）；5—功率电子装置控制单元上的高压配电板和高电压正温度系数加热器之间的线束（可单独更换）；6—功率电子装置控制单元上的高压配电板和电动机之间的线束（只能和线束 7 一同更换）；7—功率电子装置控制单元上的高压配电板和电动制冷剂压缩机之间的线束（只能和线束 6 一同更换）

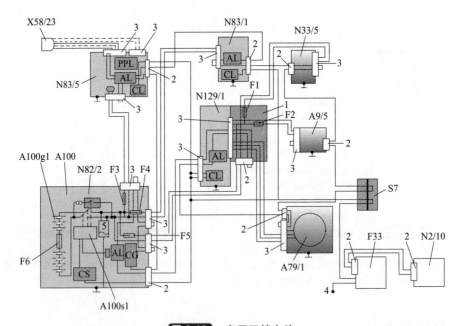

图 3-16　高压互锁电路

1—高压分配器；2—控制单元接口；3—高压接口；4—端子 30；A100—高压电池模块；A100g1—高压电池；A100s1—接触器；A79/1—电动机；A9/5—电动制冷剂压缩机；F1—高压正温度系数加热器熔丝（不可更换）；F2—电动制冷剂压缩机熔丝（不可更换）；F3—充电装置熔丝（可更换）；F4—直流转换器熔丝（可更换）；F5—功率电子装置控制单元上的高压配电板熔丝（可更换）；F6—高压电池熔丝（不可更换）；F33—后部预熔熔丝盒；N2/10—辅助防护装置控制单元；N33/5—高压正温度系数加热器；N82/2—蓄电池管理系统控制单元；N83/1—直流转换器控制单元；N83/5—充电装置；N129/1—功率电子装置控制单元；S7—高压切断装置；X58/23—充电装置供电插座；AL—联锁装置逻辑分析系统；CG—联锁发生器；CL—端子 30C 逻辑分析系统；CS—端子 30C（供电接触器）；PPL—接近先导信号逻辑分析系统

3.4　S400 HEV(2015～)

3.4.1　整车系统连接网络

整车系统连接网络如图 3-17 所示。

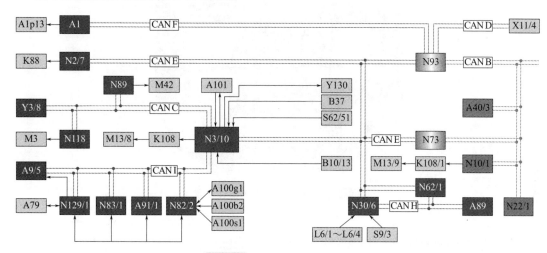

图 3-17　整车系统连接网络

A1—仪表盘；A1p13—多功能显示屏；A9/5—电动制冷剂压缩机；A40/3—驾驶室管理及数据系统（CO-MAND）控制单元；A79—电动机；A89—车距监控防撞系统（DTR）控制单元（装配增强型限距控制系统或自动智能巡航控制系统）；A91/1—电液动力转向机构；A100b2—高压电池的电池温度传感器；A100g1—高压电池；A100s1—保护开关；A101—油箱泄漏诊断模块；B10/13—低温回路温度传感器；B37—加速踏板位置传感器；CAN B—车内 CAN；CAN C—传动系统 CAN；CAN D—诊断 CAN；CAN E—底盘 CAN；CAN F—中央 CAN；CAN H—车辆动态 CAN；CAN I—驾驶驱动数据链 CAN；K88—烟火隔离器；K108—循环泵继电器 1（电力电子）；K108/1—循环泵继电器 2（电力电子）；L6/1—左前转速传感器；L6/2—右前转速传感器；L6/3—左后转速传感器；L6/4—右后转速传感器；M13/8—循环泵 1（电力电子）；M3—燃油泵；M13/9—循环泵 2（电力电子）；M42—辅助电动变速器油泵；N2/7—防护装置控制单元；N3/10—ME-SFI［发动机模块（ME）控制单元］；N10/1—带熔丝和继电器模块的前侧信号采集及促动控制模组（SAM）控制单元；N22/1—自动空调（KLA）控制单元；N30/6—再生制动系统（RBS）控制单元；N62/1—雷达传感器控制单元（SGR）（装配增强型限距控制系统或自动智能巡航控制系统）；N73—电子点火开关控制单元（EZS）控制单元；N82/2—蓄电池管理系统（BMS）控制单元；N83/1—DC-DC 转换器控制单元；N89—辅助变速器油泵控制单元；N93—中央网关控制单元；N118—燃油泵控制单元；N129/1—电力电子控制单元；S9/3—混合动力制动灯开关；S62/51—混合动力发动机罩接触开关；X11/4—数据传输连接器；Y3/8—全集成式变速器控制系统（VGS）电控单元；Y130—发动机油泵阀

3.4.2　混合动力系统部件位置

混合动力系统部件位置如图 3-18 所示。

3.4.3　混合动力系统技术参数

混合动力系统技术参数见表 3-5。

图 3-18 混合动力系统部件位置

1—高压电池模块；2—DC-DC 转换器模块；3—电力电子模块；4—电动机；5—踏板总成；
6—再生制动系统（RBS）制动助力器；7—电动真空泵；8—电动制冷剂压缩机；9—低温冷却器；
10—低温回路循环泵；11—电液动力转向机构；12—带再生制动系统控制单元的液压单元

表 3-5 混合动力系统技术参数

项目		参数
发动机总成	特定发动机转速下的额定功率	205kW(279HP)(6000r/min 时)
	特定发动机转速下的额定转矩	350N·m(2400～5000r/min 时)
	气缸数	6 个
	排量	3498mL
	最高转速	6500r/min
	压缩比	10.7:1
	每缸气门数	4 个
	混合气形成	带热膜式空气质量流量传感器的微处理器控制汽油喷射
动力传输	驱动	后轮驱动
	自动变速器	7G-Tronic
电动机	类型	持续通电的同步电机
	额定功率	15kW(20HP)
	特定发动机转速下的额定转矩	160N·m(1000r/min)
	最大启动转矩	215N·m
	额定电压	126V
高压电池	类型	锂离子蓄电池
	额定电压	126V(35 个电池×3.6V)
	容量	7A·h
	质量	约 28kg

项目		参数
内燃机和混合 动力模块总和	特定发动机转速下的额定功率	220kW(299HP)(6000r/min 时)
	特定发动机转速下的额定转矩	385N·m(2400~4000r/min 时)

3.4.4 高压系统部件结构

高压电池模块内部结构如图 3-19 所示，DC-DC 转换器接口分布如图 3-20 所示，驱动电机内部结构及分解分别如图 3-21 和图 3-22 所示，电力电子模块接口分布如图 3-23 所示，电动制冷剂压缩机总成如图 3-24 所示。

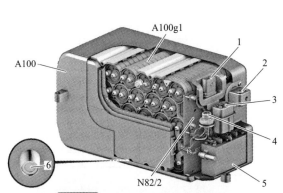

图 3-19 高压电池模块内部结构

1—蓄电池管理系统控制单元的 12V 插头连接；2—制冷剂管路连接；3—高压插头连接（电力电子、电动制冷剂压缩机）；4—高压插头连接（DC/DC 转换器）；5—保护开关；6—带膜片和爆裂盘的熔断接头；A100—高压电池模块；A100g1—高压电池；N82/2—蓄电池管理系统（BMS）控制单元

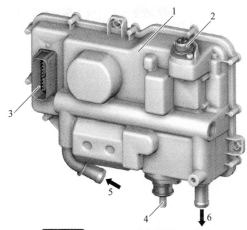

图 3-20 DC-DC 转换器接口分布

1—DC-DC 转换器模块；2—高压插头连接（高压电池）；3—DC-DC 转换器控制单元的 12V 插头连接；4—电路 30 的螺纹连接；5—冷却液进口；6—冷却液出口

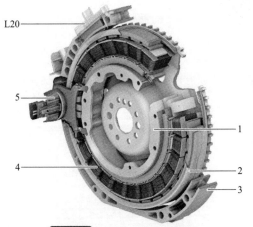

图 3-21 驱动电机内部结构

1—定子架；2—带增量环和位置传感器轨的转子；3—中间壳体；4—带线圈的定子；5—电气螺纹连接和温度传感器连接器；L20—转子位置传感器

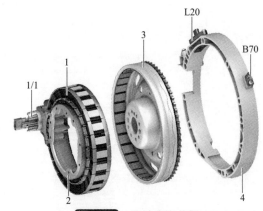

图 3-22 驱动电机分解

1—带线圈的定子；1/1—电气螺纹连接和温度传感器连接器；2—定子架；3—带增量环和位置传感器轨的转子；4—中间壳体；B70—曲轴霍尔传感器；L20—转子位置传感器

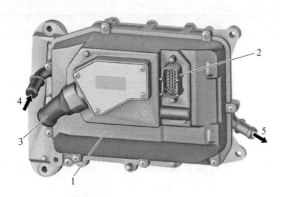

图 3-23 电力电子模块接口分布

1—电力电子模块；2—电力电子控制单元的 12V 插头连接；
3—高压电池的高压导线；4—冷却液进口；5—冷却液出口

图 3-24 电动制冷剂压缩机总成

1—控制单元；2—电动机；3—螺旋压缩机

第4章

大众-奥迪汽车

4.1 高尔夫 GTE PHEV(2015~)

4.1.1 电驱动功率控制装置端子定义

电驱动功率控制装置端子分布如图 4-1 所示，端子定义见表 4-1。

表 4-1 电驱动功率控制装置端子定义

端子	端子说明
53	X5 连接 1(混合动力 CAN 总线,低速),在发动机舱导线束中
54	X4 连接 1(混合动力 CAN 总线,高速),在发动机舱导线束中
55	端子 30
56	端子 15
57	三相电流驱动系统-VX54-
59	三相电流驱动系统-VX54-
60	B391 连接 2(驱动系统 CAN 总线,低速),在主导线束中
61	B384 连接 2(驱动系统 CAN 总线,高速),在主导线束中
64	三相电流驱动系统-VX54-
65	三相电流驱动系统-VX54-
66	三相电流驱动系统-VX54-
74	三相电流驱动系统-VX54-
75	三相电流驱动系统-VX54-
77	高压电池充电装置 1-AX4-控制线
80	三相电流驱动系统-VX54-控制线

4.1.2 高压电池充电机端子定义

高压电池充电机端子分布如图 4-2 所示，端子定义见表 4-2。

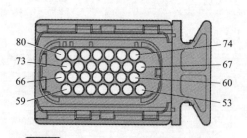

图 4-1 电驱动功率控制装置端子分布

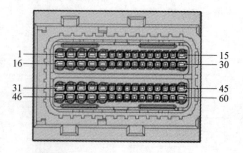

图 4-2 高压电池充电机端子分布

表 4-2 高压电池充电机端子定义

端子	端子说明
1	端子 30
4	蓄电池充电按钮模块-EX32-
5	蓄电池充电按钮模块-EX32-
9	B384 连接 2（驱动系统 CAN 总线，高速），在主导线束中
10	B391 连接 2（驱动系统 CAN 总线，低速），在主导线束中
11	X4 连接 1（混合动力 CAN 总线，高速），在发动机舱导线束中
12	X5 连接 1（混合动力 CAN 总线，低速），在发动机舱导线束中
13	电驱动功率和控制电子装置-JX1-控制线
15	高压系统维护插头-TW-控制线
16	高压充电插头锁止装置 1 的伺服元件-F498-
17	高压充电插头锁止装置 1 的伺服元件-F498-
18	高压充电插头锁止装置 1 的伺服元件-F498-
19	高压充电插头锁止装置 1 的伺服元件-F498-
21	蓄电池充电按钮模块-EX32-
22	蓄电池充电按钮模块-EX32-
23	高压电池充电插座 1-UX4-
24	高压电池充电插座 1-UX4-
25	蓄电池充电按钮模块-EX32-
27	充电插座 1 的温度传感器-G853-
28	充电插座 1 的温度传感器-G853-
31	高压载货后栏板锁止装置 1 的伺服元件-F496-蓄电池充电按钮模块-EX32-
32	高压载货后栏板锁止装置 1 的伺服元件-F496-
33	高压载货后栏板锁止装置 1 的伺服元件-F496-
34	高压载货后栏板锁止装置 1 的伺服元件-F496-
60	端子 30

4.1.3 高压电池低压端子定义

高压电池低压端子分布如图 4-3 所示，端子定义见表 4-3。

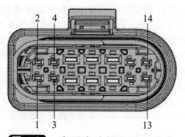

图 4-3 高压电池低压端子分布

表4-3 高压电池低压端子定义

端子	端子说明
1	B383 连接 1(驱动系统 CAN 总线,高速),在主导线束中
2	B390 连接 1(驱动系统 CAN 总线,低速),在主导线束中
3	安全气囊控制单元-J234-
4	高压系统维护插头-TW-控制线
5	高压电池冷却液阀-N688-
6	高压系统维护插头-TW-13
7	高压电池冷却液泵-V590-
8	端子 30
9	端子 31
10	端子 30
11	高压加热装置(PTC)控制单元-J848-控制线
12	安全气囊控制单元-J234-

4.1.4 全车控制器位置

全车控制器位置如图 4-4～图 4-8 所示。

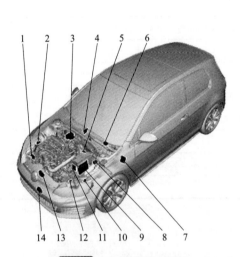

图 4-4 车辆前部控制器

1—辅助暖风控制器-J364-;2—前右大灯-MX2-;3—ABS 控制器-J104-;4—固体声波控制器-J869-;5—蓄电池监控控制器-J367-;6—雨刮电机控制器-J400-;7—自动变速器控制单元-J217-;8—转向辅助控制器-J500-;9—发动机控制器-J623-;10—前左大灯-MX1-;11—横向差速锁控制单元-J647-;12—双离合器变速器机电装置-J743-;13—散热器风扇-VX57-;14—车距调节控制器-J428-

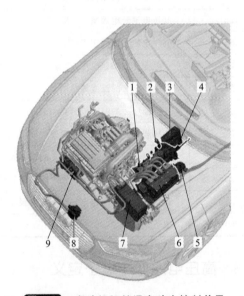

图 4-5 发动机机舱混合动力控制单元

1—三相电流驱动系统-VX54-;2—高压系统维护插头-TW-;3—高压加热装置（PTC）控制单元-J848-;4—制动助力器-NX6-;5—制动系统蓄压器-VX70-;6—电驱动功率和控制电子装置-JX1-（包括电驱动控制单元-J841-和高压系统熔丝 3-S353-）;7—高压电池充电装置 1-AX4-（包括高压电池充电电压控制单元-J966-和高压电池充电机控制单元-J1050-）;8—高压电池充电插座 1-UX4-;9—空调压缩机控制单元-J842-

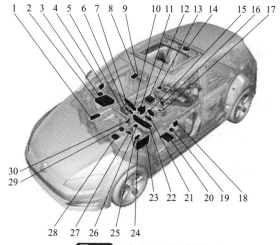

图 4-6　**车身中部控制器**

1—新鲜空气鼓风机控制单元-J126-；2，5—信息电子装置1控制单元-J794-；3—读卡器-D8-；4—前乘客侧车门控制单元-J387-；6—空调器控制单元-J301-/加热装置控制单元-J65-；7—全自动空调控制单元-J255-；8—驾驶员辅助系统的前部摄像头-R242-；9—远光灯辅助系统控制单元-J844-；10—前部信息显示和操作单元控制单元的显示单元-J685-；11—选挡杆 E313-；12—电视调谐器-RX6-/导航系统控制单元-J856-/特种车辆控制单元-J608-（仅用于特种车辆）；13—燃油泵控制单元-J538-；14—滑动天窗控制单元-J245-；15—转向柱电子装置控制单元-J527-；16—带移动电话接口的杂物箱-R265-；17—多功能转向盘控制单元-J453-；18—驾驶员侧车门控制单元-J386-；19—按摩功能控制单元-J740-；20—数字式音响套件控制单元-J525-；21—电子转向柱锁止装置控制单元-J764-；22—组合仪表中的控制单元-J285-；23—车载电网控制单元-J519-；24—泊车转向辅助系统控制单元-J791-；25—泊车辅助控制单元-J446-；26—紧急呼叫模块和通信单元的控制单元-J949-；27—数据总线诊断接口-J533-；28—安全气囊控制单元-J234-；29—大灯随动转向和大灯照明距离调节控制单元-J745-；30—进入及启动系统接口-J965-

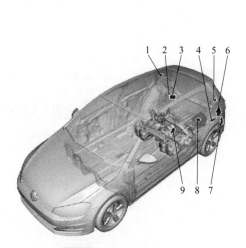

图 4-7　**车身后部控制器**

1—辅助水加热装置的无线电接收器-R149-；2—移动电话双路信号放大器-J984-；3—盲区识别控制单元-J1086-；4—挂车识别装置控制单元-J345-；5—发动机发声装置控制单元-J943-；6—电子控制减振系统控制单元-J250-；7—盲区识别控制单元 2-J1087-；8—蓄电池监控控制单元-J367-；9—全轮驱动控制单元-J492-

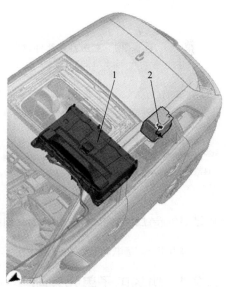

图 4-8　**车辆后部混合动力系统部件**

1—高压电池 1-AX2-；2—蓄电池监控控制单元-J367-

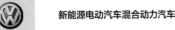

4.2　途观 L PHEV(2018～)

4.2.1　高压系统部件位置

高压系统部件位置如图 4-9 所示。

4.2.2　高压电池连接部件

高压电池连接部件如图 4-10 所示。

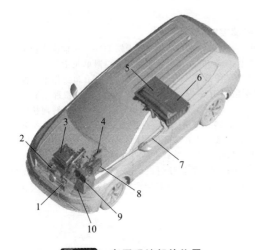

图 4-9　高压系统部件位置

1—高压电池充电插座 1-UX4-；2—电动空调压缩机-V470-；3—发动机；4—高压电加热装置（PTC）-Z115；5—高压电池 1-AX2-；6—高压电池调节控制单元-J840-；7—高压线束；8—功率电子单元-JX1-（包括电驱动装置控制单元-J841-、中间电容 1-C25-、变压器-A19-、电动机的逆变器-A37-）；9—高压电池充电装置 1-AX4-；10—混合动力模块-VX54-（包括电机-V141-、电机温度传感器-G712-、电机转子位置传感器 1-G713-）

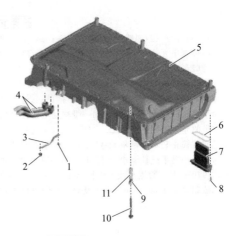

图 4-10　高压电池连接部件

1—螺栓；2—螺母；3—等电位线；4—冷却液软管；5—高压电池 1-AX2-；6—密封垫；7—高压电池调节控制单元-J840-；8—螺栓（5 个，拧紧力矩 8N·m，只允许使用 3 次）；9—橡胶套（防止螺栓自行掉落）；10—螺栓（5 个，拆卸后更换，拧紧力矩 50N·m＋继续旋转 225°）；11—套筒（5 个，拧紧力矩 60N·m，用轴套拆卸套筒-CT80042-拆卸，拆卸后更换）

4.2.3　高压电池充电机安装部件

高压电池充电机安装部件如图 4-11 所示。

4.2.4　功率电子单元装配

功率电子单元接口部件如图 4-12 所示，功率电子单元分解如图 4-13 所示。

4.2.5　1.4T DJZ 发动机控制模块端子定义

控制模块端子分布如图 4-14 所示，端子定义见表 4-4 和表 4-5。

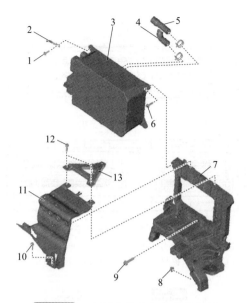

图 4-11 高压电池充电机安装部件

1, 6, 10, 12—螺栓（拧紧力矩 8N·m）；2—等电位线；3—高压电池充电机 1-AX4-；
4, 5—冷却液管；7, 11, 13—支架；8—螺母；9—螺栓

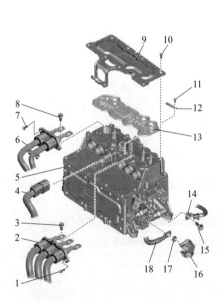

图 4-12 功率电子单元接口部件

1, 3—螺栓（3 个）；2—电机高压线束-PX2-；4—高压电池充电装置高压线束-P25-；5—功率电子单元-JX1-；6—高压电池高压线束-PX1-；7, 8—螺栓（2 个）；9, 16—盖板；10—螺栓（拆卸后更换，共 8 个）；11—螺栓（2 个，拧紧力矩 2.7N·m）；12—高压系统熔丝 3-S353-；13—防触摸保护绝缘垫（带密封条，拆卸后更换）；14—线束 B-；15—螺栓（拧紧力矩 20N·m）；17—螺母（拧紧力矩 20N·m）；18—线束 B+

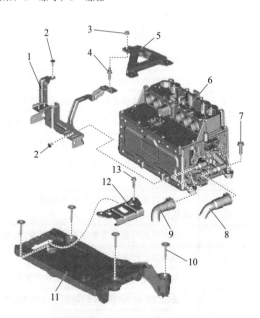

图 4-13 功率电子单元分解

1, 5, 12—支架；2—螺栓（2 个，拧紧力矩 8N·m）；3—螺母（拧紧力矩 8N·m）；4—双头螺栓（拧紧力矩 8N·m）；6—功率电子单元-JX1-；7, 13—螺栓（2 个，拧紧力矩 20N·m）；8, 9—冷却液管；10—螺栓（4 个）；11—固定支架

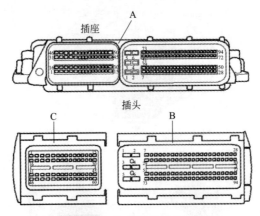

图 4-14 控制模块端子分布

A—发动机控制单元-J623-；B—发动机控制单元 94 针黑色插头连接-T94a-；

C—发动机控制单元 60 针黑色插头连接-T60a-

表 4-4 94 针端子定义

端子	端子说明
1	接线柱 31
2	接线柱 31
5	接线柱 87a
6	接线柱 87a
7	前氧传感器加热装置控制端,连接到氧传感器加热装置-Z19-,插头 T6ar/3,端子 3
9	油箱压力传感器电源 5V,连接到油箱压力传感器-G400-,插头 T3bf/1,端子 1
10	加速踏板位置传感器接地,连接到加速踏板位置传感器 G79-,插头 T6L/3,端子 3
11	加速踏板位置传感器 2 接地,连接到加速踏板位置传感器 2-G185-,插头 T6L/5,端子 5
18	颗粒过滤器后的温度传感器信号,连接到颗粒过滤器后的温度传感器-G527-,插头 T2fc/2,端子 2(适用于排放标准 C6)
19	颗粒过滤器前的温度传感器接地,连接到颗粒过滤器前的温度传感器-G506-,插头 T2fd/1,端子 1(适用于排放标准 C6)
24	用于低温回路的冷却液泵 2 控制端,连接到用于低温回路的冷却液泵 2-V533-,插头 T3be/3,端子 3
25	加热装置冷却液截止阀控制端,连接到加热装置冷却液截止阀-N279-,插头 T2fj/1,端子 1
27	变速器冷却液阀控制端,连接到变速器冷却液阀-N488-,插头 T2dh/2,端子 2
28	油箱泄漏诊断控制单元信号,连接到油箱泄漏诊断控制单元-J909-,插头 T4bo/2,端子 2(适用于排放标准 C6)
29	油箱泄漏诊断控制单元信号,连接到油箱泄漏诊断控制单元-J909-,插头 T4bo/3,端子 3(适用于排放标准 C6)
31	加速踏板位置传感器 1 电源 5V,连接到加速踏板位置传感器 1-G79-,插头 T6L/2,端子 2
32	加速踏板位置传感器 1 信号,连接到加速踏板位置传感器 1-G79-,插头 T6L/4,端子 4
33	加速踏板位置传感器 2 信号,连接到加速踏板位置传感器 2-G185-,插头 T6L/6,端子 6
34	加速踏板位置传感器 2 电源 5V,连接到加速踏板位置传感器 2-G185-,插头 T6L/1,端子 1
35	油箱压力传感器信号,连接到油箱压力传感器-G400-,插头 T3bf/2,端子 2
37	废气压力传感器 1 信号,连接到废气压力传感器 1-G450-,插头 T3bw/1,端子 1(适用于排放标准 C6)

续表

端子	端子说明
40	颗粒过滤器后的温度传感器接地,连接到颗粒过滤器后的温度传感器-G527-,插头 T2fc/1,端子 1(适用于排放标准 C6)
41	颗粒过滤器前的温度传感器信号,连接到颗粒过滤器前的温度传感器-G506-,插头 T2fd/2,端子 2(适用于排放标准 C6)
43	机油油位和机油温度传感器信号,连接到机油油位和机油温度传感器-G266-,插头 T3x/3,端子 3
44	接线柱 50
45	曲轴箱排气软管的报警触点信号,连接到曲轴箱排气软管的报警触点-F568-,插头 T2fe/1,端子 1(适用于排放标准 C6)
48	燃油泵控制单元信号,连接到燃油泵控制单元-J538-,插头 T5c/5,端子 5
51	油箱关闭阀控制端,连接到油箱关闭阀-N288-,插头 T2ft/2,端子 2
53	后氧传感器信号,连接到尾气催化净化器后的氧传感器-G130-,插头 T4n/3,端子 3
54	前氧传感器信号,连接到氧传感器-G39-,插头 T6ar/6,端子 6
55	前氧传感器信号,连接到氧传感器-G39-,插头 T6ar/4,端子 4
56	前氧传感器信号,连接到氧传感器-G39-,插头 T6ar/1,端子 1
57	前氧传感器信号,连接到氧传感器-G39-,插头 T6ar/2,端子 2
58	传感器接地
61	GRA 开关信号,连接到转向柱电子装置控制单元-J527-,插头 T14e/7,端子 7
62	制动信号灯开关信号
65	后氧传感器加热装置控制端,连接到尾气催化净化器后的氧传感器加热装置-Z29-,插头 T4n/2,端子 2
67	CAN 总线,低速(驱动系统)
68	CAN 总线,高速(驱动系统)
69	主继电器控制端
74	发动机温度传感器 2 信号,连接到发动机温度传感器 2-G652-,插头 T2fb/2,端子 2
75	散热器出口处的冷却液温度传感器信号,连接到散热器出口处的冷却液温度传感器-G83-,插头 T2bm/1,端子 1
76	后氧传感器信号,连接到尾气催化净化器后的氧传感器-G130-,插头 T4n/4,端子 4
79	P/N 挡信号,连接到双离合器变速器机电装置-J743-,插头 T10z/5,端子 5
81	机油压力防降开关信号,连接到机油压力降低开关-F378-,插头 T1a
82	CAN 总线,低速(混合动力)
83	CAN 总线,高速(混合动力)
84	曲轴箱排气软管的报警触点信号,连接到曲轴箱排气软管的报警触点-F568-,插头 T2fe/2,端子 2(适用于排放标准 C6)
86	油箱泄漏诊断控制单元信号,连接到油箱泄漏诊断控制单元-J909-,插头 T4bo/1,端子 1(适用于排放标准 C6)
87	接线柱 15
89	散热器风扇控制信号,连接到散热器风扇控制单元-J293-,插头 T4p/3,端子 3
92	接线柱 30a
94	双离合器变速器机电装置控制端,连接到双离合器变速箱机电装置-J743-,插头 T10z/1,端子 1

表 4-5 60 针端子定义

端子	端子说明
1	节气门驱动装置(电控节气门)控制端,连接到电控节门操纵机构的节气门驱动装置-G186-,插头 T6f/5,端子 5
2	增压压力调节器控制端,连接到增压压力调节器-V465-,插头 T6a/6,端子 6
4	机油压力调节阀控制端,连接到机油压力调节阀-N428-,插头 T2dd/1,端子 1
5	冷却液转换阀 1 控制端,连接到冷却液转换阀 1-N632-,插头 T2fL/1,端子 1
6	活性炭罐电磁阀 1 控制端,连接到活性炭罐电磁阀 1-N80-,插头 T2bn/1,端子 1
7	发动机转速传感器接地,连接到发动机转速传感器-G28-,插头 T3g/3,端子 3
8	发动机转速传感器信号,连接到发动机转速传感器-G28-,插头 T3g/2,端子 2
10	废气压力传感器 1 电源 5V,连接到废气压力传感器 1-G450-,插头 T3bw/3,端子 3(适用于排放标准 C6)
11	节气门驱动装置(电控节气门)角度传感器电源 5V,连接到节气门控制单元-J338-,插头 T6f/2,端子 2
12	节气门驱动装置(电控节气门)角度传感器 1 信号,连接到电控油门操纵机构的节气门驱动装置角度传感器 1-G187-,插头 T6f/1,端子 1
13	节气门驱动装置(电控节气门)角度传感器 2 信号,连接到电控油门操纵机构的节气门驱动装置角度传感器 2-G188-,插头 T6f/4,端子 4
14	节气门驱动装置(电控节气门)角度传感器接地,连接到节气门控制单元-J338-,插头 T6f/6,端子 6
15	进气凸轮轴调节阀 1 控制端,连接到进气凸轮轴调节阀 1-N205-,插头 T2bx/2,端子 2
16	节气门驱动装置(电控节气门)＋,连接到电控油门操纵机构的节气门驱动装置-G186-,插头 T6f/3,端子 3
18	增压压力调节器控制端,连接到增压压力调节器-V465-,插头 T6a/2,端子 2
19	4 缸喷油控制端,连接到气缸 4 喷油嘴-N33-,插头 T2bg/2,端子 2
20	2 缸喷油控制端,连接到气缸 2 喷油嘴-N31-,插头 T2be/2,端子 2
21	用于低温回路的冷却液泵控制端,连接到用于低温回路的冷却液泵-V468-,插头 T3bg/3,端子 3
22	废气压力传感器 1 接地,连接到废气压力传感器 1-G450-,插头 T3bw/2,端子 2(适用于排放标准 C6)
23	进气温度传感器信号,连接到进气温度传感器-G42-,插头 T4g/2,端子 2
24	增压压力调节器信号,连接到增压压力调节器-V465-,插头 T6a/5,端子 5
25	传感器电源 5V
26	传感器电源 5V
27	油压开关信号,连接到机油压力开关-F1-,插头 T1c
28	增压压力传感器信号,连接到增压压力传感器-G31-,插头 T4e/4,端子 4
29	传感器接地
30	排气凸轮轴调节阀 1 控制端,连接到排气凸轮轴调节阀 1-N318-,插头 T2cq/2,端子 2
32	燃油定量阀控制端,连接到燃油定量阀-N290-,插头 T2aj/2,端子 2
33	1 缸喷油控制端,连接到气缸 1 喷油嘴-N30-,插头 T2bd/1,端子 1
34	3 缸喷油控制端,连接到气缸 3 喷油嘴-N32-,插头 T2bf/1,端子 1
35	1 缸喷油控制端,连接到气缸 1 喷油嘴-N30-,插头 T2bd/2,端子 2
36	带功率输出级的点火线圈 4 控制端,连接到带功率输出级的点火线圈 4-N292-,插头 T4w/2,端子 2
37	带功率输出级的点火线圈 1 控制端,连接到带功率输出级的点火线圈 1-N70-,插头 T4t/2,端子 2
38	燃油压力传感器接地,连接到燃油压力传感器-G247-,插头 T3s/1,端子 1
40	进气温度传感器 2 信号,连接到进气温度传感器 2-G299-,插头 T4e/2,端子 2

端子	端子说明
42	霍尔传感器信号,连接到霍尔传感器-G40-,插头 T3q/2,端子 2
43	霍尔传感器 2 信号,连接到霍尔传感器 2-G163-,插头 T3m/2,端子 2
44	进气压力传感器信号,连接到进气歧管压力传感器-G71-,插头 T4g/4,端子 4
45	传感器电源 5V
46	用于高温回路的冷却液泵控制端,连接到用于高温回路的冷却液泵-V467-,插头 T3bh/3,端子 3
47	燃油定量阀控制端,连接到燃油定量阀-N290-,插头 T2aj/1,端子 1
48	4 缸喷油控制端,连接到气缸 4 喷油嘴-N33-,插头 T2bg/1,端子 1
49	2 缸喷油控制端,连接到气缸 2 喷油嘴-N31-,插头 T2be/1,端子 1
50	3 缸喷油控制端,连接到气缸 3 喷油嘴-N32-,插头 T2bf/2,端子 2
51	带功率输出级的点火线圈 2 控制端,连接到带功率输出级的点火线圈 2-N127-,插头 T4u/2,端子 2
52	带功率输出级的点火线圈 3 控制端,连接到带功率输出级的点火线圈 3-N291-,插头 T4v/2,端子 2
53	传感器接地
54	冷却液温度传感器信号,连接到冷却液温度传感器-G62-,插头 T2ea/2,端子 2
55	暖风冷却液温度传感器信号,连接到暖风冷却液温度传感器-G241-,插头 T2fk/2,端子 2
56	燃油压力传感器信号,连接到燃油压力传感器-G247-,插头 T3s/2,端子 2
57	爆震传感器屏蔽
58	爆震传感器信号,连接到爆震传感器 1-G61-,插头 T2ax/2,端子 2
59	爆震传感器信号,连接到爆震传感器 1-G61-,插头 T2ax/1,端子 1
60	传感器接地

4.2.6　全车控制器位置

全车控制器位置如图 4-15～图 4-17 所示。

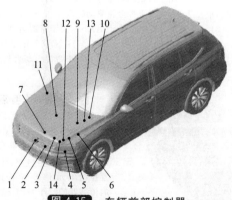

图 4-15　车辆前部控制器

1—车距调节控制单元-J428- [仅适用于带自动车距控制（ADR）的汽车]；2—散热器风扇控制单元-J293-；3—节气门控制单元-J338-（仅用于带 1.4L 发动机的汽车）；4—双离合器变速器机电装置-J743-；5—转向辅助控制单元-J500-；6—发动机控制单元-J623-；7—节气门控制单元-J338-；8—ABS 控制单元-J104-；9—蓄电池监控控制单元-J367-（用于不带混合动力驱动的汽车）；10—刮水器电机控制单元-J400-；11—机械振动控制单元-J869-（用于带混合动力驱动的汽车）；12—电驱动装置的功率及控制电子系统-JX1-（用于带混合动力驱动的汽车）；13—制动助力控制单元-J539-（用于带混合动力驱动的汽车）；14—车载充电装置-A11-（用于带混合动力驱动的汽车）

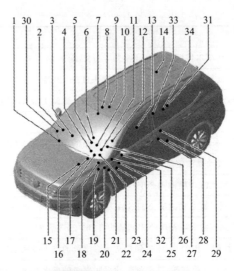

图 4-16 车身中部控制器

1—新鲜空气鼓风机控制单元-J126-；2—前乘客侧车门控制单元-J387-；3—电子通信信息设备 1 控制单元-J794-（用于 MIB Standard Navi Gen2）；4—周围环境摄像机控制单元-J928-（用于带周围环境摄像机的汽车）；5—空调器控制单元-J301-（用于带电动调节风门的空调器）或者全自动空调控制单元-J255-（用于带全自动空调的汽车）；6—前部信息显示和操作单元控制单元的显示单元-J685-（用于带导航系统的汽车/用于 MIB Standard Navi Gen2）或者电子通信信息设备 1 控制单元-J794-［用于 CNS 2.0（Entry Navi）］；7—驾驶员辅助系统的前部摄像机-R242-（用于带驾驶辅助特殊装备的汽车）；8—右后车门控制单元-J389-（用于带氛围灯型号 1 的汽车）；9—右后车门控制单元-J389-（依汽车装备而定）；10—前窗玻璃投影（平视显示器）控制单元-J898-（用于带前窗玻璃投影的汽车）；11—仪表板中的控制单元-J285-；12—多功能转向盘控制单元-J453-；13—燃油泵控制单元-J538-；14—滑动天窗控制单元-J245-（用于带全景滑动天窗的汽车）；15—安全气囊控制单元-J234-；16—进入及启动系统接口-J965-；17—弯道灯和大灯照明距离调节控制单元-J745-（用于带自动大灯照明距离调节的汽车/用于带混合动力驱动的汽车）；18—数据总线诊断接口-J533-；19—驻车辅助控制单元-J446-［用于带驻车距离报警（后）的汽车/用于带驻车转向辅助系统的汽车］；20—车载电网控制单元-J519-；21—诊断接口-U31-；22—换挡杆传感器控制单元-J587-（用于带双离合器变速器的汽车）；23—数字式声音处理系统控制单元-J525-（用于带音响系统的汽车）；24—驾驶员侧车门控制单元-J386-；25—左前座椅调节控制单元-J1112-（用于带记忆功能的驾驶员座椅）；26—转向柱电子装置控制单元-J527-；27—左后车门控制单元-J388-（用于带氛围灯型号 1 的汽车）；28—左后车门控制单元-J388-（依汽车装备而定）；29—全轮驱动控制单元-J492-（用于带全轮驱动的汽车）；30—发动机噪声形成控制单元-J943-（用于带混合动力驱动的汽车）；31—混合动力蓄电池单元-AX1-（用于带混合动力驱动的汽车）；32—紧急呼叫模块和通信单元控制单元-J949-（用于带混合动力驱动的汽车）；33—蓄电池模块监控控制单元-J497-（用于带混合动力驱动的汽车）；34—蓄电池调节控制单元-J840-（用于带混合动力驱动的汽车）

图 4-17 车身后部控制器

1—盲区识别控制单元 2-J1087-（用于带换道辅助系统的汽车）；2—行李厢盖控制单元-J605-（用于带有行李厢盖电控开启装置的汽车）；3—行李厢盖开启装置控制单元-J938-（用于带行李厢盖开启传感器的汽车）；4—盲区识别控制单元-J1086-（用于带换道辅助系统的汽车）；5—蓄电池监控控制单元-J367-（用于带混合动力驱动的汽车）；6—油箱泄漏诊断控制单元-J909-（适用于排放标准 C6）

4.3 帕萨特 PHEV(2018~)

4.3.1 高压电池低压端子定义

高压电池低压端子分布如图 4-18 所示，端子定义见表 4-6 和表 4-7，高压电池模块监控控制单元端子分布如图 4-19 所示，端子定义见表 4-8 和表 4-9；高压电池调节控制单元端子分布如图 4-20 所示，端子定义见表 4-10。

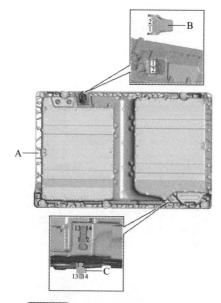

图 4-18　高压电池低压端子分布

A—混合动力蓄电池单元-AX1-；B—混合动力蓄电池单元 6 针橙色插头连接-T6au-；
C—混合动力蓄电池单元 14 针黑色插头连接-T14j-

表 4-6　6 针端子定义

端子	端子说明
1	蓄电池高压线＋
1s	高压线屏蔽＋
2	蓄电池高压线－
2s	高压线屏蔽－
3P	高压系统控制导引线,连接到混合动力蓄电池单元-AX1-,插头 T6au/4P,端子 4P
4P	高压系统控制导引线,连接到混合动力蓄电池单元-AX1-,插头 T6au/3P,端子 3P

表 4-7　14 针端子定义

端子	端子说明
1	CAN 总线,高速(驱动系统)
2	CAN 总线,低速(驱动系统)
3	碰撞信号＋,连接到安全气囊控制单元-J234-,插头 T90a/17,端子 17

续表

端子	端子说明
4	高压系统控制导引线,连接到高压系统维护插头-TW-,插头 T4bp/4,端子 4
5	混合动力蓄电池制冷剂截止阀1,连接到混合动力蓄电池制冷剂截止阀1-N516-,插头 T2ff/1,端子 1
6	接线柱 30a
7	高压电池冷却液泵,连接到高压电池冷却液泵-V590-,插头 T3bv/3,端子 3
8	接线柱 15a
9	接线柱 31
10	接线柱 30a
11	高压系统控制导引线,连接到高压加热装置(PTC)-Z115-,插头 T8z/5,端子 5
12	碰撞信号一,连接到安全气囊控制单元-J234-,插头 T90a/18,端子 18
13	CAN 总线,高速(混合动力)
14	CAN 总线,高速(混合动力)

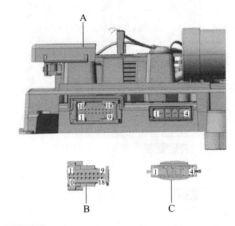

图 4-19 高压电池模块监控控制单元端子分布

A—蓄电池模块监控控制单元-J497-;B—蓄电池模块监控控制单元 18 针黑色插头连接-T18g-;
C—蓄电池模块监控控制单元 4 针黑色插头连接-T4bx

表 4-8 18 针端子定义

端子	端子说明
1	接线柱 30a
2	接线柱 30a
4	蓄电池调节控制单元,连接到蓄电池调节控制单元-J840-,插头 T32e/20,端子 20
6	接线柱 31
8	接线柱 31
9	接线柱 31
10	接线柱 30a
13	CAN 总线,低速
14	CAN 总线,高速

续表

端子	端子说明
16	接线柱 15a
18	接线柱 31

表 4-9　4 针端子定义

端子	端子说明
1	蓄电池模块 3,连接到蓄电池模块 3-J993-,插头 T10ag/2,端子 2

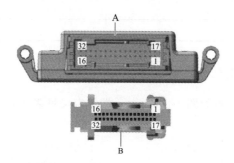

图 4-20　高压电池调节控制单元端子分布

A—蓄电池调节控制单元-J840-；B—蓄电池调节控制单元 32 针白色插头连接-T32e-

表 4-10　32 针端子定义

端子	端子说明
1	CAN 总线,高速
2	CAN 总线,低速
3	CAN 总线,高速(驱动系统)
4	CAN 总线,低速(驱动系统)
5	高压系统控制导引线,连接到高压系统维护插头-TW-,插头 T4bp/4,端子 4
6	混合动力蓄电池制冷剂截止阀 1 控制端,连接到混合动力蓄电池制冷剂截止阀 1-N516-,插头 T2ff/1,端子 1
7	高压电池冷却液泵控制端,连接到高压电池冷却液泵-V590-,插头 T3bv/3,端子 3
8	高压电池冷却液温度传感器 1 信号,连接到高压电池冷却液温度传感器 1-G898-,插头 T2fa/1,端子 1
9	高压电池冷却液温度传感器 1 信号,连接到高压电池冷却液温度传感器 1-G898-,插头 T2fa/2,端子 2
10	接线柱 30
12	蓄电池模块 0,连接到蓄电池模块 0-J1068-,插头 T2fa/2,端子 2
13	磁撞信号＋,连接到安全气囊控制单元-J234-,插头 T90a/17,端子 17
14	接线柱 15a
15	接线柱 31
16	接线柱 31
17	接线柱 30a
18	CAN 总线,高速(混合动力)
19	CAN 总线,低速(混合动力)

续表

端子	端子说明
20	蓄电池模块监控控制单元,连接到蓄电池模块监控控制单元-J497-,插头 T18g/4,端子 4
21	高压系统控制导引线,连接到 PTC 高压加热装置 Z115,插头 T18z/5 后,端子 5
24	高压电池冷却液温度传感器 2 信号,连接到高压电池冷却液温度传感器 2-G899-,插头 T2fv/2,端子 2
25	高压电池冷却液温度传感器 2 信号,连接到高压电池冷却液温度传感器 2-G899-,插头 T2fv/1,端子 1
28	蓄电池模块 7,连接到蓄电池模块 7-J997-,插头 T10ad/4,端子 4
29	碰撞信号—,连接到安全气囊控制单元-J234-,插头 T90a/18,端子 18
30	接线柱 31
32	接线柱 30a

4.3.2　电驱动控制模块端子定义

电驱动控制模块端子分布如图 4-21 所示,端子定义见表 4-11 和表 4-12。

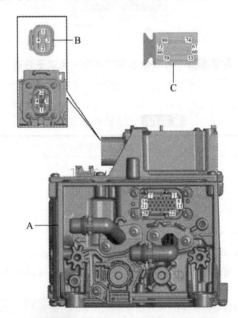

图 4-21　电驱动控制模块端子分布

A—电驱动装置的功率及控制电子系统-JX1-;B—电驱动装置的功率及控制电子系统 5 针橙色插头连接-T5au;
C—电驱动装置的功率及控制电子系统 80 针黑色插头连接-T80a-(控制单元侧端子是 1～28,线束侧端子是 53～80)

表 4-11　5 针端子定义

端子	端子说明
1	高压系统控制导引线,连接到车载充电装置-A11-,插头 T5at/1,端子 1
2	高压系统控制导引线,连接到车载充电装置-A11-,插头 T5at/2,端子 2
3	高压系统控制导引线,连接到电驱动装置的功率及控制电子系统-JX1-,插头 T5au/4,端子 4
4	高压系统控制导引线,连接到电驱动装置的功率及控制电子系统-JX1-,插头 T5au/3,端子 3
5	车载充电装置,连接到车载充电装置-A11-,插头 T5at/5s,端子 5s

表 4-12 80 针端子定义

端子	端子说明
53	CAN 总线，低速（混合动力）
54	CAN 总线，高速（混合动力）
55	接线柱 30a
56	接线柱 15a
57	电驱动装置牵引电机，连接到电驱动装置牵引电机-V141-,插头 T10aa/5,端子 5
58	电驱动装置牵引电机，连接到电驱动装置牵引电机-V141-,插头 T10aa/7,端子 7
59	电驱动装置牵引电机，连接到电驱动装置牵引电机-V141-,插头 T10aa/4,端子 4
60	CAN 总线，低速（驱动系统）
61	CAN 总线，高速（驱动系统）
64	电驱动装置牵引电机，连接到电驱动装置牵引电机-V141-,插头 T10aa/6,端子 6
65	电驱动装置牵引电机，连接到电驱动装置牵引电机-V141-,插头 T10aa/8,端子 8
66	电驱动装置牵引电机，连接到电驱动装置牵引电机-V141-,插头 T10aa/3,端子 3
74	电驱动装置牵引电机温度传感器信号,连接到电驱动装置牵引电机-V141-,插头 T10aa/1,端子 1
75	电驱动装置牵引电机温度传感器接地,连接到电驱动装置牵引电机-V141-,插头 T10aa/2,端子 2
77	高压系统控制导引线,连接到车载充电装置-A11-,插头 T60b/13,端子 13
80	高压系统控制导引线,连接到高压加热装置(PTC)-Z115-,插头 T8z/7,端子 7

4.3.3 车载充电机端子定义

车载充电机端子分布如图 4-22 所示，端子定义见表 4-13～表 4-17。

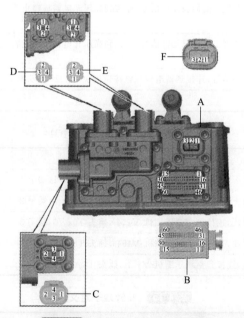

图 4-22 车载充电机端子分布

A—车载充电装置-A11-；B—车载充电装置 60 针黑色插头连接-T60b-；C—车载充电装置 5 针橙色插头连接-T5aw-；
D—车载充电装置 5 针橙色插头连接-T5ay-；E—车载充电装置 5 针橙色插头连接-T5at-；
F—车载充电装置 4 针橙色插头连接-T4bs-

表 4-13　60 针端子定义

端子	端子说明
1	接线柱 30a
4	LED 指示灯,红色,连接到蓄电池充电按钮模块-EX32-,插头 T8ab/6,端子 6
5	LED 指示灯,绿色,连接到蓄电池充电按钮模块-EX32-,插头 T8ab/7,端子 7
9	CAN 总线,高速(驱动系统)
10	CAN 总线,低速(驱动系统)
11	CAN 总线,高速(混合动力)
12	CAN 总线,低速(混合动力)
13	高压系统控制导引线,连接到电驱动装置的功率及控制电子系统-JX1-,插头 T80a/77,端子 77
15	高压系统控制导引线,连接到高压系统维护插头-TW-,插头 T4bp/3,端子 3
21	蓄电池充电按钮模块,连接到蓄电池充电按钮模块-EX32-,插头 T8ab/3,端子 3
22	蓄电池充电按钮模块,连接到蓄电池充电按钮模块-EX32-,插头 T8ab/5,端子 5
23	控制引导,连接到高压电池充电插座 2-UX5-,插头 T9a/7,端子 7
24	充电连接确认,连接到高压电池充电插座 2-UX5-,插头 T9a/6,端子 6
25	蓄电池充电按钮模块按键接通信号,连接到蓄电池充电按钮模块-EX32-,插头 T8ab/2,端子 2
27	充电插座的温度传感器信号-,连接到高压电池充电插座 2-UX5-,插头 T9a/9,端子 9
28	充电插座的温度传感器信号+,连接到高压电池充电插座 2-UX5-,插头 T9a/8,端子 8
31	高压充电盖板锁止装置 1 的伺服元件控制端,连接到高压充电盖板锁止装置 1 的伺服元件-F496-,插头 T4br/4,端子 4
32	高压充电盖板锁止装置 1 的伺服元件控制端,连接到高压充电盖板锁止装置 1 的伺服元件-F496-,插头 T4br/3,端子 3
33	高压充电盖板锁止装置 1 的伺服元件信号,连接到高压充电盖板锁止装置 1 的伺服元件-F496-,插头 T4br/1,端子 1
34	高压充电盖板锁止装置 1 的伺服元件信号,连接到高压充电盖板锁止装置 1 的伺服元件-F496-,插头 T4br/2,端子 2
51	蓄电池充电按钮模块信号,连接到蓄电池充电按钮模块-EX32-,插头 T8ab/4,端子 4
60	接线柱 31

表 4-14　5 针端子定义(C)

端子	端子说明
1	空调压缩机高压线+,连接到空调压缩机-V454-,插头 T5av/1,端子 1
2	空调压缩机高压线-,连接到空调压缩机-V454-,插头 T5av/2,端子 2
3	高压系统控制导引线,连接到空调压缩机-V454-,插头 T5av/3,端子 3
4	高压系统控制导引线,连接到空调压缩机-V454-,插头 T5av/4,端子 4
5s	空调压缩机屏蔽线,连接到空调压缩机-V454-,插头 T5av/5s,端子 5s

表 4-15　5 针端子定义(D)

端子	端子说明
1	高压系统控制导引线,连接到高压加热装置(PTC)-Z115-,插头 T5ax/1,端子 1
2	高压系统控制导引线,连接到高压加热装置(PTC)-Z115-,插头 T5ax/2,端子 2

续表

端子	端子说明
3	高压系统控制导引线,连接到车载充电装置-A11-,插头 T5ay/4,端子 4
4	高压系统控制导引线,连接到车载充电装置-A11-,插头 T5ay/3,端子 3
5s	高压加热装置(PTC),连接到高压加热装置(PTC)-Z115-,插头 T5ax/5s,端子 5s

表 4-16 5 针端子定义(E)

端子	端子说明
1	高压系统控制导引线,连接到电驱动装置的功率及控制电子系统-JX1-,插头 T5au/1,端子 1
2	高压系统控制导引线,连接到电驱动装置的功率及控制电子系统-JX1-,插头 T5au/2,端子 2
3	高压系统控制导引线,连接到车载充电装置-A11-,插头 T5at/4,端子 4
4	高压系统控制导引线,连接到车载充电装置-A11-,插头 T5at/3,端子 3
5s	电驱动装置的功率及控制电子系统,连接到电驱动装置的功率及控制电子系统-JX1-,插头 T5au/5s,端子 5s

表 4-17 4 针端子定义

端子	端子说明
1	高压电池充电插座 2,连接到高压电池充电插座 2-UX5-,插头 T9a/3,端子 3
2	高压电池充电插座 2,连接到高压电池充电插座 2-UX5-,插头 T9a/2,端子 2
3	高压电池充电插座 2,连接到高压电池充电插座 2-UX5-,插头 T9a/1,端子 1
4s	高压电池充电插座 2

4.3.4 全车控制器位置

全车控制器位置如图 4-23～图 4-25 所示。

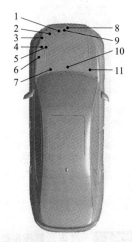

图 4-23 汽车前部控制器

1—节气门控制单元-GX3-（用于带 1.4L 发动机的汽车）；2—双离合器变速器机电装置-J743-；3—车载充电装置-A11-（用于带混合动力驱动的汽车）；4—发动机控制单元-J623-；5—电驱动装置的功率及控制电子系统-JX1-（用于带混合动力驱动的汽车）；6—蓄电池监控控制单元-J367-（用于不带混合动力驱动的汽车）；7—制动助力控制单元-J539-（用于带混合动力驱动的汽车）；8—车距调节控制单元-J428-［用于带自动车距控制（ADR）的汽车］；9—节气门控制单元-GX3-；10—转向辅助控制单元-J500-；11—ABS 控制单元-J104-

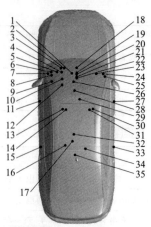

图 4-24　汽车中部控制器

1—进入及启动系统接口-J965-；2—弯道灯和大灯照明距离调节控制单元-J745-（用于带自动大灯照明距离调节的汽车/用于带混合动力驱动的汽车）；3—数据总线诊断接口-J533-；4—仪表板中的控制单元-J285-；5—紧急呼叫模块和通信单元控制单元-J949-（用于带混合动力驱动的汽车）；6—驻车辅助控制单元-J446-；7—车载电网控制单元-J519-；8—前窗玻璃投影（平视显示器）控制单元-J898-（用于带前窗玻璃投影的汽车）；9—诊断接口-U31-；10—转向柱电子装置控制单元-J527-；11—驾驶员侧车门控制单元-J386-；12—多功能转向盘控制单元-J453-（用于带多功能转向盘的汽车）；13—左前座椅调节控制单元-J1112-（带有记忆功能的驾驶员座椅）；14—数字式声音处理系统控制单元-J525-（用于带音响系统的汽车）；15—左后车门控制单元-J388-；16—混合动力蓄电池单元-AX1-（用于带混合动力驱动的汽车）；17—蓄电池调节控制单元-J840-（用于带混合动力驱动的汽车）；18—安全气囊控制单元-J234-；19—全自动空调控制单元-J255-（用于带全自动空调的汽车）；20—空调器控制单元-J301-（用于带电动调节风门的空调器）；21—前部信息显示和操作单元控制单元的显示单元-J685-（9.2″MIB STD Navi）；22—电子通信信息设备 1 控制单元-J794-［8″ Entry Navi（China Navigation System 2.0）/6.5″MIB G STD Plus］；23—电子通信信息设备 1 控制单元-J794-（9.2″ MIB STD Navi）；24—新鲜空气鼓风机控制单元-J126-；25—发动机噪声形成控制单元-J943-（用于带混合动力驱动的汽车）；26—换挡杆传感器控制单元-J587-；27—前乘客侧车门控制单元-J387-；28—驾驶员辅助系统的前部摄像机-R242-（用于带驾驶辅助特殊装备的汽车）；29—滑动天窗控制单元-J245-（用于带滑动/外翻式天窗的汽车）；30—按摩功能控制单元-J740-（用于带按摩功能的座椅调节）；31—全景摄像头控制单元-J928-（用于带全景摄像头的车辆）；32—蓄电池模块监控控制单元-J497-（用于带混合动力驱动的汽车）；33—右后车门控制单元-J389-；34—燃油泵控制单元-J538-（用于不带混合动力驱动的汽车）；35—滑动天窗控制单元-J245-（用于带全景滑动天窗的汽车）

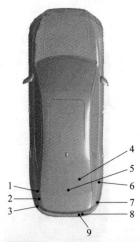

图 4-25　汽车后部控制器

1—行李厢盖控制单元-J605-（用于带传感器控制行李厢盖开启装置的汽车）；2—蓄电池监控控制单元-J367-（用于带混合动力驱动的汽车）；3—盲区识别控制单元 2-J1087-（用于带换道辅助系统的汽车）；4—燃油泵控制单元-J538-（用于带混合动力驱动的汽车）；5—后窗遮阳卷帘控制单元-J262-（用于带电动后窗遮阳卷帘的汽车）；6—油箱泄漏诊断控制单元-J909-（适用于排放标准 C6）；7—盲区识别控制单元-J1086-（用于带换道辅助系统的汽车）；8—行李厢盖开启装置控制单元-J938-（用于带传感器控制行李厢盖开启装置的汽车）；9—轮胎压力监控控制单元-J502-（用于带轮胎充气压力监控的汽车/依汽车装备而定）

4.4 奥迪 Q7 PHEV(2016~)

4.4.1 高压系统部件位置

高压系统部件位置如图 4-26 和图 4-27 所示。

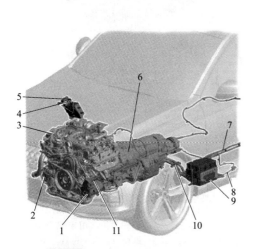

图 4-26 车辆前部高压系统部件

1—电动空调压缩机-V470-；2—启动发电机-C29-；3—内燃机；4—高压导线（自高压电池的充电装置 1-AX4-）；5—高压加热装置（PTC）-Z115-（安装在排水槽内右侧）；6—交流电驱动装置-VX54-（带电驱动模式行驶电动机-V141-）；7—高压导线束（自混合动力蓄电池单元-AX1-）；8—电线（至主熔丝盒）；9—电驱动装置的功率和控制电子装置-JX1-（安装在驾驶员脚部空间的底板中）；10—高压导线束（至交流电驱动装置-VX54-）；11—高压导线（至电驱动装置的功率和控制电子装置-JX1-）

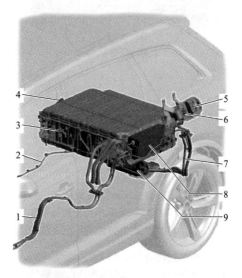

图 4-27 车辆后部高压系统部件

1—高压导线束（自电驱动装置的功率和控制电子装置-JX1-）；2—高压导线［自高压加热装置（PTC）-Z115-］；3—混合动力蓄电池单元-AX1-（安装在行李厢底板上）；4—蓄电池调节控制器-J840-；5—蓄电池充电按钮模块-EX32-（安装在左侧围板中的充电盖单元中，带充电插座 1 的 LED 模块-L263-、立即充电按钮-E766-、充电模式选择按钮-E808-）；6—高压电池充电插座 1-UX4-（安装在左侧围板中的充电盖单元上）；7—高压导线束（自高压电池的充电装置 1-AX4-至高压电池开关盒-SX6-）；8—高压电池开关盒-SX6-（安装在混合动力蓄电池单元-AX1-左侧）；9—高压电池的充电装置 1-AX4-（带高压电池充电机的控制机-J1050-。安装在行李厢底板上）

4.4.2 高压电池部件拆装要点

高压电池部件分解如图 4-28 和图 4-29 所示。

两段式插头防松件拔取方法如图 4-30 所示：拔出插头防松件 3（沿箭头 A 方向）；将解锁装置 4 沿箭头 B 方向按压，将插头连接 1 沿箭头 C 方向拔出约 5mm 至下一个解锁挡位；将解锁装置 5 沿箭头 D 方向按压，将插头连接从插座 2 上拔出（沿箭头 C 方向）。

高压电池开关盒（图 4-29 中 11）螺栓编号如图 4-31 所示，拧紧顺序和拧紧力矩见表 4-18。

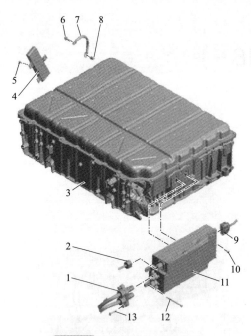

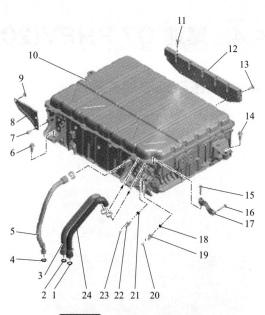

图 4-28　高压电池连接附件

1—高压导线束（至电驱动装置的功率和控制电子装置-JX1-）；2—高压导线（自高压电池充电插座 1-UX4-）；3—混合动力蓄电池单元-AX1-；4—蓄电池调节控制器-J840-；5—螺栓（5.5N•m）；6—螺栓（20N•m）；7—电位均衡线；8—螺母（9N•m）；9—电插头；10—螺栓（M6×25，3件）；11—高压电池开关盒-SX6-（带内置的高压电池断路引爆装置-N563-，引爆装置不能单独更换）；12—螺栓（M6×95，2件）；13—螺栓（7N•m）

图 4-29　高压电池连接管路

1，2，4，18，21—O 形环（拆卸后更换）；3—冷却液软管（进液管路）；5—均压软管；6，14—螺栓（2 件，拆卸后更换，70N•m＋90°）；7，15，16—螺栓（27N•m）；8，17—卡箍（用于混合动力蓄电池单元-AX1-）；9—螺栓（24N•m）；10—混合动力蓄电池单元-AX1-；11—螺栓（同时用于固定混合动力蓄电池单元盖板，10N•m）；12—碰撞元件；13—螺栓（12N•m）；19—高压电池的冷却液温度传感器 2-G899-；20，23—螺栓（6.5N•m）；22—高压电池的冷却液温度传感器 1-G898-；24—冷却液软管（回液管路）

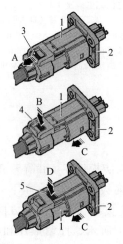

图 4-30　两段式插头防松件拔取方法

1—插头连接；2—插座；3—插头防松件；4，5—解锁装置

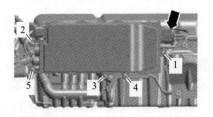

图 4-31　高压电池开关盒螺栓编号

1～5—螺栓

表 4-18	高压电池开关盒螺栓拧紧顺序和拧紧力矩	
拧紧顺序	螺栓编号	拧紧力矩
第1步	1,3(M6×25)	用手拧上并大致拧入至一半处
第2步	2(M6×95)	用手拧上并大致拧入至一半处
第3步	4(M6×25)	用手拧上并用10N·m的力矩拧紧
第4步	5(M6×95)	用手拧上并用12N·m的力矩拧紧
第5步	1,3(M6×25)	用10N·m的力矩拧紧
	2(M6×95)	用12N·m的力矩拧紧

4.4.3 电驱动电力电子装置部件分解

电驱动电力电子装置部件分解如图 4-32 和图 4-33 所示。

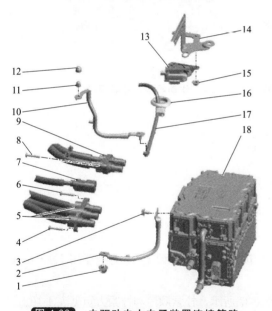

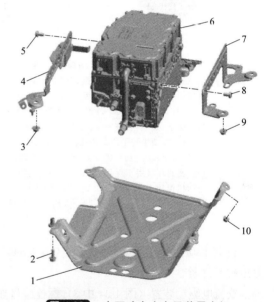

图 4-32 电驱动电力电子装置连接管路

1—螺母；2—电位平衡导线；3—螺栓；4，6，8—螺栓（2件）；5—行驶电动机的高压导线束-PX2-（至电驱动模式行驶电动机-V141-）；7—电动空调压缩机的高压导线-P3-（至电动空调压缩机-V470-）；9—高压电池高压导线束-PX1-（自混合动力蓄电池单元-AX1-）；10—B＋导线（功率电子装置的供电导线）；11—螺母（17N·m）；12—盖罩；13—壳体（用于B＋导线）；14—左侧支架（用于功率电子装置）；15—螺母（2件，1.5N·m）；16—套管；17—B＋导线（至导线分线器-TV1-，用7.5N·m的力矩拧紧螺母）；18—电驱动装置的功率电子装置-JX1-

图 4-33 电驱动电力电子装置支架

1—车底防碰撞护栅（用于电驱动装置的功率和控制电子装置）；2，10—螺栓（2件）；3，9—螺母（2件，20N·m）；4—右侧支架（用于功率电子装置）；5—螺栓（3件，15N·m）；6—电驱动装置的功率和控制电子装置-JX1-；7—左侧支架（用于功率电子装置）；8—螺栓（2件，15N·m）

4.4.4　电驱动单元部件分解

电驱动单元部件分解如图 4-34 所示。

分离离合器的作动器（图 4-34 中 23）按图 4-35 中螺栓 1～3 的顺序用 9N·m 的力矩拧紧螺栓。

图 4-34　电驱动单元部件分解

1—螺栓（6 件，拆卸后更换，62N·m）；2—扭转减振器；3—交流电驱动装置-VX54-（带前轴主减速器）；4，12，17，22—O 形环（拆卸后更换）；5，8，24—螺栓；6—冷却液加注口；7，13—螺栓（6N·m）；9—行驶发动机转子位置传感器 1-G713-；10—密封件（拆卸后更换）；11—排气封堵；14—冷却液加注口；15—密封环（用于保护管）；16—定心套；18—行驶电动机温度传感器-G712-；19—螺栓（6.5N·m）；20—固定板；21—卡板；23—分离离合器的作动器-V606-；25—盖板

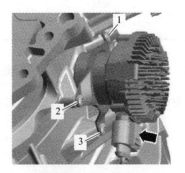

图 4-35　分离离合器作动器螺栓拧紧顺序

1～3—螺栓

行驶电动机转子位置传感器 1（图 4-34 中 9）按图 4-36 中螺栓 1～4 的顺序用 7N·m 的力矩拧紧螺栓。

交流电驱动装置（图 4-34 中 3）螺栓编号如图 4-37 所示，拧紧顺序和拧紧力矩见表 4-19。

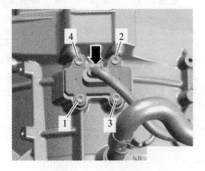

图 4-36　电动机转子位置传感器 1 螺栓拧紧顺序

1～4—螺栓

图 4-37　交流电驱动装置螺栓编号

1～10—螺栓；A—定心用空心定位销

表 4-19 交流电驱动装置螺栓拧紧顺序和拧紧力矩

拧紧顺序	螺栓编号	拧紧力矩
第1步	1(M10×50)	65N·m
第2步	2,7(M12×100①)	30N·m+90°
第3步	3,5,6(M12×75)	30N·m+90°
第4步	4(M12×120①)	30N·m+90°
第5步	8(M10×40①)	15N·m+90°
第6步	9(M10×75①)	15N·m+90°
第7步	10(M12×50①)	30N·m+90°

①铝螺栓允许使用两次。

图 4-38 铝螺栓标记"×"

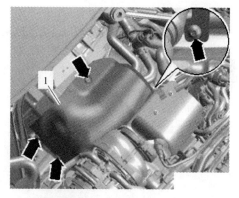

图 4-39 上部隔热板的螺栓位置
1—上部隔热板

铝螺栓允许使用两次，因此螺栓使用一次后，必须用两把凿子凿出一个"×"标记（图 4-38 中箭头所指）。为了在做标记时不损坏螺栓，不得把螺栓夹在台虎钳上。如图 4-38 所示，将螺栓插入一个带有 1/2″❶连接杆的 SW14 套筒扳头内，其一端夹入台虎钳。带"×"标记的螺栓不允许再次使用。

上部隔热板拧紧力矩：将螺栓（图 4-39 中箭头所指）用 9N·m 的力矩拧紧。

左侧隔热板拧紧力矩：将螺栓（图 4-40 中箭头所指）用 9N·m 的力矩拧紧。

4.4.5 高压线缆分布

整车高压线缆布置如图 4-41～图 4-44 所示。

图 4-40 左侧隔热板的螺栓位置
1—左侧隔热板

❶ 1″=1in=25.4mm。

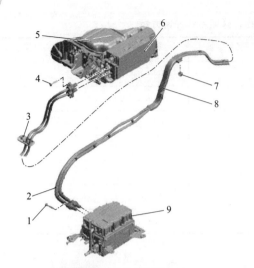

图 4-41 电力电子装置与高压电池连接高压线束

1，4—螺栓（2件，7N·m）；2—高压电池高压导线束-PX1-（自高压电池开关盒-SX6-）；3—套管（不可单独更换）；5—混合动力蓄电池单元-AX1-；6—高压电池开关盒-SX6-；7—螺母（2件，3.8N·m）；8—导线槽（用于高压导线）；9—电驱动装置的功率和控制电子装置-JX1-

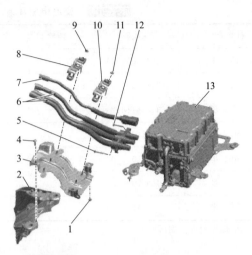

图 4-42 电力电子装置连接高压线束

1—螺母（2件，5N·m）；2—副车架；3—导线槽（用于高压导线）；4—螺栓（2件，9N·m）；5，12—螺栓（2件，7N·m）；6—行驶电动机的高压导线束-PX2-；7—电动空调压缩机的高压导线-P3-（至电动空调压缩机-V470-）；8—上部导线支架（用于高压导线）；9，11—螺母（3件，5N·m）；10—下部导线支架（用于高压导线）；13—电驱动装置的功率和控制电子装置-JX1-

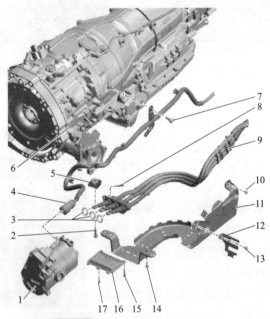

图 4-43 驱动电机连接高压线束

1—电动空调压缩机-V470-；2—螺栓（3件，21N·m）；3—密封件（损坏时更新）；4—电动空调压缩机的高压导线-P3-（至电驱动装置的功率和控制电子装置-JX1-）；5—适配接头（用于行驶发动机的高压导线束-PX2-接口）；6—交流电驱动装置-VX54-（带电驱动模式行驶电动机-V141-）；7—螺栓（2件，5N·m）；8—螺栓（3件，7N·m）；9—行驶电动机的高压导线束-PX2-（检查接触面上是否有污物或腐蚀，必要时进行清洁）；10，13—螺栓（9N·m）；11—导线槽（用于高压导线）；12—支架（用于电插头）；14—螺栓（2件，9N·m）；15—M6 螺栓（4件）；16—盖板（拆卸后更换，检查外壳密封面上是否有损坏或腐蚀，安装时涂抹硅脂-188 00 102 PB-，环绕交流电驱动装置-VX54-盖板和外壳之间的接缝喷涂防腐蜡-D 308 SP5 A1-）；17—M5 螺栓

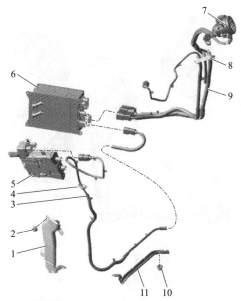

图 4-44 充电装置与 PTC 连接高压线束

1—盖板；2—螺母（4件，4.5N·m）；3—高压加热装置（PTC）的高压导线-P11-；4—套管；5—高压加热装置（PTC）-Z115-；6—高压电池的充电装置1-AX4-；7—高压电池充电插座1-UX4-；8—套管（不可单独更换）；9—高压电池充电机的高压导线-P25-（通往高压电池的充电装置1-AX4-）；10—螺母（2件，3.8N·m）；11—导线槽（用于高压导线）

4.4.6　车载充电机与充电接口部件

车载充电机连接部件如图 4-45 所示，充电接口部件如图 4-46 所示。

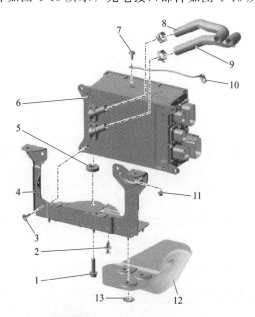

图 4-45 车载充电机连接部件

1—螺栓（49N·m）；2—铆钉；3—螺栓（4件，9N·m）；4—托架；5—垫圈；6—高压电池充电机1-AX4-（带高压电池充电机控制器-J1050-）；7—螺栓；8，9—冷却液软管；10—电位平衡导线；11—螺母（2件，18N·m）；12—隔热板；13—锁紧垫圈（3件）

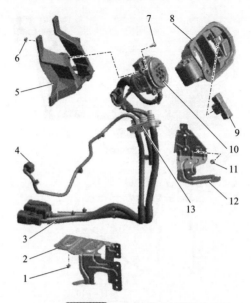

图 4-46　充电接口部件

1—螺母（3 件，3.5N·m）；2—支架；3—高压导线（至高压电池的充电装置 1-AX4-）；4—高压导线（至高压电池开关盒-SX6-）；5—定位座（用于高压电池充电插座 1-UX4-）；6—螺母（4 件，6N·m）；7—螺栓（4 件，9N·m）；8—充电接口的充电盖单元；9—蓄电池充电的按钮模块-EX32-（带充电插座 1 的 LED 模块-L263-、立即充电按钮-E766-、充电模式选择按钮-E808-）；10—高压电池充电插座 1-UX4-（带高压充电插头锁止装置 1 执行元件-F498-和充电插座 1 温度传感器-G853-）；11—螺母（4 件，3.5N·m）；12—支架；13—套管（不可单独更换）

第5章

通用别克-雪佛兰-凯迪拉克汽车

5.1 别克君越 H30 HEV(2017~)

5.1.1 全新混动车型技术特点

（1）1.5kW·h锂电池电池包（图 5-1）

① 80 个方形电芯（8 个模组，每个模组10 个电芯）。

② 模块化设计方便维护。

③ 美国密歇根州 GM 波士顿电池公司制造。

（2）GM 双电机驱动技术（图 5-2）

（3）1.8L SIDI 缸内直喷发动机（图 5-3） 带有双电机辅助驱动的全混合力系统，可提供纯电动、纯发动机、电机＋发动机三种驱动方式。

图 5-1 高压锂电池

副电机
负责为电池组充电和辅助驱动车轮
最大功率 约54kW(4000r/min时)
最大转矩 约140N·m(0～4000r/min时)

主电机
负责驱动车轮
最大功率 约60kW(4000r/min时)
最大转矩 约275N·m(0～4000r/min时)

图 5-2 双电机布置

① 发动机功率 94kW（5000r/min 时）。

② 发动机转矩 175N·m（4750r/min 时）。

③ 理论最大混合推进功率 135kW。

④ 百公里加速时间 8.9s。

⑤ 综合油耗 4.7L/100km。

（4）GFE 电控智能无级变速器（图 5-4） 比上一代 GFE 变速器减少 50kg，相比同类型混合动力车燃油经济性再提升 25%。

技术特点：双电机行星轮系结构和双换挡离合器。离合器切换模式见表 5-1。

图 5-3　1.8L SIDI 缸内直喷发动机

图 5-4　GFE 电控智能无级变速器

表 5-1　离合器切换模式

工作模式	离合器 1	离合器 2	工况
低速模式/输入分配模式	1	0	起步、倒车、低速巡航、再生制动
固定挡位模式	1	1	低速模式与高速模式过渡
高速模式/复合分配模式	0	1	高速巡航、再生制动

5.1.2　高压电池部件分解

高压电池部件分解如图 5-5～图 5-7 所示。

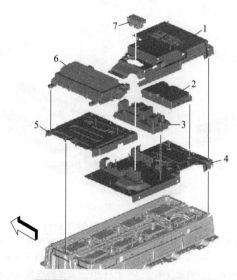

图 5-5　高压电池内部部件分解 1

1—高压电池盖；2—K114B 混合动力/电动汽车动力总成控制模块 2；3—A28 混合动力/电动汽车蓄电池接触器总成；
4，5—高压电池托架加强件；6—K1-14V 电源模块；7—S15 手动维修断开装置

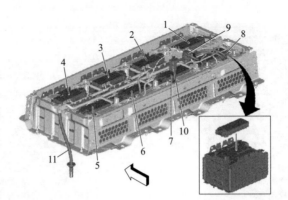

图 5-6　高压电池内部部件分解 2

1—C4A 混合动力/电动汽车蓄电池单元 1 和 K112A 混合动力/电动汽车蓄电池接口控制模块；2—C4A 混合动力/电动汽车蓄电池单元 2 和 K112A 混合动力/电动汽车蓄电池接口控制模块；3—C4A 混合动力/电动汽车蓄电池单元 3 和 K112A 混合动力/电动汽车蓄电池接口控制模块；4—C4A 混合动力/电动汽车蓄电池单元 4 和 K112A 混合动力/电动汽车蓄电池接口控制模块；5—C4A 混合动力/电动汽车蓄电池单元 5 和 K112A 混合动力/电动汽车蓄电池接口控制模块；6—C4A 混合动力/电动汽车蓄电池单元 6 和 K112A 混合动力/电动汽车蓄电池接口控制模块；7—C4A 混合动力/电动汽车蓄电池单元 7 和 K112A 混合动力/电动汽车蓄电池接口控制模块；8—C4A 混合动力/电动汽车蓄电池单元 8 和 K112A 混合动力/电动汽车蓄电池接口控制模块；9—混合动力/电动汽车蓄电池组负极端子；10—混合动力/电动汽车蓄电池组正极端子；11—蓄电池通风软管

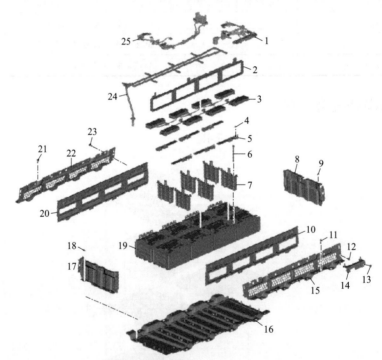

图 5-7　高压电池内部部件分解 3

1—辅助蓄电池电缆；2—单格蓄电池冷却歧管；3—高压电池接口控制模块（8 个）；4—高压汇流条紧固件（12 个）；5—高压汇流条（6 个）；6—蓄电池压板螺栓（12 个）；7—蓄电池压板固定件（6 个）；8—蓄电池压板右侧固定件；9，18—蓄电池压板固定件螺母（4 个）；10—蓄电池冷却空气后进风管；11，21—蓄电池盖螺栓（4 个）；12，23—蓄电池盖螺栓（2 个）；13—高压电池盖加强件螺栓（2 个）；14—高压电池盖加强件；15—蓄电池后盖；16—高压电池托盘；17—蓄电池压板左侧固定件；19—单格蓄电池模块（8 个）；20—蓄电池冷却空气前进风管；22—蓄电池前盖；24—单格蓄电池通风管；25—高压电池高压手动断路连接器

5.1.3 300V 蓄电池正极和负极电缆的更换

（1）拆卸程序

① 停用高压系统。

② 拆卸行李厢侧装饰板 1，如图 5-8 所示。

③ 拆卸蓄电池配电盒盖 1，如图 5-9 所示。

图 5-8 拆卸行李厢侧装饰板
1—行李厢侧装饰板

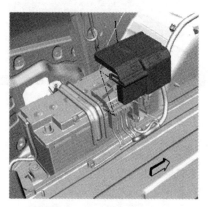

图 5-9 拆卸蓄电池配电盒盖
1—配电盒盖

④ 拆卸蓄电池正极电缆螺母 2，如图 5-10 所示。

⑤ 拆卸蓄电池正极电缆 1。

⑥ 分离蓄电池正极电缆固定件 3（3 个）。

提示：拆卸座椅靠背，便可露出固定件的位置。

⑦ 分离蓄电池正极电缆固定件 1（2 个），如图 5-11 所示。

图 5-10 拆卸蓄电池正极电缆
1—正极电缆；2—螺母；3—固定件

图 5-11 分离蓄电池正极电缆固定件
1—固定件

⑧ 拆卸高压电池正极和负极电缆盖 2，如图 5-12 所示。

⑨ 断开电气连接器 1（3 个），如图 5-13 所示。

⑩ 拆卸高压电池正极和负极电缆绝缘体 2。

⑪ 分离固定件 1（5 个），如图 5-14 所示。

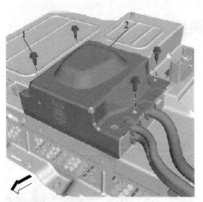

图 5-12　拆卸高压电池正、负极电缆盖

1—螺栓；2—电缆盖

图 5-13　断开电气连接器

1—电气连接器；2—电缆绝缘体

⑫ 举升车辆。

⑬ 拆卸燃油箱 1，如图 5-15 所示。

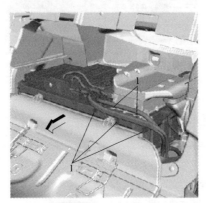

图 5-14　分离固定件

1—固定件

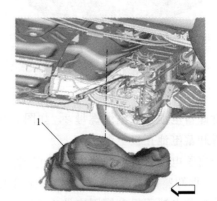

图 5-15　拆卸燃油箱

1—燃油箱

⑭ 拆卸穿线护环紧固件 1（2 个），如图 5-16 所示。

⑮ 拆卸穿线护环 2。

⑯ 拆卸高压电池正极和负极电缆固定螺栓 1 和 2（4 个），如图 5-17 所示。

图 5-16　拆卸穿线护环

1—紧固件；2—穿线护环

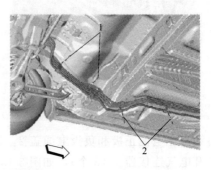

图 5-17　拆卸正、负极电缆固定件螺栓

1，2—螺栓

⑰ 拆卸车底后空气导流板 2 固定螺母 1，如图 5-18 所示。

⑱ 拆卸高压电池正极和负极电缆固定螺母 1（2 个），如图 5-19 所示。

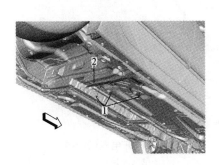 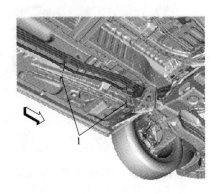

图 5-18　拆卸空气导流板固定螺母
1—螺母；2—空气导流板

图 5-19　拆卸正、负极电缆固定件螺母
1—螺母

⑲ 拆卸支架托架（左侧）3，如图 5-20 所示。

⑳ 拆卸高压电池正极和负极电缆固定螺母 1（5 个），如图 5-21 所示。

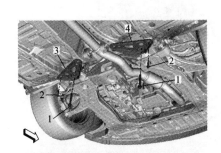 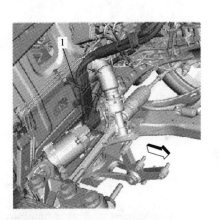

图 5-20　拆卸支架托架（左侧）
1，2—螺栓；3—托架（左侧）；4—托架（右侧）

图 5-21　拆卸正、负极电缆固定件螺母
1—螺母

㉑ 拆卸驱动电机电源逆变器模块盖螺母 1，如图 5-22 所示。

㉒ 拆卸驱动电机电源逆变器模块盖螺栓 3（3 个）。

㉓ 拆卸驱动电机电源逆变器模块盖板 2。

㉔ 断开电气连接器 1，如图 5-23 所示。

㉕ 拆卸驱动电机电源逆变器模块盖螺栓 1（4 个），如图 5-24 所示。

㉖ 拆卸驱动电机电源逆变器模块盖板 2。

㉗ 断开电气连接器 1（2 个），如图 5-25 所示。

㉘ 拆卸蓄电池配电盒盖 1，如图 5-26 所示。

㉙ 拆卸蓄电池正极电缆螺母 1，如图 5-27 所示。

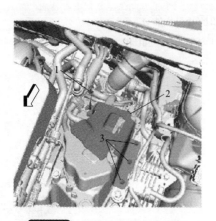

图 5-22　拆卸逆变器模块盖板
1—螺母；2—盖板；3—螺栓

图 5-23　断开电气连接器
1—电气连接器

图 5-24　拆卸逆变器模块盖板
1—螺栓；2—盖板

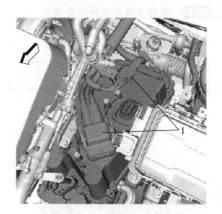

图 5-25　断开电气连接器
1—电气连接器

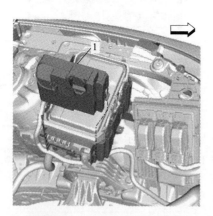

图 5-26　拆卸蓄电池配电盒盖
1—配电盒盖

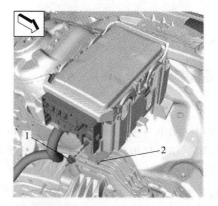

图 5-27　拆卸蓄电池正极电缆
1—螺母；2—电缆

㉚ 拆卸蓄电池正极电缆 2。

㉛ 拆卸制动压力调节阀。

㉜ 拆卸蓄电池正极电缆固定螺母 1，如图 5-28 所示。

㉝ 分离固定件 2（2 个）。

提示：标记线束的位置和布线，以确保重新正确安装。

㉞ 如图 5-29 所示从车上拆卸高压电池正极和负极电缆 1。

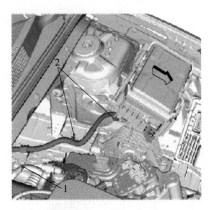

图 5-28　拆卸固定件螺母
1—螺母；2—固定件

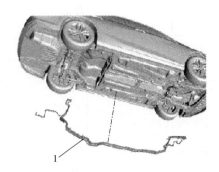

图 5-29　拆卸高压电缆
1—电缆

（2）安装程序

① 将高压电池正极和负极电缆安装到车上。

② 安装穿线护环 2（参见图 5-16）。

③ 安装并紧固穿线护环紧固件 1（2 个）。

④ 接合固定件 1（5 个）（参见图 5-14）。

⑤ 连接电气连接器 1（3 个）（参见图 5-13）。

⑥ 安装高压电池正极和负极电缆绝缘体 2。

⑦ 安装高压蓄电池正极和负极电缆盖。

⑧ 接合蓄电池正极电缆固定件。

⑨ 安装蓄电池正极电缆 1（参见图 5-10）。

⑩ 安装并紧固蓄电池正极电缆螺母 2。

⑪ 接合蓄电池正极电缆固定件 3（3 个）。

⑫ 安装蓄电池配电盒盖。

⑬ 安装并紧固高压电池正极和负极电缆固定螺栓（6 个）。

⑭ 安装燃油箱。

⑮ 安装车底后空气导流板（左侧）。

⑯ 安装并紧固高压电池正极和负极电缆固定螺母（5 个）。

⑰ 安装支架托架（左侧）。

⑱ 其他部件安装按与拆卸相反的顺序进行。

⑲ 启用高压系统。

5.1.4　混动系统动力总成控制电路

混动系统动力总成控制电路如图 5-30～图 5-33 所示。

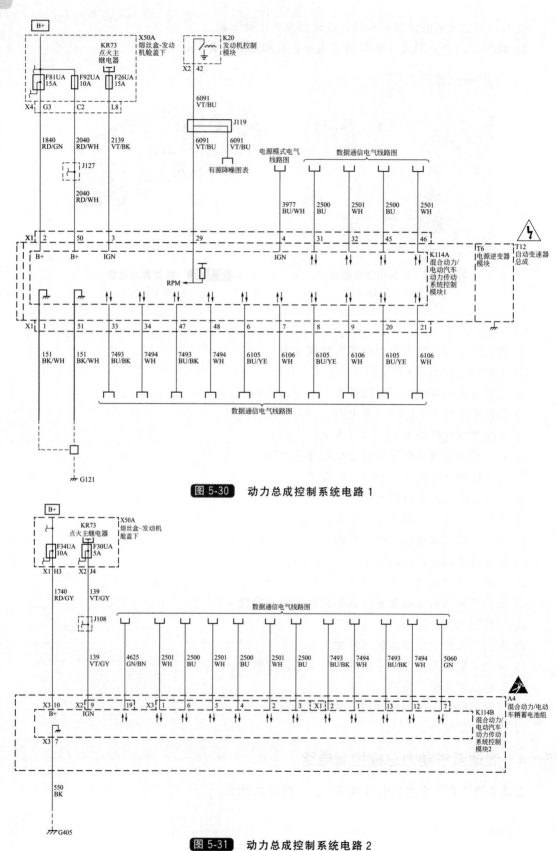

图 5-30　动力总成控制系统电路 1

图 5-31　动力总成控制系统电路 2

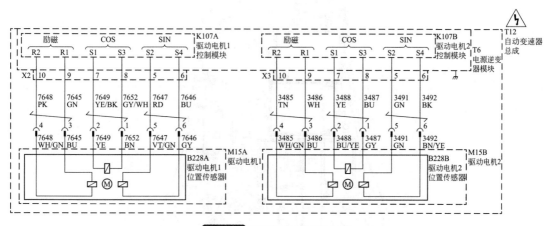

图 5-32 驱动电机监测电路

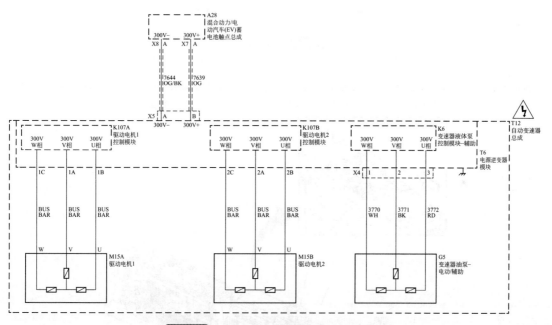

图 5-33 驱动电机和辅助变速器油泵电路

5.2 别克 VELITE 5 PHEV(2017~)

5.2.1 高压电池总成部件分解

高压电池总成内部结构如图 5-34 和图 5-35 所示。

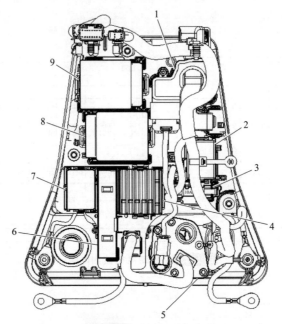

图 5-34　接触器总成

1—B30 混合动力/电动汽车蓄电池组电流传感器；2—KR116B 蓄电池充电系统正极接触器；3—X55QB 熔丝座 2（混合动力/电动汽车蓄电池组）；4—T21 混合动力/电动汽车蓄电池冷却液加热器晶体管；5—E54 混合动力/电动汽车蓄电池组冷却液加热器；6—R25 混合动力/电动汽车蓄电池预充电电阻器；7—KR134 预充电接触器；8—KR34A 混合动力/电动汽车蓄电池负极接触器；9—KR34B 混合动力/电动汽车蓄电池正极接触器

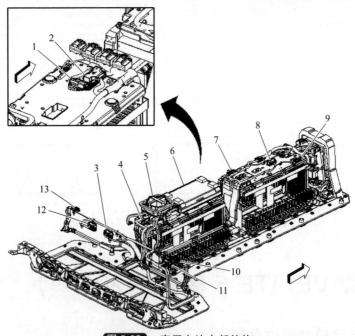

图 5-35　高压电池内部结构

1—B32D 混合动力/电动汽车蓄电池温度传感器 4；2—C5E 混合动力/电动汽车蓄电池模块 5；3—C5B 混合动力/电动汽车蓄电池模块 2；4—B32C 混合动力/电动汽车蓄电池温度传感器 3；5—S15 手动维修断开装置；6—K16 蓄电池能量控制模块；7—B32E 混合动力/电动汽车蓄电池温度传感器 5；8—C5F 混合动力/电动汽车蓄电池模块 6；9—B32F 混合动力/电动汽车蓄电池温度传感器 6；10—C5C 混合动力/电动汽车蓄电池模块 3；11—B32B 混合动力/电动汽车蓄电池温度传感器 2；12—C5A 混合动力/电动汽车蓄电池模块 1；13—B32A 混合动力/电动汽车蓄电池温度传感器 1

5.2.2 高压电池控制模块端子定义

高压电池控制模块端子分布如图 5-36 所示，端子定义见表 5-2～表 5-9。

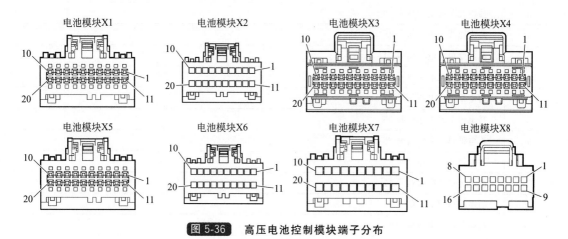

图 5-36 高压电池控制模块端子分布

表 5-2 高压电池模块 X1 端子定义

端子	端子说明
2	蓄电池单元电压信号 1
3	蓄电池单元电压信号 3
4	蓄电池单元电压信号 4
5	蓄电池单元电压信号 6
6	蓄电池单元电压信号 8
7	蓄电池单元电压信号 10
8	蓄电池单元电压信号 12
9	蓄电池单元电压信号 13
10	蓄电池单元电压信号 15
11	蓄电池组监测器低电平参考电压
12	蓄电池单元电压信号 2
13	蓄电池单元电压信号 4
14	蓄电池单元电压信号 5
15	蓄电池单元电压信号 7
16	蓄电池单元电压信号 9
17	蓄电池单元电压信号 11
18	蓄电池单元电压信号 12
19	蓄电池单元电压信号 14
20	蓄电池单元电压信号 16

表 5-3　高压电池模块 X2 端子定义

端子	端子说明
1	蓄电池单元电压信号 16
2	蓄电池单元电压信号 18
3	蓄电池单元电压信号 19
4	蓄电池单元电压信号 19
5	蓄电池单元电压信号 21
6	蓄电池单元电压信号 23
7	蓄电池单元电压信号 25
8	蓄电池单元电压信号 25
9	蓄电池单元电压信号 25
10	蓄电池单元电压信号 27
11	蓄电池单元电压信号 17
12	蓄电池单元电压信号 19
13	蓄电池单元电压信号 19
14	蓄电池单元电压信号 20
15	蓄电池单元电压信号 22
16	蓄电池单元电压信号 24
17	蓄电池单元电压信号 25
18	蓄电池单元电压信号 25
19	蓄电池单元电压信号 26
20	蓄电池单元电压信号 28

表 5-4　高压电池模块 X3 端子定义

端子	端子说明
1	蓄电池单元电压信号 28
2	蓄电池单元电压信号 30
3	蓄电池单元电压信号 32
4	蓄电池单元电压信号 33
5	蓄电池单元电压信号 35
6	蓄电池单元电压信号 37
7	蓄电池单元电压信号 39
8	蓄电池单元电压信号 40
9	蓄电池单元电压信号 41
10	蓄电池单元电压信号 43
11	蓄电池单元电压信号 29
12	蓄电池单元电压信号 31
13	蓄电池单元电压信号 32
14	蓄电池单元电压信号 34

续表

端子	端子说明
15	蓄电池单元电压信号 36
16	蓄电池单元电压信号 38
17	蓄电池单元电压信号 40
18	蓄电池单元电压信号 40
19	蓄电池单元电压信号 42
20	蓄电池单元电压信号 44

表 5-5 高压电池模块 X4 端子定义

端子	端子说明
1	蓄电池单元电压信号 44
2	蓄电池单元电压信号 46
3	蓄电池单元电压信号 48
4	蓄电池单元电压信号 50
5	蓄电池单元电压信号 52
6	蓄电池单元电压信号 54
7	蓄电池单元电压信号 56
8	蓄电池单元电压信号 57
9	蓄电池单元电压信号 59
10	蓄电池单元电压信号 61
11	蓄电池单元电压信号 45
12	蓄电池单元电压信号 47
13	蓄电池单元电压信号 49
14	蓄电池单元电压信号 51
15	蓄电池单元电压信号 53
16	蓄电池单元电压信号 55
17	蓄电池单元电压信号 56
18	蓄电池单元电压信号 58
19	蓄电池单元电压信号 60
20	蓄电池单元电压信号 62

表 5-6 高压电池模块 X5 端子定义

端子	端子说明
1	蓄电池单元电压信号 62
2	蓄电池单元电压信号 64
3	蓄电池单元电压信号 66
4	蓄电池单元电压信号 68
5	蓄电池单元电压信号 70
6	蓄电池单元电压信号 72

端子	端子说明
7	蓄电池单元电压信号 73
8	蓄电池单元电压信号 75
9	蓄电池单元电压信号 76
10	蓄电池单元电压信号 78
11	蓄电池单元电压信号 63
12	蓄电池单元电压信号 65
13	蓄电池单元电压信号 67
14	蓄电池单元电压信号 69
15	蓄电池单元电压信号 71
16	蓄电池单元电压信号 72
17	蓄电池单元电压信号 74
18	蓄电池单元电压信号 75
19	蓄电池单元电压信号 77
20	蓄电池单元电压信号 79

表 5-7　高压电池模块 X6 端子定义

端子	端子说明
1	蓄电池单元电压信号 79
2	蓄电池单元电压信号 81
3	蓄电池单元电压信号 83
4	蓄电池单元电压信号 84
5	蓄电池单元电压信号 86
6	蓄电池单元电压信号 88
7	蓄电池单元电压信号 90
8	蓄电池单元电压信号 92
9	蓄电池单元电压信号 94
10	蓄电池单元电压信号 96
11	蓄电池单元电压信号 80
12	蓄电池单元电压信号 82
13	蓄电池单元电压信号 84
14	蓄电池单元电压信号 85
15	蓄电池单元电压信号 87
16	蓄电池单元电压信号 89
17	蓄电池单元电压信号 91
18	蓄电池单元电压信号 93
19	蓄电池单元电压信号 95

表 5-8　高压电池模块 X7 端子定义

端子	端子说明
1	蓄电池模块温度信号 1
2	蓄电池模块温度信号 2
3	蓄电池模块温度信号 3
4	蓄电池模块温度信号 4
5	蓄电池模块温度信号 5
6	蓄电池模块温度信号 6
7	蓄电池模块温度信号 7
9	高压电池电流传感器参考电压
10	高压电池电流传感器粗略信号
11	蓄电池模块温度传感器低电平参考电压 1
12	蓄电池模块温度传感器低电平参考电压 2
13	蓄电池模块温度传感器低电平参考电压 3
14	蓄电池模块温度传感器低电平参考电压 4
15	蓄电池模块温度传感器低电平参考电压 5
16	蓄电池模块温度传感器低电平参考电压 6
17	蓄电池模块温度传感器低电平参考电压 7
19	高压电池电流传感器低电平参考电压
20	高压电池电流传感器精确信号

表 5-9　高压电池模块 X8 端子定义

端子	端子说明
1	蓄电池正极电压
3	附件唤醒串行数据 2
4	CAN 总线低速 2 串行数据
5	CAN 总线高速 2 串行数据
6	高速 GMLAN 串行数据(−)1
7	高速 GMLAN 串行数据(＋)1
8	高压故障信号
9	运行/启动点火 1 电压
10	高电压能量管理通信控制
11	搭铁
14	高速 GMLAN 串行数据(−)1
15	高速 GMLAN 串行数据(＋)1

5.2.3　驱动电机控制器端子定义

驱动电机控制器端子分布如图 5-37 所示，端子定义见表 5-10～表 5-14。

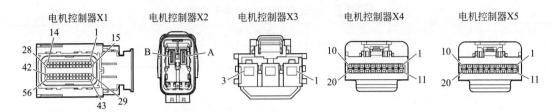

图 5-37 电机控制器端子分布

表 5-10 驱动电机控制器 X1 端子定义

端子	端子说明
1	信号搭铁
2	蓄电池正极电压
3	运行/启动点火 1 电压
4	附件唤醒串行数据 2
6	高速 GMLAN 串行数据（＋）2
7	高速 GMLAN 串行数据（－）2
8	高速 GMLAN 串行数据（＋）2
9	高速 GMLAN 串行数据（－）2
20	高速 GMLAN 串行数据（＋）2
21	高速 GMLAN 串行数据（－）2
29	曲轴位置传感器复制信号
31	高速 GMLAN 串行数据（＋）1
32	高速 GMLAN 串行数据（－）1
33	高速 GMLAN 串行数据（＋）3
34	高速 GMLAN 串行数据（－）3
45	高速 GMLAN 串行数据（＋）1
46	高速 GMLAN 串行数据（－）1
47	高速 GMLAN 串行数据（＋）3
48	高速 GMLAN 串行数据（－）3
50	蓄电池正极电压
51	信号搭铁

表 5-11 驱动电机控制器 X2 端子定义

端子	端子说明
A	高压电池组牵引电源逆变器模块负极控制
B	高压电池组牵引电源逆变器模块正极控制

表 5-12 驱动电机控制器 X3 端子定义

端子	端子说明
1	MGU 相位 W 控制

续表

端子	端子说明
2	MGU 相位 V 控制
3	MGU 相位 U 控制

表 5-13 驱动电机控制器 X4 端子定义

端子	端子说明
5	牵引电源逆变器模块旋转变压器 1 S2 信号
6	牵引电源逆变器模块旋转变压器 1 S4 信号
7	牵引电源逆变器模块旋转变压器 1 S1 信号
8	牵引电源逆变器模块旋转变压器 1 S3 信号
9	牵引电源逆变器模块旋转变压器 1 励磁信号正极
10	牵引电源逆变器模块旋转变压器 1 励磁信号负极
11	变速器高侧驱动器 1 信号
12	离合器 A 控制
13	离合器 B 控制
14	变速器高侧驱动器 2 信号
15	离合器 C 控制
16	离合器 D 控制
17	离合器 E 控制
18	变速器油温度传感器低电平参考电压
19	变速器油温度传感器信号

表 5-14 驱动电机控制器 X5 端子定义

端子	端子说明
5	牵引电源逆变器模块旋转变压器 2 S2 信号
6	牵引电源逆变器模块旋转变压器 2 S4 信号
7	牵引电源逆变器模块旋转变压器 2 S1 信号
8	牵引电源逆变器模块旋转变压器 2 S3 信号
9	牵引电源逆变器模块旋转变压器 2 励磁信号正极
10	牵引电源逆变器模块旋转变压器 2 励磁信号负极
12	变速器输出轴转速(数字)电平信号
13	变速器输出轴转速传感器电源
14	内部模式开关电源电压 A
15	内部模式开关电源电压 B
16	变速器内部模式开关(IMS)模式开关 R1 位信号
17	变速器内部模式开关(IMS)模式开关 R2 位信号
18	变速器内部模式开关(IMS)模式开关 D1 位信号
19	变速器内部模式开关(IMS)模式开关 D2 位信号
20	变速器内部模式开关(IMS)模式开关 S 位信号

5.2.4 混合动力控制模块端子定义

混合动力控制模块端子分布如图 5-38 所示，端子定义见表 5-15 和表 5-16。

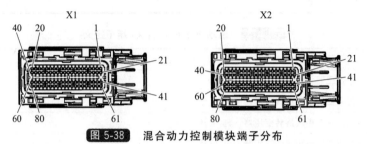

图 5-38 混合动力控制模块端子分布

表 5-15 混动控制模块 X1 端子定义

端子	端子说明
1	搭铁
2	蓄电池正极电压
3	高压电池 3(＋)继电器控制
6	高压电池(一)继电器控制
8	预充电继电器脉宽调制信号
9	高压电池 1(＋)继电器控制
10	辅助加热器控制
17	高速 GMLAN 串行数据(＋)1
18	高速 GMLAN 串行数据(一)1
19	高速 GMLAN 串行数据(＋)1
20	传感器低电平参考电压
26	车外环境空气温度传感器信号
27	冷却液温度传感器信号
31	空调低压传感器信号
32	冷却液液位过低指示灯控制
33	传感器低电平参考电压
37	高速 GMLAN 串行数据(＋)1
38	高速 GMLAN 串行数据(一)1
39	高速 GMLAN 串行数据(一)1
40	车外环境温度传感器低电平参考电压
45	高压互锁回路低电平参考电压 1
47	高压互锁回路信号 1
49	传感器低电平参考电压
50	冷却液阀位置传感器信号
51	燃油加注口门状态信号
52	发动机舱盖状态 A 信号

端子	端子说明
54	高速 GMLAN 串行数据（＋）3
55	高速 GMLAN 串行数据（－）3
57	CAN 总线高速 2 串行数据
58	CAN 总线低速 2 串行数据
60	传感器低电平参考电压
63	5V 参考电压
64	5V 参考电压
70	加油口盖释放开关信号
72	燃油加注口门打开信号
74	高速 GMLAN 串行数据（＋）3
75	高速 GMLAN 串行数据（－）3
77	CAN 总线高速 2 串行数据
78	CAN 总线低速 2 串行数据

表 5-16　混动控制模块 X2 端子定义

端子	端子说明
7	加油请求开关信号
8	控制引导信号 1
9	冷却风扇转速信号
10	高压故障信号
12	高压车载充电交流电压传感器信号
13	高压车载充电直流电压传感器信号
14	电动冷却液电机反馈信号
15	邻近状态信号 1
25	充电端口盖传感器信号
27	运行/启动点火 1 电压
33	可充电储能系统 1 冷却液电机反馈信号
38	低速 GMLAN 串行数据
41	燃油加注口门锁止/解锁 1 参考电压
42	可充电储能系统 1 冷却液电机控制
43	附件唤醒串行数据 2
44	高压车载充电启用
52	冷却风扇控制信号
53	高压车载充电控制
59	可充电储能系统冷却液暖风、通风和空调系统（HVAC）模式电机高电平控制
61	燃油加注口门锁止/解锁 1 信号
62	充电监控信号指示灯控制

端子	端子说明
63	电动冷却液电机控制
64	充电状态指示灯控制
65	高电压能量管理通信控制
67	附件唤醒串行数据
73	可充电储能系统 1 冷却液电机控制
74	电动冷却液电机控制
79	可充电储能系统冷却液暖风、通风和空调系统(HVAC)模式电机低电平控制

5.2.5　5ET50 混动变速器结构

带双电机的混动变速器结构如图 5-39 所示。

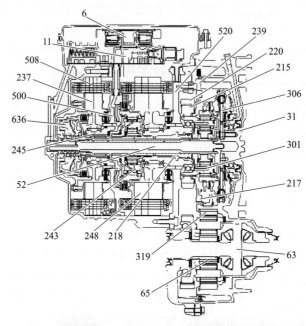

图 5-39　带双电机的混动变速器结构

6—控制电磁阀；11—控制阀；31—输入轴传动法兰；52—输入轴太阳齿轮轴；63—前差速器外壳；65—前差速器外壳太阳齿轮；215—驱动链轮；217—驻车齿轮；218—输入轴托架；220—传动链；237，248—驱动电机；239—自动变速器输出轴转速传感器；243—输出托架总成；245—输出托架内齿轮；301—输入轴内齿轮；306—自动变速器扭转减振器；319—前差速器齿圈；500，520—驱动电机支架；508—驱动电机定子；636—可变高挡离合器壳体

5.2.6　5ET50 混动变速器部件分解

5ET50 变速器包含下列电子部件：自动变速器油泵；控制电磁阀；驱动电机总成（第 1 位置）；驱动电机总成（第 2 位置）；手动换挡止动杆 A/变速器输出轴转速传感器总成。此变速器是一个全自动前轮驱动变速驱动桥，是一个电子控制型连续可变电动变速器。高压三相电路将双电机/发电机和电动自动变速器油泵驱动电机总成连接至驱动电机控制模块。高

压电动自动变速器油泵提供变速器油压。变速器部件分解如图5-40～图5-52所示。

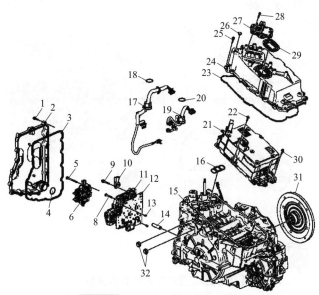

图 5-40　壳体及相关部件分解 1

1—阀体盖螺栓（16个）；2—控制阀阀体盖；3—自动变速器油液位控制阀密封件（衬垫）；4—自动变速器油液位控制阀密封件（O形圈）；5—阀体螺栓（4个）；6—控制电磁阀；8—阀体螺栓（13个）；9—液体输送管螺栓；10—液体输送管；11—控制阀；12—控制阀下阀体隔板；13—控制阀阀体隔板固定件（2个）；14—可变低挡离合器油道密封件；15—自动变速器壳体；16—驱动电机电源逆变器模块密封；17—自动变速器线束（控制电磁阀）；18，20—自动变速器线束连接器密封件（O形圈）；19—自动变速器线束（换挡轴位置开关）；21—驱动电机电源逆变器模块；22—驱动电机电源逆变器模块螺栓（7个）；23—驱动电机电源逆变器模块盖衬垫；24—驱动电机电源逆变器模块盖；25—驱动电机电源逆变器模块盖螺栓（17个）；26—驱动电机电源逆变器模块盖通风孔；27—驱动电机蓄电池正极和负极电缆连接器；28—驱动电机蓄电池正极和负极电缆连接器螺栓（4个）；29—驱动电机电源逆变器模块电气连接器密封件；30—驱动电机电源逆变器模块三相母线螺栓（6个）；31—输入轴传动法兰；32—变速器油冷却器管接头密封件（2个）

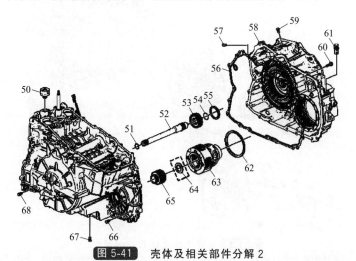

图 5-41　壳体及相关部件分解 2

50—变速器加油口盖；51—可变高挡离合器壳体密封件（O形圈）；52—输入轴太阳齿轮轴；53—输入轴太阳齿轮；54—输入轴太阳齿轮卡环；55—输入轴内齿轮止推轴承；56—自动变速器扭转减振器和差速器壳体衬垫；57—自动变速器机油压力测试孔塞；58—自动变速器扭转减振器和差速器壳体；59—自动变速器机油压力测试孔塞；60—变矩器和差速器壳体螺栓（16个）；61—变速器加油管塞；62—前差速器支座轴承；63—前差速器外壳；64—差速器外壳太阳齿轮止推轴承；65—前差速器外壳太阳齿轮；66—自动变速器油液位孔塞（2个）；67—变速油排放塞（2个）；68—自动变速器油壳体螺塞（2个）

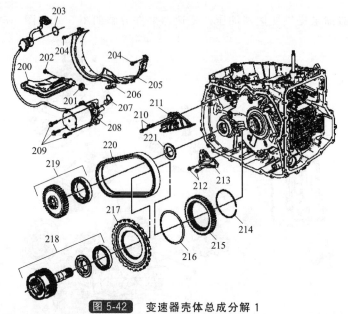

图 5-42　变速器壳体总成分解 1

200—自动变速器机油滤清器；201—自动变速器机油滤清器密封件；202—自动变速器机油滤清器螺栓；203—自动变速器辅助油泵电机三相电缆密封件；204—差速器前支座挡板螺栓（2个）；205—差速器前支座挡板；206—自动变速器机油碎屑收集器磁铁；207—自动变速器油泵出油口密封件；208—自动变速器油泵电机；209—自动变速器油泵螺栓（5个）；210—传动杆减振器螺栓（2个）；211—传动杆减振器（驱动侧）；212—传动杆减振器螺栓（2个）；213—传动杆减振器（滑行侧）；214—驱动链轮卡环；215—驱动链轮；216—驻车齿轮弹簧；217—驻车齿轮；218—输入轴托架；219—从动链轮；220—传动链；221—从动链轮轴承

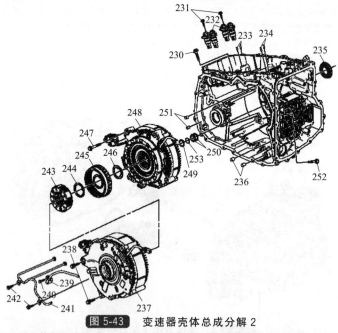

图 5-43　变速器壳体总成分解 2

230，247，252—自动变速器壳体加长件螺栓；231—驱动电机电源逆变器模块连接器螺栓（2个）；232—驱动电机电源逆变器模块连接器（2个）；233—驱动电机电源逆变器模块销（2个）；234—驱动电机电源逆变器模块盖销（2个）；235—前轮驱动轴油封；236—自动变速器油泵定位销（2个）；237—驱动电机（第2位置）；238—自动变速壳加长件螺栓（2个）；239—自动变速器输出轴转速传感器；240—自动变速器输出轴转速传感器螺栓（2个）；241—驱动电机定子冷却管；242—驱动电机定子冷却管螺栓（2个）；243—输出托架；244—输出托架止推轴承；245—输出托架内齿轮；246—输出托架内齿轮毂止推轴承；248—驱动电机（第1位置）；249—可变高挡离合器输油支架密封件；250—可变高挡离合器输出支架密封件（2个）；251—变速器壳体定位销（2个）；253—可变高挡离合器液封环

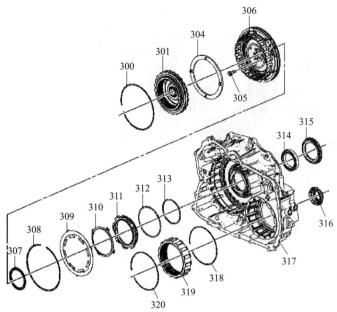

图 5-44 扭转减振器和
差速器壳体总成分解

300—输入轴内齿轮卡环；301—输入轴内齿轮；304—扭转减振器止推垫圈；305—扭转减振器螺栓（6个）；306—扭转减振器；307—扭转减振器止推轴承；308—扭转减振器旁通离合器活塞回位弹簧卡环；309—扭转减振器旁通离合器活塞回位弹簧；310—扭转减振器旁通离合器接合轴承；311—扭转减振器旁通离合器活塞；312—扭转减振器旁通离合器活塞外部密封件；313—扭转减振器旁通离合器活塞内部密封件；314—输入轴轴承；315—输入轴密封件；316—前轮驱动轴油封；317—扭转减振器和差速器壳体；318—前差速器外壳内齿轮耐磨环；319—前差速器齿圈；320—前差速器齿圈固定件

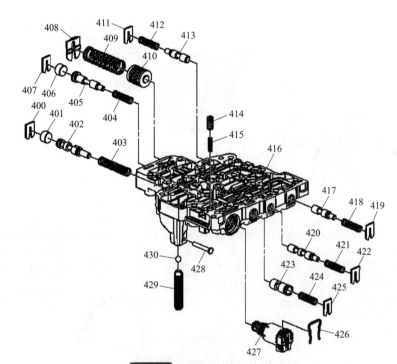

图 5-45 控制阀体总成分解

400—压力调节阀孔塞固定件；401—压力调节阀孔塞；402—压力调节阀；403—压力调节阀弹簧；404—润滑油调节阀弹簧；405—润滑油调节阀；406—润滑油调节阀孔塞；407—润滑油调节阀孔塞固定件；408—可变低挡离合器蓄能器活塞弹簧固定件；409—可变低挡离合器蓄能器活塞弹簧；410—可变低挡离合器蓄能器活塞；411—可变低挡离合器阀孔塞固定件；412—可变低挡离合器阀弹簧；413—可变低挡离合器阀；414—管路压力控制电磁阀蓄能器活塞；415—管路压力控制电磁阀蓄能器活塞弹簧；416—控制阀体；417—可变低挡离合器调节阀；418—可变低挡离合器调节阀弹簧；419—可变低挡离合器调节阀孔塞固定件；420—可变高挡离合器阀；421—可变高挡离合器阀弹簧；422—可变高挡离合器阀孔塞固定件；423—可变高挡离合器挡板进油调节阀；424—可变高挡离合器挡板进油调节阀弹簧；425—可变高挡离合器挡板进油调节阀孔塞固定件；426—管路压力控制电磁阀固定件；427—管路压力控制电磁阀；428—卸压球阀弹簧销；429—卸压球阀弹簧；430—卸压球阀

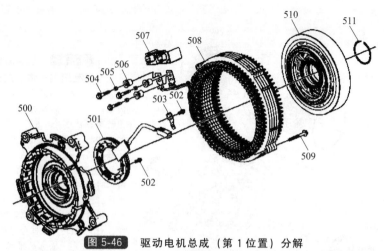

图 5-46　驱动电机总成（第 1 位置）分解

500—驱动电机支架；501—驱动电机位置传感器定子；502—驱动电机位置传感器螺栓（4 个）；503—驱动电机位置传感器连接器卡扣；504—驱动电机电源逆变器模块三相电缆螺栓（3 个）；505—驱动电机电源逆变器模块电缆螺栓安装导套固定件（3 个）；506—驱动电机电源逆变器模块电缆螺栓安装导套（3 个）；507—驱动电机电源逆变器模块电缆导管；508—驱动电机定子（第 1 位置）；509—驱动电机定子螺栓（4 个）；510—驱动电机转子（第 1 位置）；511—驱动电机转子轴承卡环

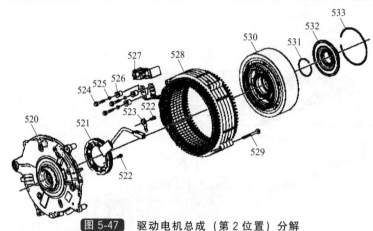

图 5-47　驱动电机总成（第 2 位置）分解

520—驱动电机支架；521—驱动电机位置传感器定子；522—驱动电机位置传感器螺栓（4 个）；523—驱动电机位置传感器连接器卡扣；524—驱动电机电源逆变器模块三相电缆螺栓（3 个）；525—驱动电机电源逆变器模块电缆螺栓安装导套固定件（3 个）；526—驱动电机电源逆变器模块电缆螺栓安装导套（3 个）；527—驱动电机电源逆变器模块电缆导管；528—驱动电机定子（第 2 位置）；529—驱动电机定子螺栓（4 个）；530—驱动电机转子（第 2 位置）；531—驱动电机转子轴承卡环；532—输出太阳齿轮；533—输出太阳齿轮卡环

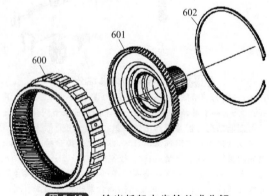

图 5-48　输出托架内齿轮总成分解

600—输出托架内齿轮；601—输出托架内齿轮毂；602—输出托架内齿轮卡环

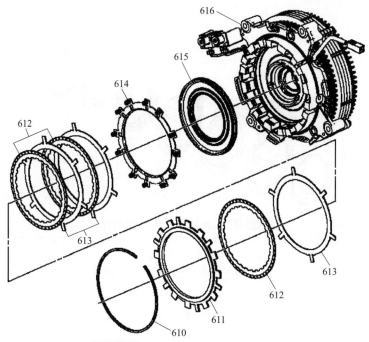

图 5-49 可变低挡离合器总成分解

610—可变低挡离合器底板内卡环（可选）；611—可变低挡离合器背板；612—可变低挡离合器片（3个）(摩擦)；613—可变低挡离合器片（3个）；614—可变低挡离合器弹簧；615—可变低挡离合器活塞；616—驱动电机（第1位置）

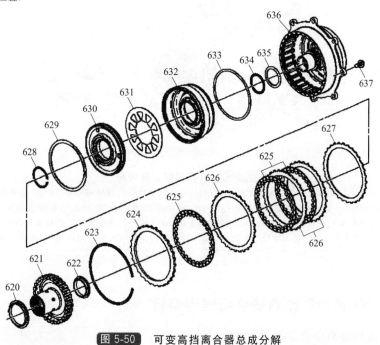

图 5-50 可变高挡离合器总成分解

620，622—可变高挡离合器毂止推垫圈；621—可变高挡离合器毂；623—可变高挡离合器底板内卡环（可选）；624—可变高挡离合器背板；625—可变高挡离合器片（3个)(摩擦)；626—可变高挡离合器片（3个）；627—可变高挡离合器波形板；628—可变高挡离合器活塞挡板卡环；629—可变高挡离合器活塞外部密封件；630—可变高挡离合器活塞挡板；631—可变高挡离合器活塞弹簧；632—可变高挡离合器活塞；633—可变高挡离合器活塞挡板外部密封件；634—可变高挡离合器活塞挡板内部密封件；635—可变高挡离合器活塞内部密封件；636—可变高挡离合器壳体；637—可变高挡离合器壳体螺栓（8个）

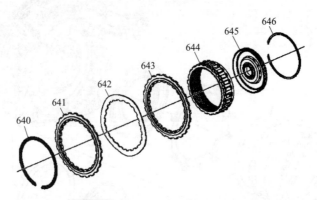

图 5-51 转矩限制离合器总成分解

640—自动变速器转矩限制离合器背板环；641，643—自动变速器转矩限制离合器背板；
642—自动变速器转矩限制离合器弹簧；644—输入轴内齿轮；
645—输入轴内齿轮毂；646—输入轴内齿轮卡环

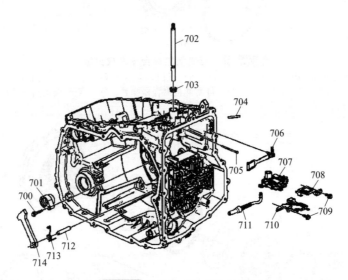

图 5-52 驻车系统部件分解

700—驻车制动杆执行器导向装置螺栓；701—驻车制动杆执行器导向装置；702—手动换挡
止动杆轴；703—手动换挡轴密封件；704—手动换挡止动杆销；705—手动换挡轴销；
706—手动换挡止动杆弹簧；707—手动换挡止动杆；708—自动变速器线束托架；709—自
动变速器线束连接器托架螺栓（2个）；710—自动变速器线束托架；711—驻车制动杆执行
器；712—驻车棘爪轴；713—驻车棘爪弹簧；714—驻车棘爪

5.2.7　5ET50 混动变速器轴承与垫圈位置

变速器轴承与垫圈位置如图 5-53 所示。

5.2.8　5ET50 混动变速器密封件位置

变速器密封件位置如图 5-54 和图 5-55 所示。

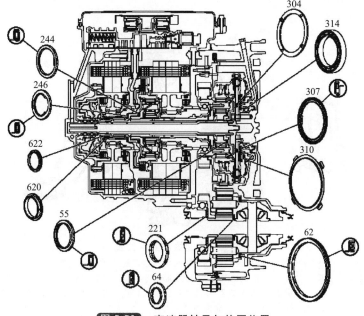

图 5-53　变速器轴承与垫圈位置

55—输入轴内齿轮止推轴承；62—前差速器支座轴承；64—差速器外壳太阳齿轮止推轴承；221—从动链轮轴承；244—输出托架止推轴承；246—输出托架内齿轮毂止推轴承；304—自动变速器扭转减振器止推垫圈；307—自动变速器扭转减振器止推轴承；310—自动变速器扭转减振旁通离合器接合轴承；314—输入轴轴承；620，622—可变高挡离合器毂止推垫圈

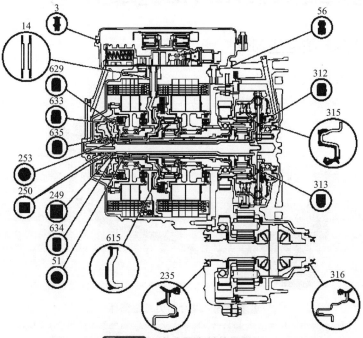

图 5-54　变速器密封件位置1

3—自动变速器油液位控制阀密封件（衬垫）；14—可变低挡离合器油道密封件；51—可变高挡离合器壳体密封件（O形圈）；56—自动变速器扭转减振器和差速器壳体衬垫；235—前轮驱动轴油封；249—可变高挡离合器输油支架密封件；250—可变高挡离合器输油支架密封件（2个）；253—可变高挡离合器液封环；312—自动变速器扭转减振旁通离合器活塞外部密封件；313—自动变速器扭转减振旁通离合器活塞内部密封件；315—输入轴密封件；316—前轮驱动轴油封；615—可变低挡离合器活塞；629—可变高挡离合器活塞外部密封件；633—可变高挡离合器活塞挡板外部密封件；634—可变高挡离合器活塞挡板内部密封件；635—可变高挡离合器活塞内部密封件

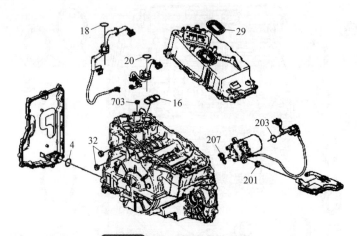

图 5-55　变速器密封件位置 2

4—自动变速器油液位控制阀密封件（O 形圈）；16—驱动电机电源逆变器模块液封；18，20—自动变速器线束连接器密封件（O 形圈）；29—驱动电机电源逆变器模块电气连接器密封件；32—变速器油冷却器管接头密封件（2 个）；201—自动变速器机油滤清器密封件；203—自动变速器辅助油泵电机三相电缆密封件；207—自动变速器油泵出油口密封件；703—手动换挡轴密封件

5.3　雪佛兰迈锐宝 XL HEV(2017~)

5.3.1　混动动力系统电子部件

混合动力系统部件如图 5-56 所示。

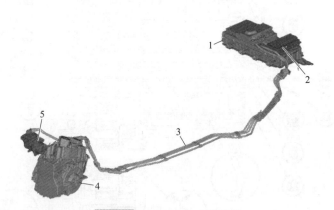

图 5-56　混合动力系统部件

1—高压电池总成；2—14V 电源模块；3—300V 蓄电池正极和负极电缆；
4—5ET50 变速器和 T6 电源逆变器模块；5—G1 空调压缩机

5.3.2　高压电池管理系统电路

高压电池管理系统电路如图 5-57～图 5-64 所示。

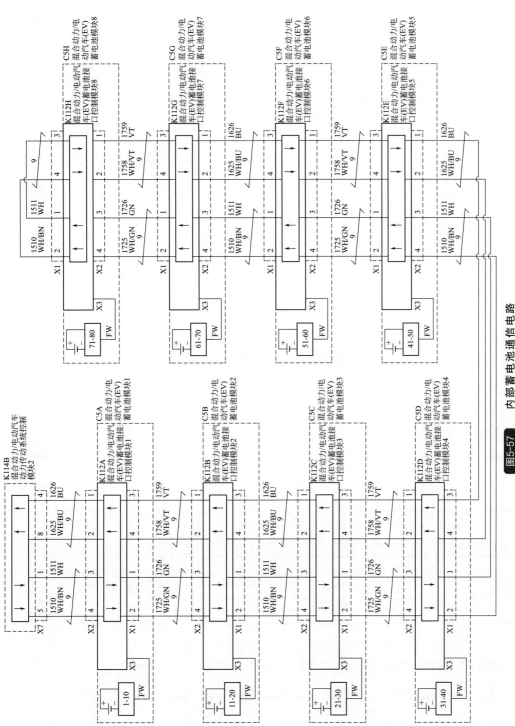

图5-57　内部蓄电池通信电路

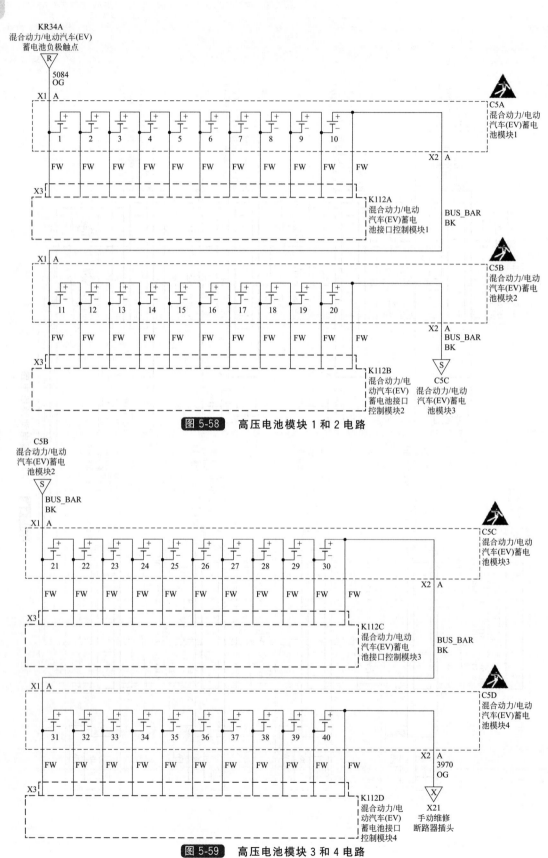

图 5-58　高压电池模块 1 和 2 电路

图 5-59　高压电池模块 3 和 4 电路

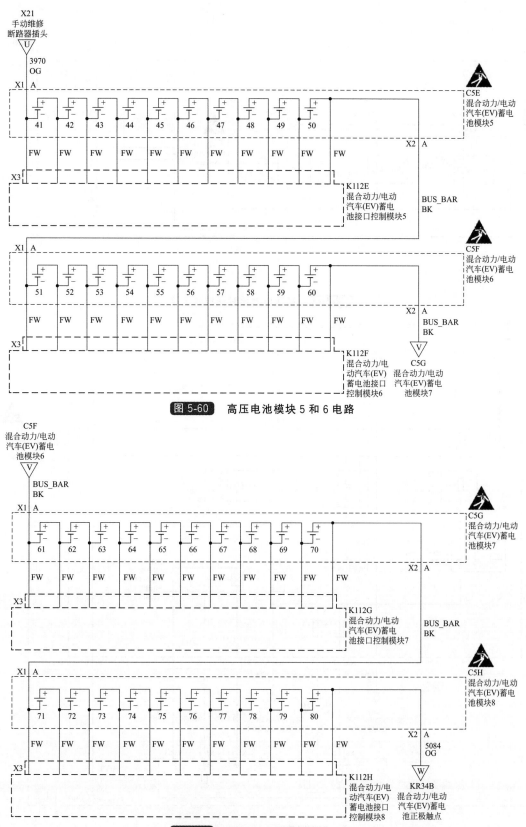

图 5-60 高压电池模块 5 和 6 电路

图 5-61 高压电池模块 7 和 8 电路

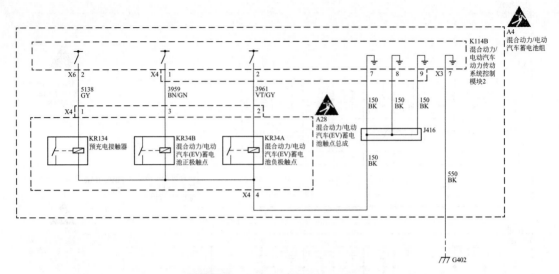

图 5-62 高压电池接触器控制电路

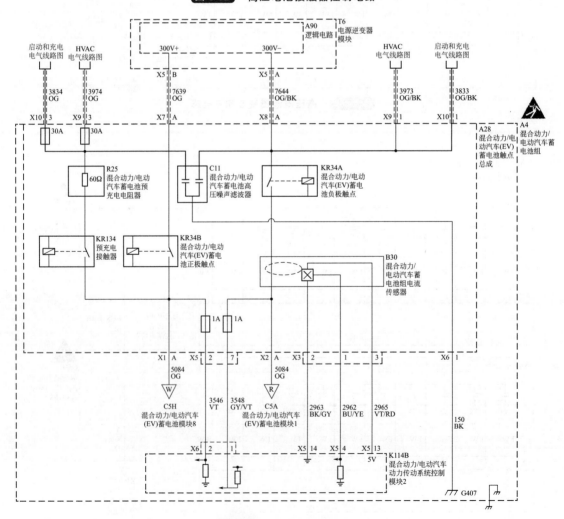

图 5-63 高压接触器电路

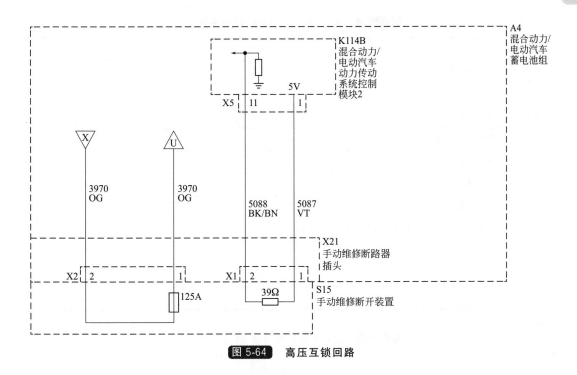

图 5-64　高压互锁回路

5.3.3　混合动力控制模块端子定义

混合动力控制模块端子分布如图 5-65 所示，定义见表 5-17～表 5-19。

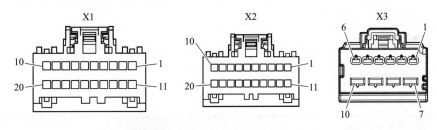

图 5-65　混合动力控制模块端子分布

表 5-17　混合动力控制模块 X1 端子定义

端子	端子说明
1	高速 GMLAN 串行数据（－）3
2	高速 GMLAN 串行数据（＋）3
7	低速 GMLAN 串行数据
10	发动机舱盖状态 A 信号
12	高速 GMLAN 串行数据（－）3
13	高速 GMLAN 串行数据（＋）3
19	电动冷却液电机反馈信号
20	附件电源模块冷却风扇反馈信号

<table>
<tr><td colspan="2" align="center">表 5-18   混合动力控制模块 X2 端子定义</td></tr>
</table>

端子	端子说明
1	冷却液温度传感器信号
2	空调低压传感器信号
3	5V 参考电压
4	附件电源模块冷却风扇控制
9	运行/启动点火 1 电压
10	电动冷却液电机控制
11	传感器低电平参考电压
12	空调制冷剂传感器低电平参考电压
14	附件电源模块冷却风扇控制
15	电动冷却液电机控制
19	局域互联网串行数据总线 26

表 5-19   混合动力控制模块 X3 端子定义

端子	端子说明
1	高速 GMLAN 串行数据(一)1
2	高速 GMLAN 串行数据(一)1
3	高速 GMLAN 串行数据(＋)1
4	高速 GMLAN 串行数据(＋)1
5	高速 GMLAN 串行数据(一)1
6	高速 GMLAN 串行数据(＋)1
7	搭铁
8	附件唤醒串行数据 2
9	附件唤醒串行数据
10	蓄电池正极电压

5.3.4 电源逆变器端子定义

电源逆变器端子分布如图 5-66 所示，端子定义见表 5-20。

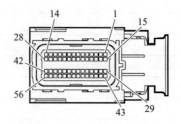

图 5-66   电源逆变器端子分布

表 5-20　电源逆变器端子定义

端子	端子说明
1	信号搭铁
2	蓄电池正极电压
3	运行/启动点火 1 电压
4	附件唤醒串行数据 2
6	高速 GMLAN 串行数据（＋）2
7	高速 GMLAN 串行数据（－）2
8	高速 GMLAN 串行数据（＋）2
9	高速 GMLAN 串行数据（－）2
20	高速 GMLAN 串行数据（＋）2
21	高速 GMLAN 串行数据（－）2
29	曲轴位置传感器复制信号
31	高速 GMLAN 串行数据（＋）1
32	高速 GMLAN 串行数据（－）1
33	高速 GMLAN 串行数据（＋）3
34	高速 GMLAN 串行数据（－）3
45	高速 GMLAN 串行数据（＋）1
46	高速 GMLAN 串行数据（－）1
47	高速 GMLAN 串行数据（＋）3
48	高速 GMLAN 串行数据（－）3
50	蓄电池正极电压
51	信号搭铁

5.3.5　机油寿命系统复位

系统计算出机油寿命快要结束时，会指示需要更换机油，并显示"CHANGE ENGINE OIL SOON"（尽快更换发动机机油）的消息。更换时应复位发动机机油寿命系统。如果系统意外复位，则在上次更换发动机机油后行驶 3000mile（5000km）时再次更换机油。

（1）机油寿命系统手动复位

① 在发动机关闭的情况下，将点火钥匙置于"ON/RUN"（打开/运行）位置。

② 按下转向信号控制杆上的"DIC MENU"（驾驶员信息中心菜单）按钮进入"Vehicle Information Menu"（车辆信息菜单）。使用拇指滚轮浏览菜单项目直到达到"REMAINING OIL LIFE"（剩余机油寿命）。

③ 按下"SET/CLR"（设置/清除）按钮，将发动机机油寿命复位至 100％。

④ 将点火钥匙置于"LOCK/OFF"（锁止/关闭）位置。

"CHANGE ENGINE OIL SOON"（尽快更换发动机机油）信息消失后系统复位，显示"REMAINING OIL LIFE 100％"（剩余机油寿命 100％）信息。

启动车辆时，如果再次显示"CHANGE ENGINE OIL SOON"（尽快更换发动机机油）消息，则发动机机油寿命系统没有复位。重复本程序。

（2）机油寿命系统自动复位

① 将点火开关置于"ON"（打开）位置。

② 连接故障诊断仪。

③ 选择"Module Diagnosis"（模块诊断）。

④ 选择"Engline Control Module"（发动机控制模块）。

⑤ 选择"Configuration/Reset"（配置/复位）功能。

⑥ 选择"Engine Oil System Reset"（发动机机油系统复位）。

⑦ 按下"Enter"（确认）键运行此功能。

⑧ 确认执行成功。

⑨ 将点火开关置于"OFF"（关闭）位置并确认。

⑩ 将点火开关置于"ON"（打开）位置并确认。

5.4　凯迪拉克 CT6 PHEV(2017~)

5.4.1　混合动力系统部件

混合动力系统部件如图 5-67 所示。

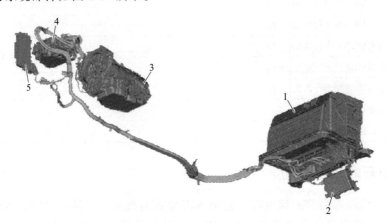

图 5-67　混合动力系统部件

1—高压电池；2—T18 高压电池充电机；3—T12 自动变速器总成；
4—T6 电源逆变器模块；5—K1 14V 电源模块

5.4.2　高压电池充电控制模块端子定义

充电控制模块端子分布如图 5-68 所示，端子定义见表 5-21。

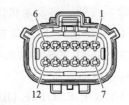

图 5-68　充电控制模块端子分布

表 5-21 充电控制模块端子定义

端子	端子说明
2	搭铁
3	高压车载充电直流电压感应信号
4	高压车载充电控制
9	蓄电池正极电压
10	高压车载充电交流电压感应信号
11	高压车载充电启用

5.4.3　高压电池充电控制电路

高压电池充电控制电路如图 5-69～图 5-71 所示。

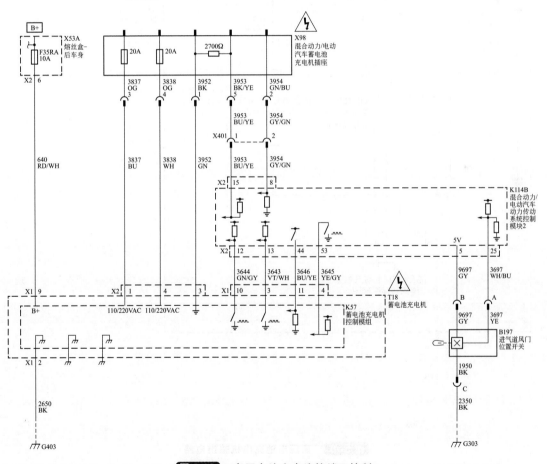

图 5-69 高压电池充电连接端口控制

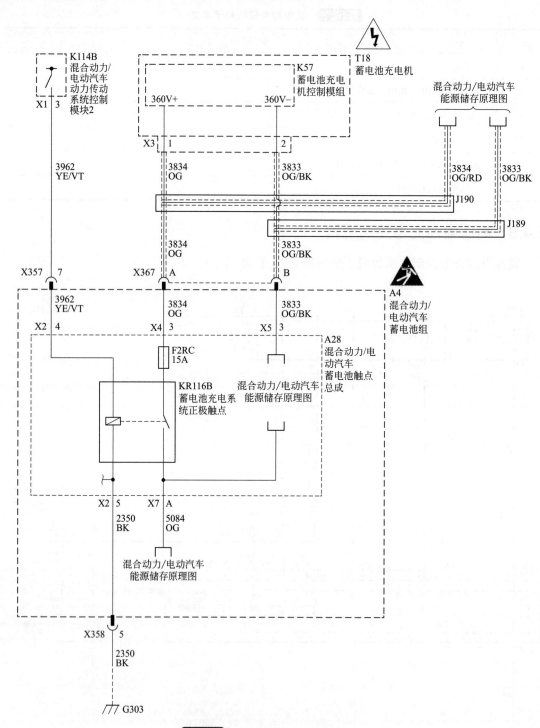

图 5-70 高压电池充电机输出电路

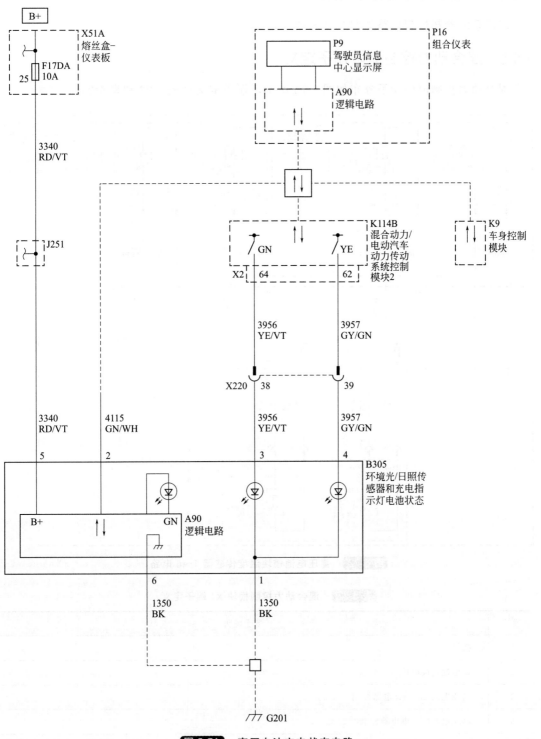

图 5-71　高压电池充电状态电路

5.4.4　高压系统冷却控制电路

高压系统冷却控制电路如图 5-72～图 5-74 所示。

5.4.5　混合动力控制模块端子定义

混合动力控制模块端子分布如图 5-75 所示，端子定义见表 5-22 和表 5-23。

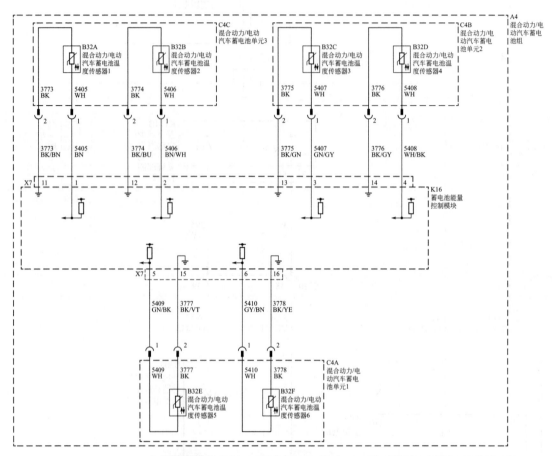

图 5-72　高压电池模块温度传感器 1～6 电路

表 5-22　混合动力控制模块 X1 端子定义

端子	端子说明
1	搭铁
2	蓄电池正极电压
3	高压电池 3(＋)继电器控制
6	高压电池(一)继电器控制
8	预充电继电器脉宽调制信号
9	高压电池 1(＋)继电器控制
10	辅助加热器控制

续表

端子	端子说明
17	高速 GMLAN 串行数据（＋）1
18	高速 GMLAN 串行数据（－）1
19	高速 GMLAN 串行数据（＋）1
20	传感器低电平参考电压
26	车外环境温度传感器信号
27	冷却液温度传感器信号
31	空调低压传感器信号
32	冷却液液位过低指示灯控制
33	传感器低电平参考电压
37	高速 GMLAN 串行数据（＋）1
38	高速 GMLAN 串行数据（－）1
39	高速 GMLAN 串行数据（－）1
40	车外环境温度传感器低电平参考电压
45	高压互锁回路低电平参考电压 1
47	高压互锁回路信号 1
49	传感器低电平参考电压
50	冷却液阀位置传感器信号
52	发动机舱盖状态 A 信号
54	高速 GMLAN 串行数据（＋）3
55	高速 GMLAN 串行数据（－）3
57	CAN 总线高速串行数据
58	CAN 总线低速串行数据
60	传感器低电平参考电压
63	5V 参考电压
64	5V 参考电压
70	加油口盖释放开关信号
72	燃油加注口门打开信号
74	高速 GMLAN 串行数据（＋）3
75	高速 GMLAN 串行数据（－）3
77	CAN 总线高速串行数据
78	CAN 总线低速串行数据

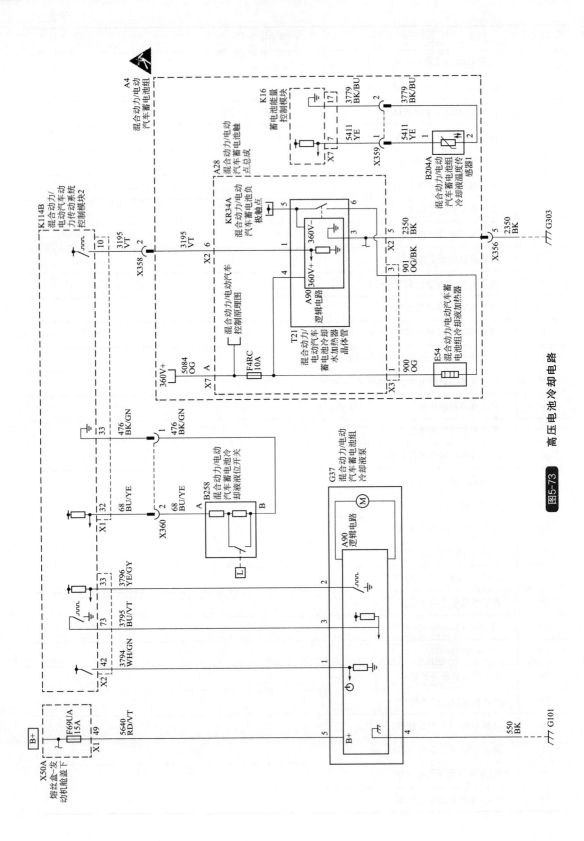

图5-73 高压电池冷却电路

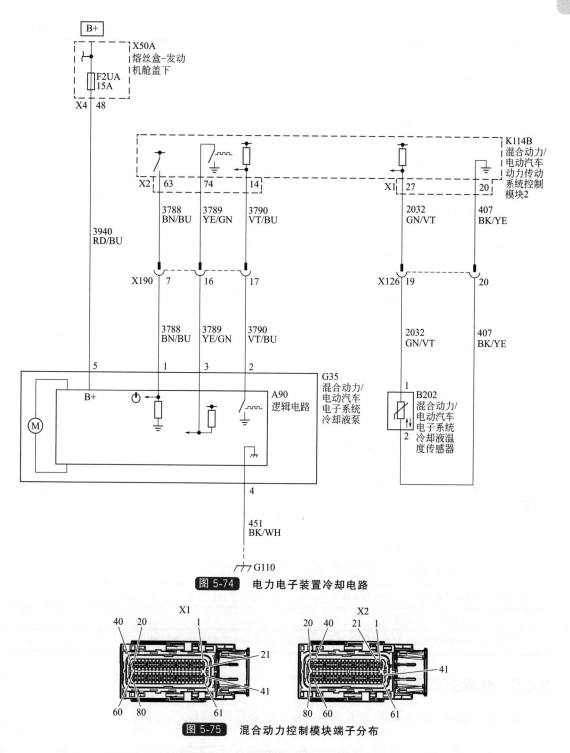

图 5-74 电力电子装置冷却电路

图 5-75 混合动力控制模块端子分布

表 5-23 混合动力控制模块 X2 端子定义

端子	端子说明
7	加油请求开关信号
8	控制引导信号 1

端子	端子说明
9	冷却风扇转速信号
10	高压故障信号
12	高压车载充电交流电压感应信号
13	高压车载充电直流电压感应信号
14	电动冷却液电机反馈信号
15	邻近状态信号 1
25	充电端口盖传感器信号
27	运行/启动点火 1 电压
33	可充电储能系统 1 冷却液电机反馈信号
38	低速 GMLAN 串行数据
41	燃油加注口门锁止/解锁 1 参考电压
42	可充电储能系统 1 冷却液电机控制
43	附件唤醒串行数据 2
44	高压车载充电启用
52	冷却风扇控制信号
53	高压车载充电控制
59	可充电储能系统冷却液暖风、通风和空调系统(HVAC)模式电机高电平控制
61	燃油加注口门锁止/解锁 1 信号
62	充电监控信号指示灯控制
63	电动冷却液电机控制
64	充电状态指示灯控制
65	高压能量管理通信控制
67	附件唤醒串行数据
73	可充电储能系统 1 冷却液电机控制
74	电动冷却液电机控制
79	可充电储能系统冷却液暖风、通风和空调系统(HVAC)模式电机低电平控制

5.4.6　电源逆变器端子定义

电源逆变器端子分布如图 5-76 所示，端子定义见表 5-24。

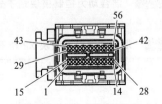

图 5-76　逆变器端子分布

表 5-24　逆变器端子定义

端子	端子说明
1	高速 GMLAN 串行数据(一)1
2	高速 GMLAN 串行数据(＋)1
3	高速 GMLAN 串行数据(一)3
4	高速 GMLAN 串行数据(＋)3
5	高速 GMLAN 串行数据(一)2
6	高速 GMLAN 串行数据(＋)2
7	牵引电源逆变器模块旋转变压器 1 励磁信号正极
8	牵引电源逆变器模块旋转变压器 1 S1 信号
9	牵引电源逆变器模块旋转变压器 1 S2 信号
10	位置转速方向传感器 2 信号 A
11	位置转速方向传感器 2 信号 B
12	曲轴位置传感器复制信号
13	附件唤醒串行数据 2
14	运行/启动点火 1 电压
15	高速 GMLAN 串行数据(一)1
16	高速 GMLAN 串行数据(＋)1
17	高速 GMLAN 串行数据(一)3
18	高速 GMLAN 串行数据(＋)3
19	高速 GMLAN 串行数据(一)2
20	高速 GMLAN 串行数据(＋)2
21	牵引电源逆变器模块旋转变压器 1 励磁信号负极
22	牵引电源逆变器模块旋转变压器 1 S3 信号
23	牵引电源逆变器模块旋转变压器 1 S4 信号
24	牵引电机位置转速方向 2 信号 A 输出(一)
25	牵引电机位置转速方向 2 信号 B 输出(一)
38	变速器内部模式开关(IMS)模式开关 R1 位信号
39	变速器内部模式开关(IMS)模式开关 R2 位信号
40	变速器内部模式开关(IMS)模式开关 D1 位信号
41	蓄电池正极电压
52	变速器内部模式开关(IMS)模式开关低电平参考电压
53	变速器内部模式开关(IMS)模式开关 D2 位信号
54	变速器内部模式开关(IMS)模式开关 S 位信号
56	蓄电池正极电压

5.4.7　4EL70 混动变速器部件位置

混动变速器结构如图 5-77 所示。

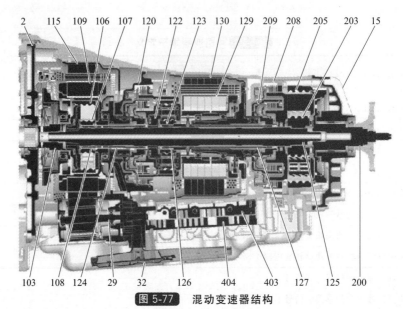

图 5-77　混动变速器结构

2—自动变速器扭转减振器壳体；15—自动变速器壳体加长件；29—自动变速器油泵；32—自动变速器机油滤清器；103—输入轴；106—太阳齿轮架（位置1）；107—太阳齿轮（位置1）；108—太阳齿轮轴（位置1）；109—驱动电机转子（位置1）；115—驱动电机定子（位置1）；120—可变1-2-3-4挡和1-2-3挡离合器；122—太阳齿轮架（位置2）；123—太阳齿轮（位置2）；124—可变2-3挡和1-2-3挡离合器轴；125—主轴；126—太阳齿轮轴（位置2）；127—可变3-4挡和2-3挡离合器轴；129—驱动电机转子（位置2）；130—驱动电机定子（位置2）；200—输出轴；203—太阳齿轮（位置3）；205—太阳齿轮架（位置3）；208—可变1-2挡和1-2挡离合器壳体；209—可变3-4挡和2-3挡离合器壳体；403—上控制阀体；404—控制阀电磁阀体

5.4.8　4EL70混动变速器轴承与垫圈位置

混动变速器轴承与垫圈位置如图 5-78 所示。

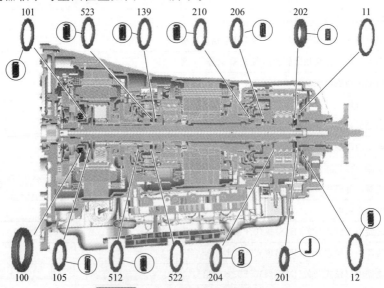

图 5-78　混动变速器轴承与垫圈位置

11—输出轴止推垫圈；12—输出轴轴承；100—驱动电机转子轴承；101—输入轴止推轴承；105—太阳齿轮架止推轴承；139，512—可变2-3挡和1-2-3挡离合器毂止推轴承；201—太阳齿轮止推垫圈；202—太阳齿轮止推轴承；204—太阳齿轮架止推轴承；206—可变3-4挡和2-3挡离合器毂止推轴承；210—可变3-4挡和2-3挡离合器壳体止推轴承；522—2-3挡和1-2-3挡离合器壳体止推垫圈；523—可变2-3挡和1-2-3挡离合器毂止推轴承

5.4.9　4EL70 混动变速器部件分解

混动变速器部件分解如图 5-79～图 5-89 所示。

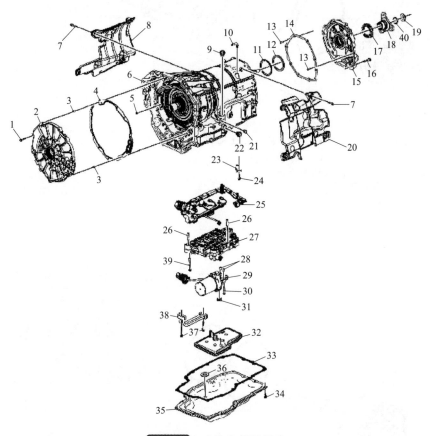

图 5-79　壳体和相关零件

1—自动变速器壳体螺栓（10 个）；2—自动变速器扭转减振器壳体；3，13—变速器壳体定位销（2 个）；4—自动变速器扭转减振器壳体衬垫；5—线束连接器螺栓（6 个）；6—自动变速器壳体；7—自动变速器壳体螺栓（8 个）；8，20—变速器壳体隔声器；9—变速器加油口塞；10—自动变速器通风管；11—止推垫圈；12—输出轴轴承；14—自动变速器壳体加长件衬垫；15—自动变速器壳体加长件；16—自动变速器加长件螺栓（9 个）；17—传动轴前滑动叉油封；18—传动轴法兰；19—前传动轴法兰螺母；21—自动变速器机油压力测试孔塞；22—变速器放油口塞；23—自动变速器输出轴转速传感器；24—自动变速器输出轴转速传感器螺栓；25—自动变速器控制线束；26—阀体定位销（2 个）；27—控制阀；28—自动变速器油泵定位销；29—自动变速器油泵；30—自动变速器油泵螺栓（4 个）；31—自动变速器机油滤清器密封件；32—自动变速器机油滤清器；33—自动变速器储油盘衬垫；34—自动变速器储油盘螺栓（16 个）；35—自动变速器储油盘；36—自动变速器储油盘磁铁；37—阀体螺栓（2 个）；38—控制阀体油液歧管；39—自动变速器控制螺栓（4 个）；40—变速器传动轴法兰密封件

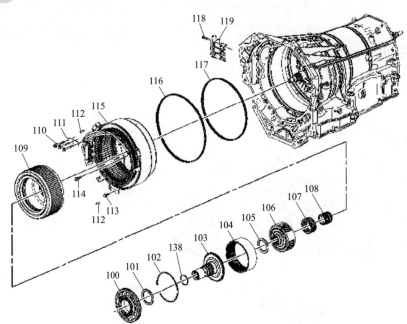

图 5-80　驱动电机（位置 1）部件

100—驱动电机转子轴承；101—输入轴止推轴承；102—输入轴卡环；103—输入轴；104—内齿轮；105—太阳齿轮架止推轴承；106—太阳齿轮架；107—太阳齿轮；108—太阳齿轮轴；109—驱动电机转子；110—自动变速器壳体螺栓（3 个）；111—自动变速器壳体油道盖；112—驱动电机定位销；113—自动变速器壳体螺栓（6 个）；114—可变 1-4 挡和 1-3 挡离合器螺栓（8 个）；115—驱动电机定子；116—驱动电机定子壳体前密封件；117—驱动电机定子壳体后密封件；118—线束连接器螺栓；119—线束连接器；138—输入轴油密封圈

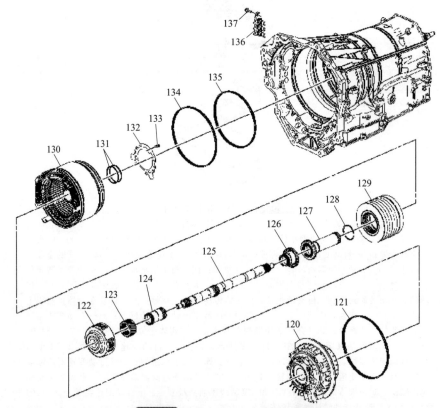

图 5-81　驱动电机（位置 2）部件

120—可变 1-2-3-4 挡和 1-2-3 挡离合器；121—离合器壳体密封件；122—太阳齿轮架；123—太阳齿轮；124—可变 2-3 挡和 1-2-3 挡离合器轴；125—主轴；126—太阳齿轮轴；127—可变 3-4 挡和 2-3 挡离合器轴；128—驱动电机发电机转子轴承卡环；129—驱动电机转子；130—驱动电机定子；131—可变 3-4 挡和 2-3 挡离合器壳体油封环（2 个）；132—可变 3-4 挡和 2-3 挡离合器壳体油道毂衬垫；133—自动变速器壳体螺栓（7 个）；134—驱动电机定子壳体前密封件；135—驱动电机定子壳体后密封件；136—线束连接器；137—线束连接器螺栓

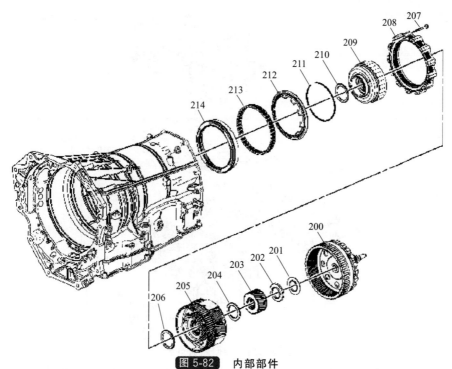

图 5-82　内部部件

200—输出轴；201—止推垫圈；202—太阳齿轮止推轴承；203—太阳齿轮；204—太阳齿轮架止推轴承；205—太阳齿轮架；206—可变 3-4 挡和 2-3 挡离合器毂止推轴承；207—自动变速器壳体螺栓（13 个）；208—可变 1-2 挡和 1-2 挡离合器壳体；209—可变 3-4 挡和 2-3 挡离合器壳体；210—可变 3-4 挡和 2-3 挡离合器壳体止推轴承；211—可变 1-2 挡和 1-2 挡离合器活塞回位弹簧卡环；212—可变 1-2 挡和 1-2 挡离合器活塞回位弹簧板；213—可变 1-2 挡和 1-2 挡离合器活塞回位弹簧；214—可变 1-2 挡和 1-2 挡离合器活塞

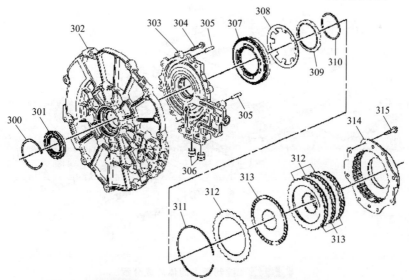

图 5-83　自动变速器扭转减振器壳体分解

300—自动变速器扭转减振器油液密封件卡环；301—自动变速器扭转减振器密封件；302—自动变速器扭转减振器壳体；303—可变 1-2-3-4 挡离合器壳体；304—自动变速器扭转减振器壳体螺栓（4 个）；305—自动变速器扭转减振器销（2 个）；306—可变 1-2-3-4 挡离合器活塞壳体密封件（2 个）；307—可变 1-2-3-4 挡离合器活塞；308—可变 1-2-3-4 挡离合器活塞回位弹簧；309—可变 1-2-3-4 挡离合器活塞回位弹簧板；310—可变 1-2-3-4 挡离合器壳体环；311—可变 1-2-3-4 挡离合器底板卡环；312—可变 1-2-3-4 挡离合器片（4 个）；313—可变 1-2-3-4 挡离合器摩擦片（4 个）；314—可变 1-2-3-4 挡离合器底板；315—自动变速器扭转减振器壳体螺栓（8 个）

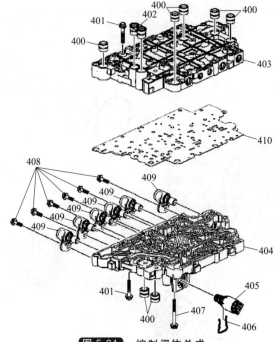

图 5-84 控制阀体总成

400—自动变速器混合动力直接挡 2-3-4 挡离合器调节阀密封件（7 个）；401—阀体螺栓（18 个）；402—自动变速器混合动力直接挡 2-3-4 挡离合器调节阀密封件（2 个）；403—上控制阀体；404—控制阀电磁阀体；405—离合器压力控制电磁阀；406—控制电磁阀固定件；407—控制阀体螺栓（3 个）；408—换挡电磁阀螺栓（6 个）；409—换挡电磁阀（6 个）；410—控制阀体隔板

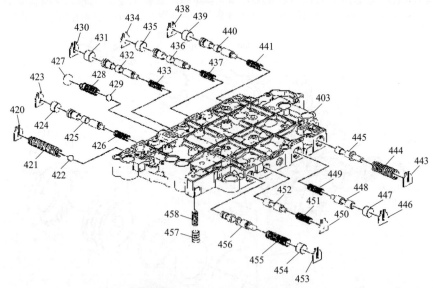

图 5-85 控制阀上阀体总成分解

403—上控制阀体；420，427—卸压球阀弹簧座；421，428—卸压球阀弹簧；422，429—卸压球阀；423，430，434，438，446—车身阀孔塞固定件；424，431，435，439，447—车身阀孔塞；425—可变 1-4 挡和 1-3 挡离合器阀；426，433，437，441，449—气门弹簧；432—可变 2-3 挡和 1-2-3 挡离合器阀；436—可变 3-4 挡和 2-3 挡离合器阀；440—可变 1-2 挡和 1-2 挡离合器阀；443—执行器进油量限制阀弹簧固定件；444—执行器进油量限制阀弹簧；445—执行器供油限制阀；448—可变 1-2-3-4 挡离合器阀；450—定子阀固定件；451—定子阀弹簧；452—定子阀；453—压力调节阀孔塞固定件；454—压力调节阀塞；455—压力调节阀弹簧；456—压力调节阀；457—信号蓄能器活塞；458—信号蓄能器活塞弹簧

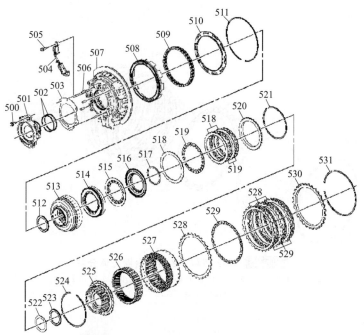

图 5-86 1-4 挡和 1-3 挡离合器壳体分解

500—可变 1-4 挡和 1-3 挡离合器螺栓（4 个）；501—可变 2-3 挡和 1-2-3 挡离合器壳体油道毂；502—可变 2-3 挡和 1-2-3 挡离合器壳体油封环（2 个）；503—可变 1-4 挡和 1-3 挡离合器壳体油道毂衬垫；504—驱动电机转速与方向传感器；505—自动变速器转速传感器螺栓；506—可变 1-4 挡和 1-3 挡离合器壳体油道毂定位销（3 个）；507—可变 1-4 挡和 1-3 挡离合器壳体；508—可变 1-4 挡和 1-3 挡离合器活塞；509—可变 1-4 挡和 1-3 挡离合器回位弹簧；510—可变 1-4 挡和 1-3 挡离合器活塞回位弹簧板；511—可变 1-4 挡和 1-3 挡离合器回位弹簧环；512—可变 2-3 挡和 1-2-3 挡离合器毂止推轴承；513—可变 2-3 挡和 1-2-3 挡离合器壳体；514—可变 2-3 挡和 1-2-3 挡离合器活塞；515—可变 2-3 挡和 1-2-3 挡离合器回位弹簧；516—可变 2-3 挡和 1-2-3 挡离合器活塞挡板；517—可变 2-3 挡和 1-2-3 挡离合器活塞挡板环；518—可变 2-3 挡和 1-2-3 挡离合器片；519—可变 2-3 挡和 1-2-3 挡离合器摩擦片；520—可变 2-3 挡和 1-2-3 挡离合器底板；521—可变 2-3 挡和 1-2-3 挡离合器底板卡环；522—2-3 挡和 1-2-3 挡离合器壳体止推垫圈；523—可变 2-3 挡和 1-2-3 挡离合器毂止推轴承；524—可变 1-2-3-4 挡和 1-2-3 挡离合器毂卡环；525—可变 2-3 挡和 1-2-3 挡离合器毂；526—内齿轮；527—离合器壳体至内部齿轮鼓；528—可变 1-4 挡和 1-3 挡离合器片；529—可变 1-4 挡和 1-3 挡离合器摩擦片；530—可变 1-4 挡和 1-3 挡离合器底板；531—可变 1-4 挡和 1-3 挡离合器底板卡环

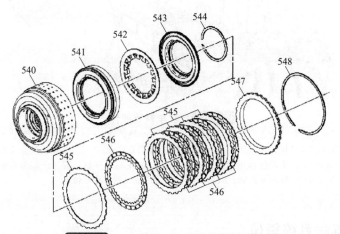

图 5-87 3-4 挡和 2-3 挡离合器壳体分解

540—可变 3-4 挡和 2-3 挡离合器壳体；541—可变 3-4 挡和 2-3 挡离合器活塞；542—可变 3-4 挡和 2-3 挡离合器活塞回位弹簧；543—可变 3-4 挡和 2-3 挡离合器活塞挡板；544—可变 3-4 挡和 2-3 挡离合器活塞挡板卡环；545—可变 3-4 挡和 2-3 挡离合器片；546—可变 3-4 挡和 2-3 挡离合器摩擦片；547—可变 3-4 挡和 2-3 挡离合器底板；548—可变 3-4 挡和 2-3 挡离合器底板卡环

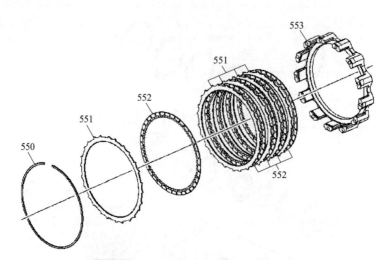

图 5-88 **1-2 挡和 1-2 挡离合器壳体分解**

550—可变 1-2 挡和 1-2 挡离合器底板卡环；551—可变 1-2 挡和 1-2 挡离合器片；
552—可变 1-2 挡和 1-2 挡离合器摩擦片；553—可变 1-2 挡和 1-2 挡离合器壳体

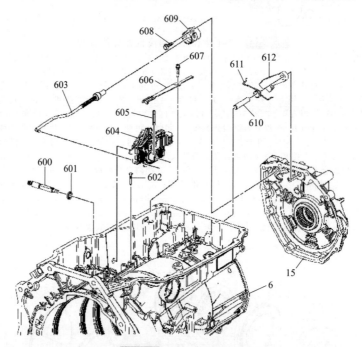

图 5-89 **驻车系统部件**

6—自动变速器壳体；15—自动变速器壳体加长件；600—手动换挡轴；601—手动换挡轴密封件；602—手动换挡轴销；603—驻车制动杆执行器；604—手动换挡轴位置开关总成；605—手动换挡止动杆中心销；606—手动换挡止动弹簧；607—手动换挡止动弹簧螺栓；608—驻车制动杆执行器导向装置螺栓；609—驻车制动杆执行器导向装置；610—驻车棘爪轴；611—驻车棘爪弹簧；612—驻车棘爪

5.4.10　机油寿命系统复位

系统计算出机油寿命快要结束时，会指示需要更换机油，并显示"CHANGE ENGINE OIL SOON"（尽快更换发动机机油）的信息。尽早地在下一个 600mile（1000km）行程内更换发动机机油。如果车辆一直在最佳条件下行驶，发动机机油寿命系统可能一年多也不会指示需要更换机油。但是，发动机机油和滤清器每年至少应更换一次，更换时应复位发动机机油寿命系统。如果系统意外复位，则在上次更换发动机机油后行驶 3000mile（5000km）时再次更换机油。

复位发动机机油寿命系统的方法如下。

① 踩下制动踏板后，按下并保持发动机启动/停止按钮，直到进入点火开关打开/运行发动机关闭模式。

② 使用右侧转向盘控制装置 SEL（选择）按钮浏览菜单，直到机油寿命监测器出现。在此监测器处于激活状态时，按下并保持 SEL（选择）按钮，直到监测器复位。

③ 按下并保持复位按钮，直到驾驶员信息中心显示"ACKNOWLEDGED"（已确认）。

④ 按下启动/停止按钮一次，以关闭点火开关。

当信息"CHANGE ENGINE OIL SOON"（尽快更换发动机机油）消失后，系统就已复位。

启动车辆时，如果再次显示"CHANGE ENGINE OIL SOON"（尽快更换发动机机油）信息，则发动机机油寿命系统没有复位。重复本程序。

替代方法如下。

① 踩下制动踏板后，按下并保持发动机启动/停止按钮，直到进入点火开关打开/运行发动机关闭模式。

② 踩下并释放加速踏板三次。

③ 寿命监测器显示的读数应为 100%。

④ 按下启动/停止按钮一次，以关闭点火开关。

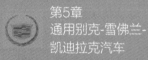
第6章

福特-林肯汽车

6.1 蒙迪欧 PHEV(2018~)

6.1.1 高压电池位置与部件分解

车辆高压系统由以下部件组成：高压电缆总成，辅助随车诊断模块（SOBDM）/变速器控制模块（TCM），电控连续可变变速器（eCVT），位于发动机缸体空调控制模块（ACCM）下方的空调（A/C）和电动 RH（车辆右侧）压缩机总成，车厢冷却液加热器，高压电池组总成。高压电池位置如图 6-1 所示。

高压电池组由以下部件组成：高压电池维修隔离开关，高压电池 RH 冷却进气管，高压电池LH（车辆左侧）冷却进气管，高压电池冷却风扇和出口管，高压电池进气温度传感器，高压电池电子设备盖，高压电池电子设备线束（14F654），车厢冷却液加热器跨接线束（10B694），SOBDM，SOBDM 外风道，SOBDM 冷却风扇，高压电池控制模块（BECM），DC-DC 转换器控制模块，高压电池插线盒，高压低电流熔丝（x3）（安装在高压电池插线盒中），高压高电流熔丝，高压电池单元阵列盖（不可维修，勿拆卸），高压电池单元阵列（不可维修），高压电池线束（不可维修）。

图 6-1　高压电池安装位置

高压电池控制模块（BECM）负责管理高压电池的使用情况，以控制其充电和放电。此外，BECM 还通过控制连接到高压电池组冷却出口管的风扇来管理高压电池的散热。BECM负责监测各个电池单元的电压和电池阵列内部的温度传感器。此外，BECM 还通过位于高压电池插线盒内部的传感器来监测电池电流。BECM 需要该信息来控制高压电池并确定其接收和向车辆供电的能力。BECM 将与 HS-CAN 网络上的其他车辆模块通信。BECM 模块位置如图 6-2 所示。

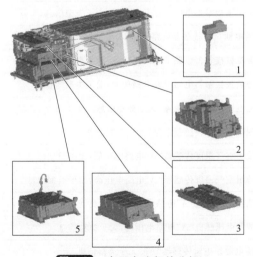

图 6-2　高压电池部件分解

1—高压电池进气温度传感器；2—高压电池插线盒；3—BECM；4—DC-DC 转换器控制模块；5—SOBDM

6.1.2　高压电池控制模块故障代码

高压电池控制模块故障代码见表 6-1。

表 6-1　高压电池控制模块故障代码

故障代码	故障描述
B11D5:68	碰撞事件通知:车辆已禁用:事件信息
B11D8:11	碰撞事件通知:电路接地短路
B11D8:15	碰撞事件通知:电路蓄电池短路或开路
B11D8:36	碰撞事件通知:信号频率过低
B11D8:37	碰撞事件通知:信号频率过高
B11D8:38	碰撞事件通知:信号频率不正确
P0562:00	系统电压低:无子类型信息
P0A0C:00	高压系统互锁电路电压低:无子类型信息
P0A7D:00	混合动力蓄电池组充电不足:无子类型信息
P0A7E:00	混合动力蓄电池组温度过高:无子类型信息
P0A7F:00	混合动力/EV 蓄电池组老化:无子类型信息
P0A81:00	混合动力蓄电池组冷却风扇 1 控制电路/开路:无子类型信息
P0A82:00	混合动力蓄电池组冷却风扇 1 性能/卡滞:无子类型信息
P0A8B:64	14V 电源模块系统电压:信号真实性故障
P0A9D:00	混合动力蓄电池温度传感器"A"电路电压低:无子类型信息
P0A9E:00	混合动力蓄电池温度传感器"A"电路电压高:无子类型信息
P0AA0:00	混合动力/EV 蓄电池正极接触器电路:无子类型信息
P0AA1:00	混合动力蓄电池正极接触器电路卡在闭路位置:无子类型信息
P0AA2:00	混合动力蓄电池正极接触器电路卡在开路位置:无子类型信息
P0AA3:00	混合动力/EV 蓄电池负极接触器电路:无子类型信息
P0AA4:00	混合动力蓄电池负极接触器电路卡在闭路位置:无子类型信息
P0AA5:00	混合动力蓄电池负极接触器电路卡在开路位置:无子类型信息
P0AA6:00	混合动力蓄电池电压系统隔离故障:无子类型信息
P0AA7:00	混合动力蓄电池电压隔离传感器电路:无子类型信息
P0AAE:00	混合动力蓄电池组空气温度传感器"A"电路电压低:无子类型信息
P0AAF:00	混合动力蓄电池组空气温度传感器"A"电路电压高:无子类型信息
P0ABC:00	混合动力蓄电池组电压感应"A"电路电压低:无子类型信息
P0ABD:00	混合动力蓄电池组电压感应"A"电路电压高:无子类型信息
P0AC0:00	混合动力/EV 蓄电池组电流传感器"A":无子类型信息
P0AC1:00	混合动力/EV 蓄电池组电流传感器"A"电路电压低:无子类型信息

续表

故障代码	故障描述
P0AC2:00	混合动力/EV蓄电池组电流传感器"A"电路电压高:无子类型信息
P0AC3:00	混合动力/EV蓄电池组电流传感器"A"电路间歇性故障/不稳定:无子类型信息
P0AC7:00	混合动力蓄电池温度传感器"B"电路电压低:无子类型信息
P0AC8:00	混合动力蓄电池温度传感器"B"电路电压高:无子类型信息
P0ACC:00	混合动力蓄电池温度传感器"C"电路电压低:无子类型信息
P0ACD:00	混合动力蓄电池温度传感器"C"电路电压高:无子类型信息
P0AD9:00	混合动力蓄电池正极接触器控制电路/开路GM:无子类型信息
P0ADA:00	混合动力蓄电池正极接触器控制电路范围/性能:无子类型信息
P0ADC:00	混合动力蓄电池正极接触器控制电路电压高:无子类型信息
P0ADD:00	混合动力蓄电池负极接触器控制电路/开路:无子类型信息
P0AE0:00	混合动力蓄电池负极接触器控制电路电压高:无子类型信息
P0AE1:00	混合动力蓄电池预充电接触器电路:无子类型信息
P0AE5:00	混合动力蓄电池预充电接触器电路范围/性能:无子类型信息
P0AE7:00	混合动力蓄电池预充电接触器电路电压高:无子类型信息
P0AEA:00	混合动力蓄电池温度传感器"D"电路电压低:无子类型信息
P0AEB:00	混合动力蓄电池温度传感器"D"电路电压高:无子类型信息
P0AFB:00	混合动力蓄电池系统电压高:无子类型信息
P0AFD:00	混合动力蓄电池组温度过低:无子类型信息
P0B13:00	混合动力/EV蓄电池组电流传感器"A"/"B"相关性:无子类型信息
P0B16:00	混合动力/EV蓄电池组电压感应"B"电路电压低:无子类型信息
P0B17:00	混合动力/EV蓄电池组电压感应"B"电路电压高:无子类型信息
P0B1B:00	混合动力蓄电池组电压感应"C"电路电压低:无子类型信息
P0B1C:00	混合动力蓄电池组电压感应"C"电路电压高:无子类型信息
P0B24:00	混合动力蓄电池A电压不稳定:无子类型信息
P0B25:00	混合动力蓄电池A电压低:无子类型信息
P0B37:00	高压蓄电池维修隔离开路:无子类型信息
P0B3B:00	混合动力/EV蓄电池电压感应"A"电路:无子类型信息
P0B40:00	混合动力/EV蓄电池电压感应"B"电路:无子类型信息
P0B45:00	混合动力/EV蓄电池电压感应"C"电路:无子类型信息
P0B4A:00	混合动力/EV蓄电池电压感应"D"电路:无子类型信息
P0B4F:00	混合动力/EV蓄电池电压感应"E"电路:无子类型信息
P0B54:00	混合动力/EV蓄电池电压感应"F"电路:无子类型信息
P0B59:00	混合动力/EV蓄电池电压感应"G"电路:无子类型信息

续表

故障代码	故障描述
P0B5E:00	混合动力/EV 蓄电池电压感应"H"电路:无子类型信息
P0B63:00	混合动力/EV 蓄电池电压感应"I"电路:无子类型信息
P0B68:00	混合动力/EV 蓄电池电压感应"J"电路:无子类型信息
P0B6D:00	混合动力/EV 蓄电池电压感应"K"电路:无子类型信息
P0B72:00	混合动力/EV 蓄电池电压感应"L"电路:无子类型信息
P0B77:00	混合动力/EV 蓄电池电压感应"M"电路:无子类型信息
P0B7C:00	混合动力/EV 蓄电池电压感应"N"电路:无子类型信息
P0BC4:00	混合动力/EV 蓄电池温度传感器"E"电路电压低:无子类型信息
P0BC5:00	混合动力/EV 蓄电池温度传感器"E"电路电压高:无子类型信息
P0C30:00	混合动力/EV 蓄电池组过充电:无子类型信息
P0C35:00	混合动力/EV 蓄电池温度传感器"F"电路电压低:无子类型信息
P0C36:00	混合动力/EV 蓄电池温度传感器"F"电路电压高:无子类型信息
P0C7E:00	混合动力/EV 蓄电池温度传感器"G"电路电压低:无子类型信息
P0C7F:00	混合动力/EV 蓄电池温度传感器"G"电路电压高:无子类型信息
P0C83:00	混合动力/EV 蓄电池温度传感器"H"电路电压低:无子类型信息
P0C84:00	混合动力/EV 蓄电池温度传感器"H"电路电压高:无子类型信息
P0C8A:00	混合动力/EV 蓄电池温度传感器"I"电路电压低:无子类型信息
P0C8B:00	混合动力/EV 蓄电池温度传感器"I"电路电压高:无子类型信息
P0C8F:00	混合动力/EV 蓄电池温度传感器"J"电路电压低:无子类型信息
P0C90:00	混合动力/EV 蓄电池温度传感器"J"电路电压高:无子类型信息
P0C94:00	混合动力/EV 蓄电池温度传感器"K"电路电压低:无子类型信息
P0C95:00	混合动力/EV 蓄电池温度传感器"K"电路电压高:无子类型信息
P0C99:00	混合动力/EV 蓄电池温度传感器"L"电路电压低:无子类型信息
P0C9A:00	混合动力/EV 蓄电池温度传感器"L"电路电压高:无子类型信息
P0D08:00	蓄电池充电系统正极接触器卡在闭合位置:无子类型信息
P0D09:00	蓄电池充电系统正极接触器卡在开路位置:无子类型信息
P0D0A:00	蓄电池充电系统正极接触器控制电路/开路:无子类型信息
P0D0B:00	蓄电池充电系统正极接触器控制电路范围/性能:无子类型信息
P0D0D:00	蓄电池充电系统正极接触器控制电路电压过高:无子类型信息
P0D0F:00	蓄电池充电系统负极接触器卡在闭路位置:无子类型信息
P0D14:00	蓄电池充电系统负极接触器控制电路电压过高:无子类型信息
P0D24:00	蓄电池充电器温度过高:无子类型信息
P0D59:00	接近检测电路电压过高:无子类型信息

续表

故障代码	故障描述
P0D67:00	蓄电池充电器控制模块性能:无子类型信息
P0D80:00	蓄电池充电器输入电路/开路:无子类型信息
P0DAA:00	蓄电池充电系统隔离故障:无子类型信息
P0DAD:00	混合动力/EV 蓄电池电池平衡电路"A"卡在开路位置:无子类型信息
P0DAE:00	混合动力/EV 蓄电池电池平衡电路"A"卡在闭路位置:无子类型信息
P0DB1:00	混合动力/EV 蓄电池电池平衡电路"B"卡在开路位置:无子类型信息
P0DB2:00	混合动力/EV 蓄电池电池平衡电路"B"卡在闭路位置:无子类型信息
P0DB5:00	混合动力/EV 蓄电池电池平衡电路"C"卡在开路位置:无子类型信息
P0DB6:00	混合动力/EV 蓄电池电池平衡电路"C"卡在闭路位置:无子类型信息
P0DB9:00	混合动力/EV 蓄电池电池平衡电路"D"卡在开路位置:无子类型信息
P0DBA:00	混合动力/EV 蓄电池电池平衡电路"D"卡在闭路位置:无子类型信息
P0DBD:00	混合动力/EV 蓄电池电池平衡电路"E"卡在开路位置:无子类型信息
P0DBE:00	混合动力/EV 蓄电池电池平衡电路"E"卡在闭路位置:无子类型信息
P0DC1:00	混合动力/EV 蓄电池电池平衡电路"F"卡在开路位置:无子类型信息
P0DC2:00	混合动力/EV 蓄电池电池平衡电路"F"卡在闭路位置:无子类型信息
P0DC5:00	混合动力/EV 蓄电池电池平衡电路"G"卡在开路位置:无子类型信息
P0DC6:00	混合动力/EV 蓄电池电池平衡电路"G"卡在闭路位置:无子类型信息
P0DC9:00	混合动力/EV 蓄电池电池平衡电路"H"卡在开路位置:无子类型信息
P0DCA:00	混合动力/EV 蓄电池电池平衡电路"H"卡在闭路位置:无子类型信息
P0DCD:00	混合动力/EV 蓄电池电池平衡电路"I"卡在开路位置:无子类型信息
P0DCE:00	混合动力/EV 蓄电池电池平衡电路"I"卡在闭路位置:无子类型信息
P0DD1:00	混合动力/EV 蓄电池电池平衡电路"J"卡在开路位置:无子类型信息
P0DD2:00	混合动力/EV 蓄电池电池平衡电路"J"卡在闭路位置:无子类型信息
P0DD5:00	混合动力/EV 蓄电池电池平衡电路"K"卡在开路位置:无子类型信息
P0DD6:00	混合动力/EV 蓄电池电池平衡电路"K"卡在闭路位置:无子类型信息
P0DD9:00	混合动力/EV 蓄电池电池平衡电路"L"卡在开路位置:无子类型信息
P0DDA:00	混合动力/EV 蓄电池电池平衡电路"L"卡在闭路位置:无子类型信息
P0DDD:00	混合动力/EV 蓄电池电池平衡电路"M"卡在开路位置:无子类型信息
P0DDE:00	混合动力/EV 蓄电池电池平衡电路"M"卡在闭路位置:无子类型信息
P0DE1:00	混合动力/EV 蓄电池电池平衡电路"N"卡在开路位置:无子类型信息
P0DE2:00	混合动力/EV 蓄电池电池平衡电路"N"卡在闭路位置:无子类型信息
P1A0F:68	混合动力控制模块-车辆已禁用:事件信息
P1A2F:00	蓄电池充电器新鲜空气风门控制电路电压过低:无子类型信息

续表

故障代码	故障描述
P1A30:00	蓄电池充电器新鲜空气风门控制电路电压过高:无子类型信息
P1A31:00	蓄电池充电器新鲜空气风门卡在打开位置:无子类型信息
P1A34:00	蓄电池充电器新鲜空气风门位置电路:无子类型信息
P1A39:00	混合动力/EV蓄电池温度传感器系统-多重传感器相关性
U0100:00	与ECM/PCM"A"的通信中断:无子类型信息
U0151:00	与乘员保护系统控制模块的通信中断:无子类型信息
U019B:00	与蓄电池充电器控制模块的通信中断:无子类型信息
U0256:00	与网关"A"的通信中断:无子类型信息
U0293:00	混合动力/电动汽车动力系统控制模块断开通信:无子类信息
U0298:00	与DC-DC转换器控制模块"A"的通信中断:无子类型信息
U0300:05	内部控制模块软件不兼容:系统编程故障
U0401:00	接收到来自ECM/PCM A的无效数据:无子类型信息
U0452:00	接收到来自约束系统控制模块的无效数据:无子类型信息
U0452:86	接收到来自约束系统控制模块的无效数据:信号无效
U0594:00	从混合/EV动力系统控制模块收到无效数据:无子类型信息
U0599:00	从DC-DC转换器控制模块"A"收到无效数据:无子类信息
U1003:49	系统时钟:内部电子故障
U200D:12	控制模块输出电源A:电路蓄电池短路
U200D:13	控制模块输出电源A:电路断路
U3000:04	控制模块:系统内部故障
U3000:41	控制模块:一般校验和故障
U3000:46	控制模块:校准/参数存储器故障
U3001:00	控制模块不当关闭:无子类型信息
U3003:16	蓄电池电压:电路电压低于阈值
U3003:17	蓄电池电压:电路电压高于阈值
U3012:00	控制模块唤醒性能不佳:无子类型信息

6.1.3　高压电池控制模块端子定义

与 MKZ HEV 车型相同，相关内容请参考 6.3.3 小节。

6.1.4　高压电池与充电控制电路

高压电池与充电控制电路如图 6-3～图 6-14 所示。

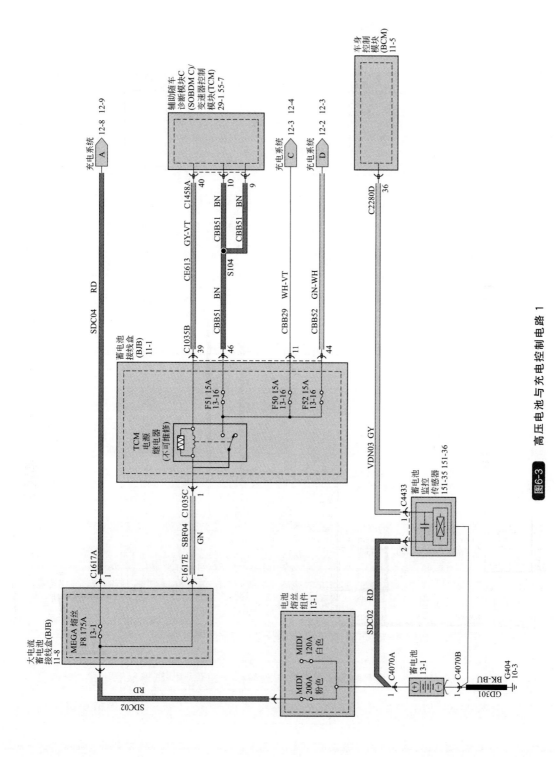

图6-3 高压电池与充电控制电路 1

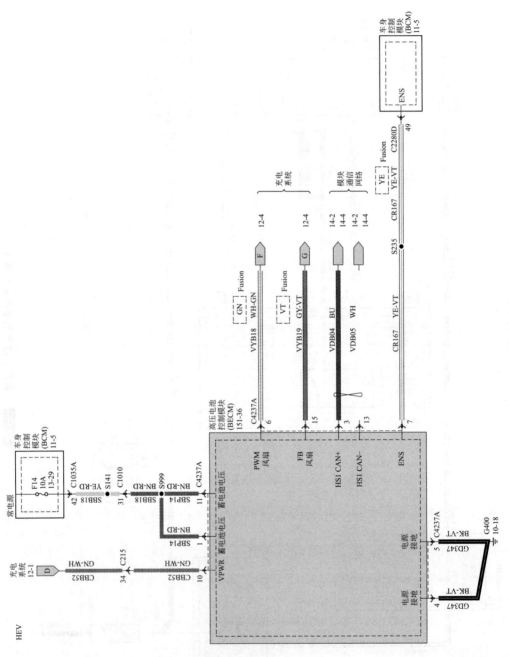

图6-4 高压电池与充电控制电路 2

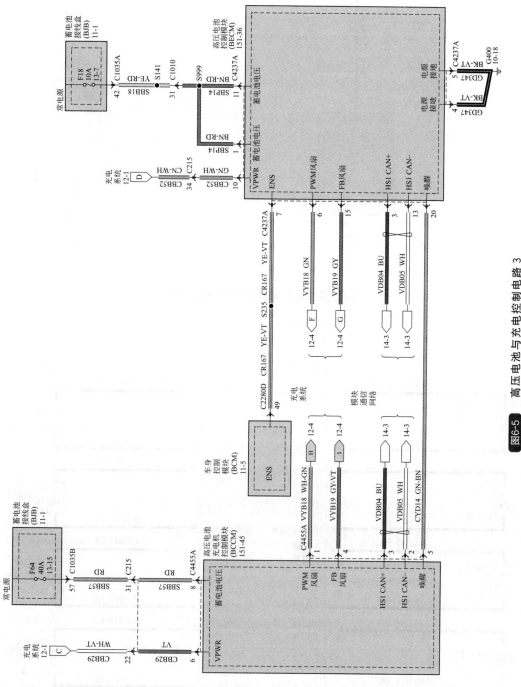

图6-5 高压电池与充电控制电路 3

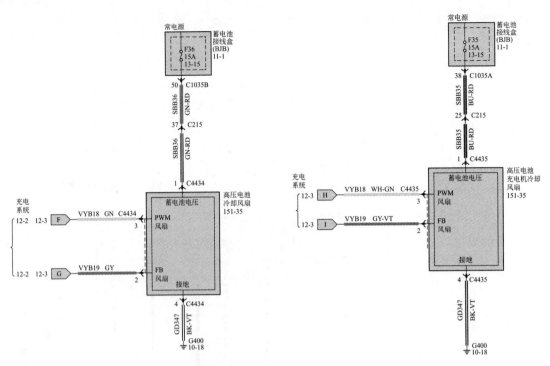

图 6-6 高压电池与充电控制电路 4

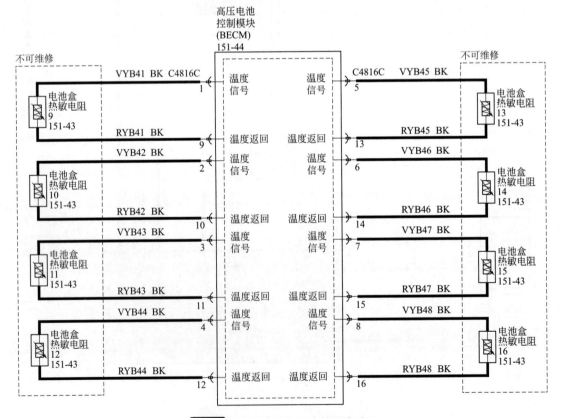

图 6-7 高压电池与充电控制电路 5

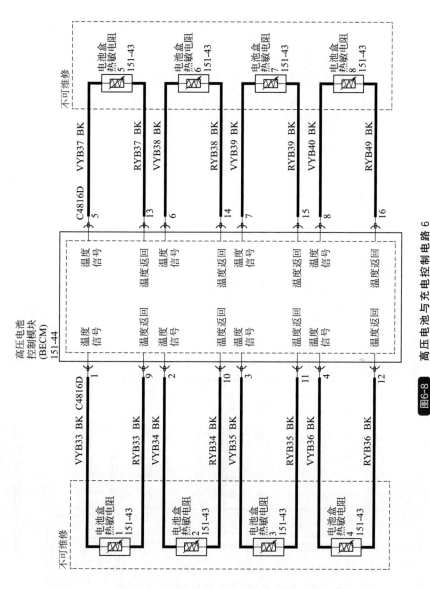

图6-8 高压电池与充电控制电路 6

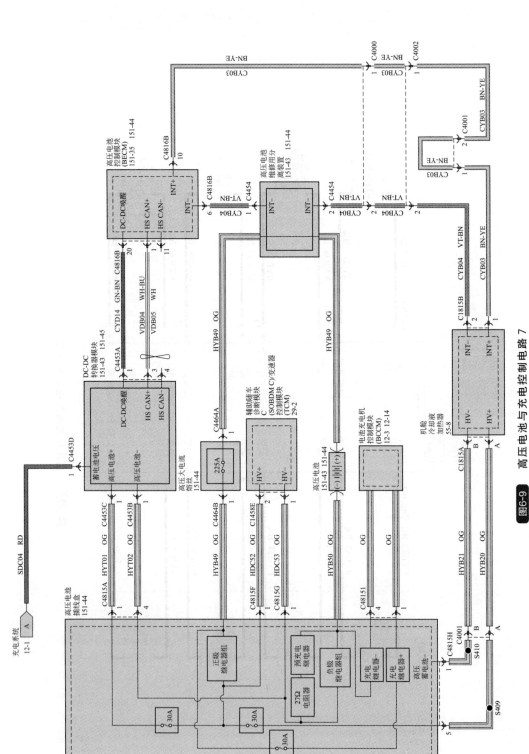

图6-9 高压电池与充电控制电路 7

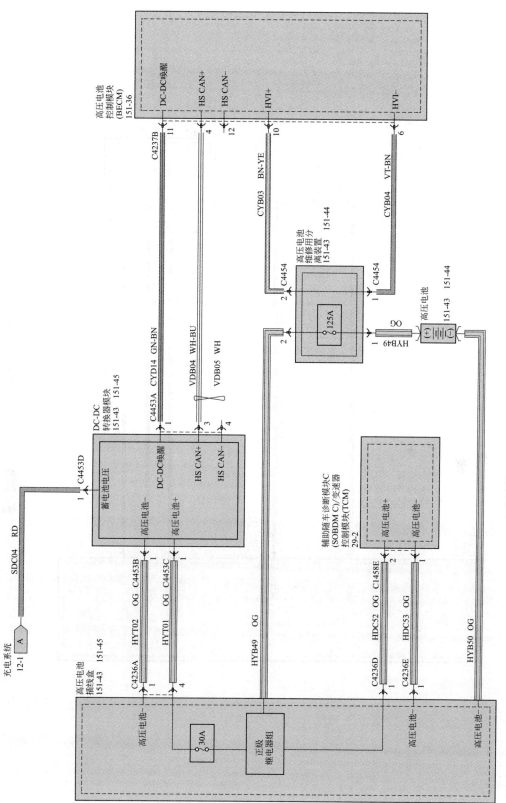

图6-10　高压电池与充电控制电路 8

155

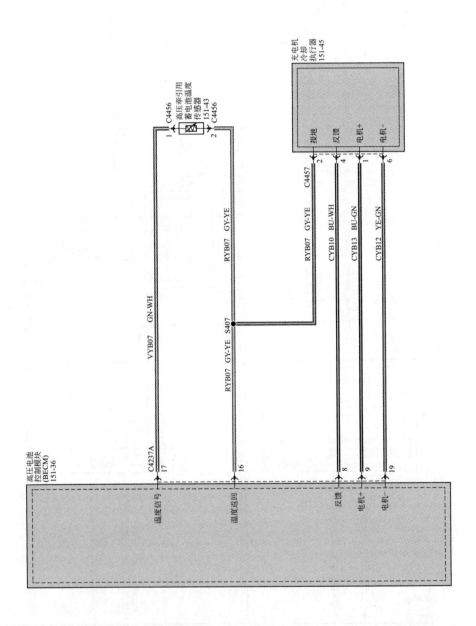

图6-11 高压电池与充电控制电路 9

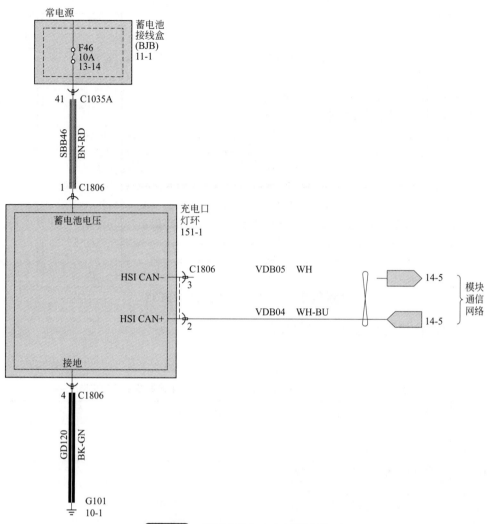

图 6-12 高压电池与充电控制电路 10

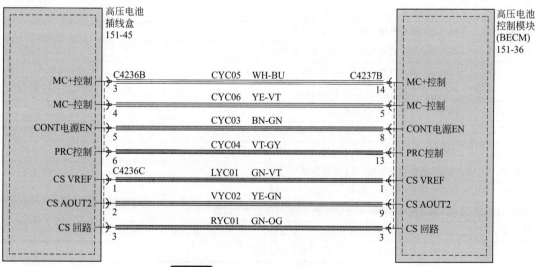

图 6-13 高压电池与充电控制电路 11

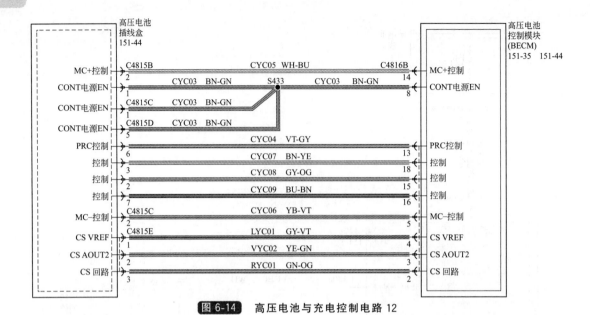

图 6-14　高压电池与充电控制电路 12

6.1.5　高压电池充电系统故障代码

高压电池充电系统故障代码见表 6-2 和表 6-3。

表 6-2　高压电池充电系统故障代码（辅助随车诊断模块 SOBDM）

故障代码	故障描述
P0483:00	风扇性能:无子类型信息
P0A1F:00	高压电池控制模块:无子类型信息
P0CF3:00	控制导频电路/开路:无子类型信息
P0CF4:77	控制导频电路范围/性能:无法到达指定位置
P0CF5:00	控制导频电路电压低:无子类型信息
P0CF6:00	控制导频电路电压高:无子类型信息
P0CF7:00	控制导频电路间歇性故障/不稳定:无子类型信息
P0D24:00	高压电池充电机温度过高:无子类型信息
P0D27:00	高压电池充电机输入电压过低:无子类型信息
P0D28:00	高压电池充电机输入电压过高:无子类型信息
P0D2B:38	控制导频指示灯控制电路:信号频率不正确
P0D56:24	接近检测电路:信号一直处于高位
P0D56:64	接近检测电路:信号合理性故障
P0D57:00	接近检测电路范围/性能:无子类型信息
P0D58:00	接近检测电路电压低:无子类型信息
P0D59:00	接近检测电路电压高:无子类型信息
P0D80:00	高压电池充电机输入电路/开路:无子类型信息
P0D81:24	高压电池充电机输入电路范围/性能:信号一直处于高位
P0D8F:00	高压电池充电机冷却系统性能:无子类型信息
P0D90:00	高压电池充电机输入频率不正确:无子类型信息

故障代码	故障描述
U0100:00	与发动机控制模块/动力系统控制模块"A"的通信中断:无子类型信息
U0111:00	与高压电池控制模块"A"的通信中断:无子类型信息
U0293:00	混合动力/电动汽车动力系统控制模块断开通信:无子类信息
U3000:04	控制模块:系统内部故障
U3000:41	控制模块:一般校验和故障
U3000:45	控制模块:程序存储器故障
U3000:48	控制模块:监视软件故障
U3000:49	控制模块:内部电子故障
U3003:04	蓄电池电压:系统内部故障
U3003:16	蓄电池电压:电路电压低于阈值
U3003:17	蓄电池电压:电路电压高于阈值
U3003:1D	蓄电池电压:电路电流超出范围
U3003:62	蓄电池电压:信号比较故障

表 6-3　高压电池充电系统故障代码（通用功能模块 GFM）

故障代码	故障描述
B1461:00	充电口灯环 LED 段 1:无子类型信息
B1462:00	充电口灯环 LED 段 2:无子类型信息
B1463:00	充电口灯环 LED 段 3:无子类型信息
B1464:00	充电口灯环 LED 段 4:无子类型信息
U0100:00	与 ECM/PCM"A"的通信中断:无子类型信息
U0111:00	与高压电池控制模块"A"的通信中断:无子类型信息
U0140:00	与车身控制模块通信中断:无子类型信息
U0146:00	与网关"A"失去联系:无子类信息
U019B:00	与高压电池充电机控制模块的通信中断:无子类型信息
U0253:00	与附件协议接口模块的通信中断:无子类型信息
U0401:00	从 ECM/PCM 接收的数据无效:无子类型信息
U0412:00	从高压电池控制模块"A"收到的数据无效:无子类信息
U0422:00	接收到来自车身控制模块的无效数据:无子类型信息
U0447:00	从网关接收的数据无效:无子类型信息
U049C:00	从高压电池充电机控制模块接收的数据无效:无子类型信息
U0554:00	接收到来自附件协议接口模块的无效数据:无替代信息
U3000:41	控制模块:一般校验和故障
U3003:16	蓄电池电压:电路电压低于阈值
U3003:17	蓄电池电压:电路电压高于阈值
U3003:1C	蓄电池电压:电路电压超出范围

6.1.6　混动发动机控制系统电路

混动发动机控制系统电路如图 6-15～图 6-25 所示。

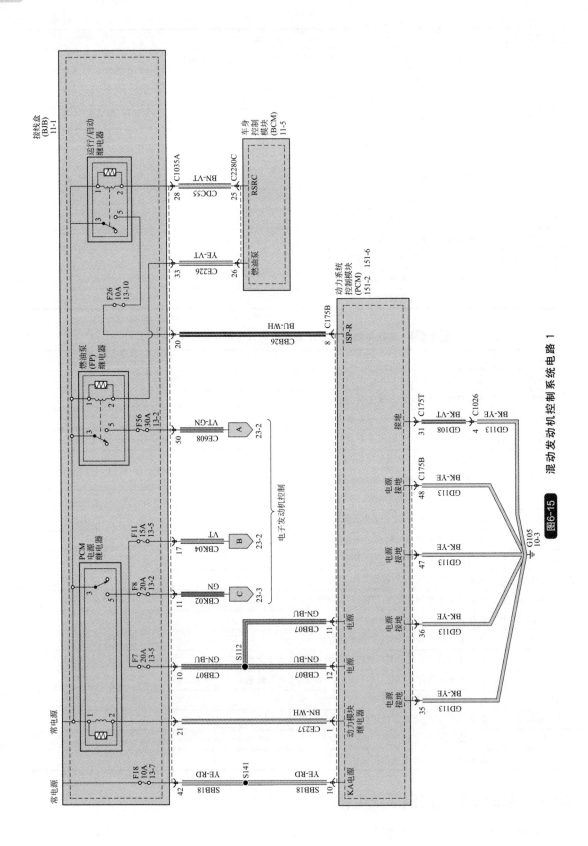

图6-15　混动发动机控制系统电路 1

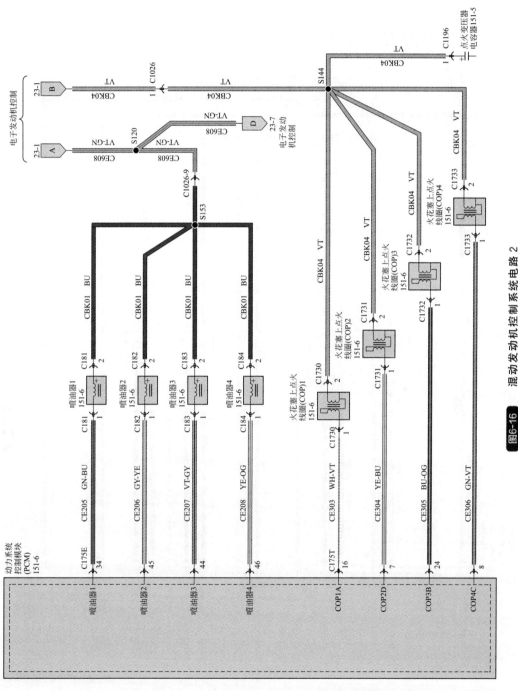

图6-16 混动发动机控制系统电路 2

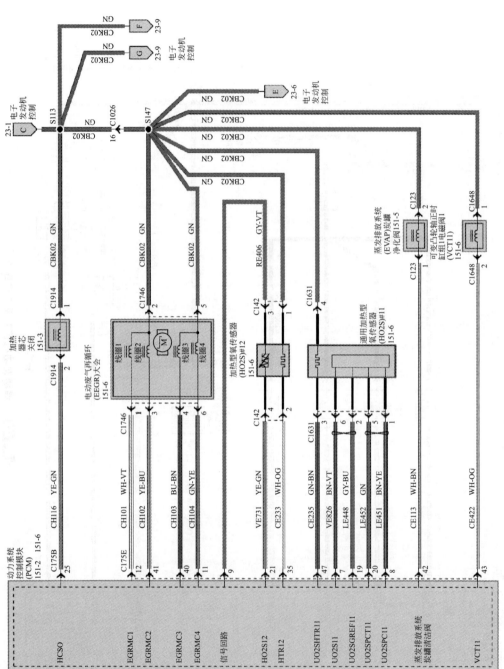

混动发动机控制系统电路 3

图6-17

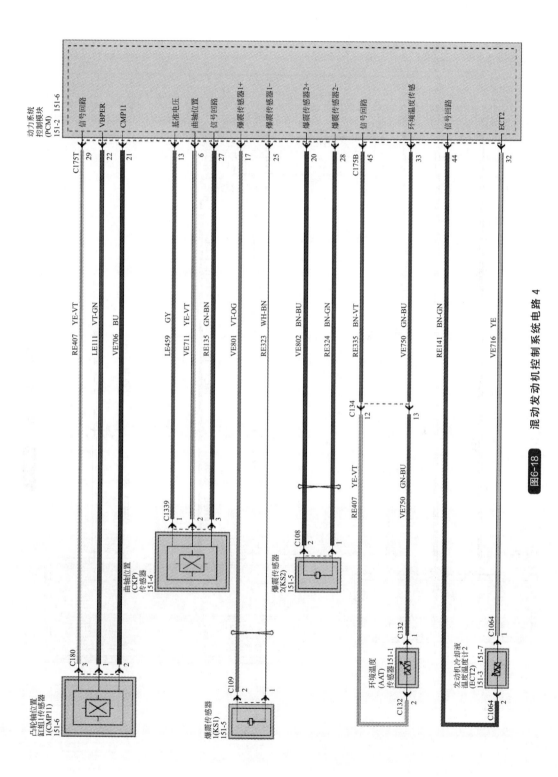

动力系统控制模块 (PCM) 151-2　151-6

信号回路　C175T　29　RE407　YE-VT
VBPER　22　LE111　VT-GN
CMP11　21　VE706　BU

基准电压　13　LE459　GY
曲轴位置　6　VE711　YE-VT
信号回路　27　RE135　GN-BN
爆震传感器1+　17　VE801　VT-OG
爆震传感器1-　25　RE323　WH-BN
爆震传感器2+　20　VE802　BN-BU
爆震传感器2-　28　RE324　BN-GN
信号回路　C175B　45　RE335　BN-VT
环境温度传感　33　VE750　GN-BU
信号回路　44　RE141　BN-GN
ECT2　32　VE716　YE

C180

凸轮轴位置缸组1传感器1(CMP11) 151-6

C1339

曲轴位置 (CKP)传感器 151-6

C109

爆震传感器1(KS1) 151-5

C108

爆震传感器2(KS2) 151-5

C134

RE407　YE-VT
VE750　GN-BU

C132

环境温度 (AAT)传感器 151-1

C1064

发动机冷却液温度计2(ECT2) 151-3　151-7

图6-18　混动发动机控制系统电路 4

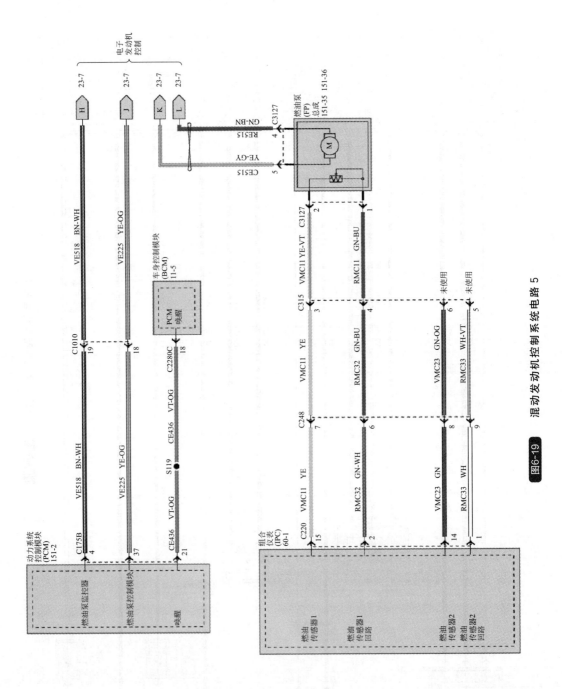

图6-19 混动发动机控制系统电路 5

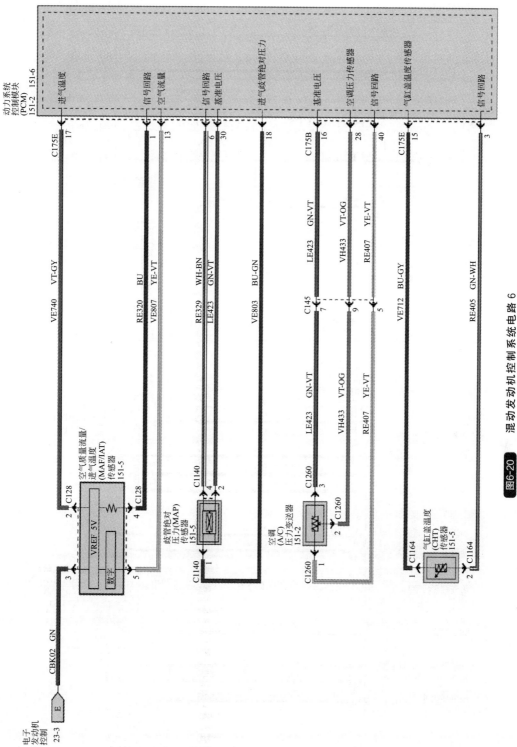

图6-20　混动发动机控制系统电路 6

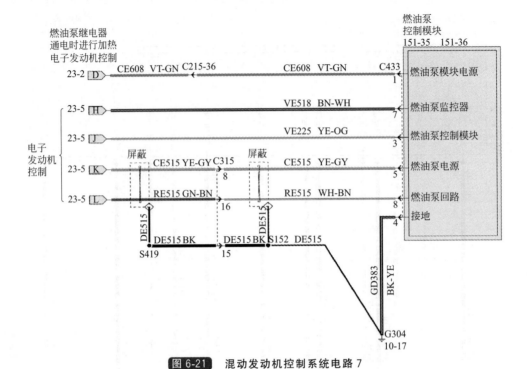

燃油泵继电器
通电时进行加热
电子发动机控制

燃油泵
控制模块
151-35 151-36

23-2 D — CE608 VT-GN C215-36 ←— CE608 VT-GN C433 | 燃油泵模块电源
1

23-5 H — VE518 BN-WH | 燃油泵监控器
7

23-5 J — VE225 YE-OG | 燃油泵控制模块
3

电子
发动机
控制

屏蔽 CE515 YE-GY C315 屏蔽 CE515 YE-GY
23-5 K — | 燃油泵电源
8 5

23-5 L — RE515 GN-BN RE515 WH-BN | 燃油泵回路
16 8

接地
4

DE515 DE515
DE515 BK DE515 BK S152 DE515
S419 15

GD383 BK-YE

G304
10-17

图 6-21 **混动发动机控制系统电路** 7

动力系统
控制模块
(PCM)
151-2 151-6

C175E CE412 YE-VT C1449 电子
节气门
(ETC)
151-5

TACM+ 48 CE426 BU-GN 1
TACM− 36 LE134 YE 2
电子节气门控制 28 VE819 GN-VT 5
节气门位置传感器2 16 RE134 BU-OG 6
电子节气门控制 4 VE818 BN 4
节气门位置传感器1 27 3

加速踏板位置传感器1 C175B RE136 VT-GN
42
加速踏板位置传感器1 18 LE136 GN-OG 1 3 C2040
加速踏板
位置(APP)
传感器
151-3
加速踏板位置1 30 VE701 YE-OG C2040 2
加速踏板位置2 29 VE702 BU-WH 5
加速踏板位置传感器2 RE137 YE-GN 4 6 C2040
加速踏板位置传感器2 41 LE137 BU-GY
机油压力开关 17 C175E CMC24 GY
25

1 C103
机油压力开关
1) 低压力
2) 正常
151-5

图 6-22 **混动发动机控制系统电路** 8

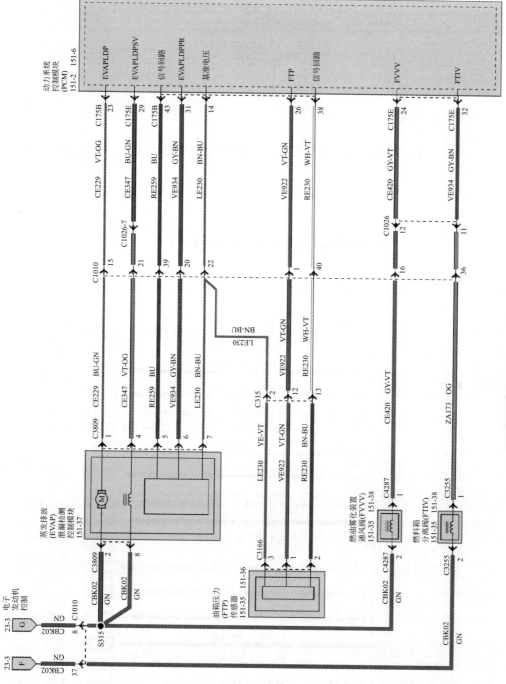

图6-23　混动发动机控制系统电路 9

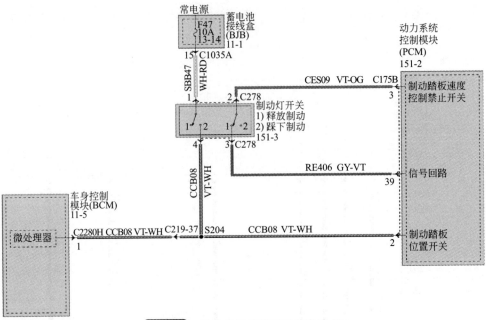

图 6-24 混动发动机控制系统电路 10

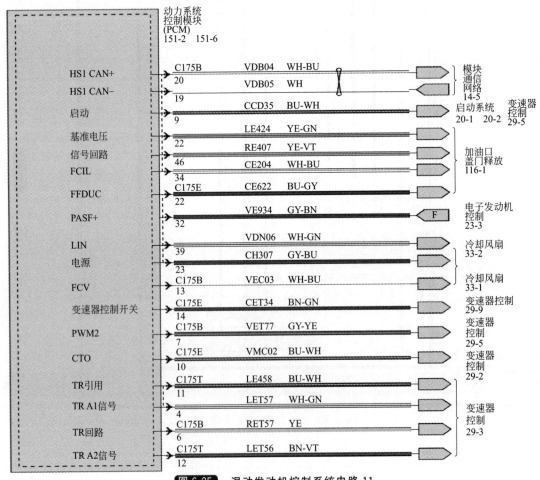

图 6-25 混动发动机控制系统电路 11

6.1.7 驱动电机与变速器控制电路

驱动电机与变速器控制电路如图 6-26～图 6-29 所示。

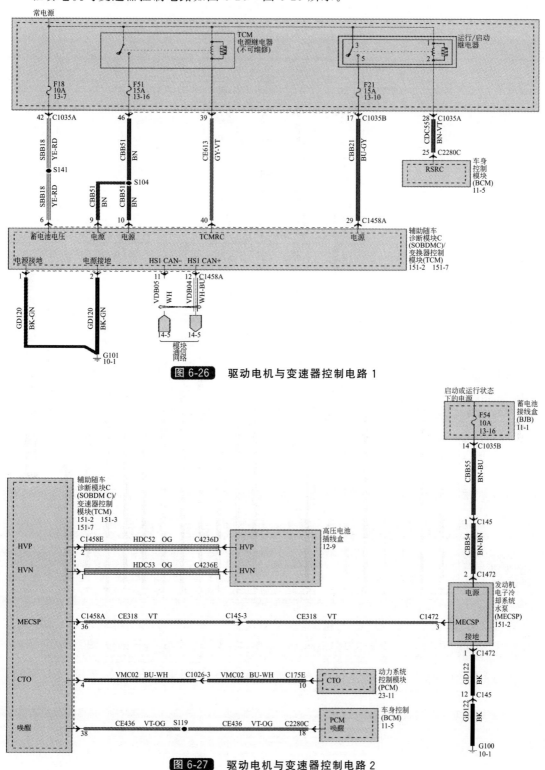

图 6-26 驱动电机与变速器控制电路 1

图 6-27 驱动电机与变速器控制电路 2

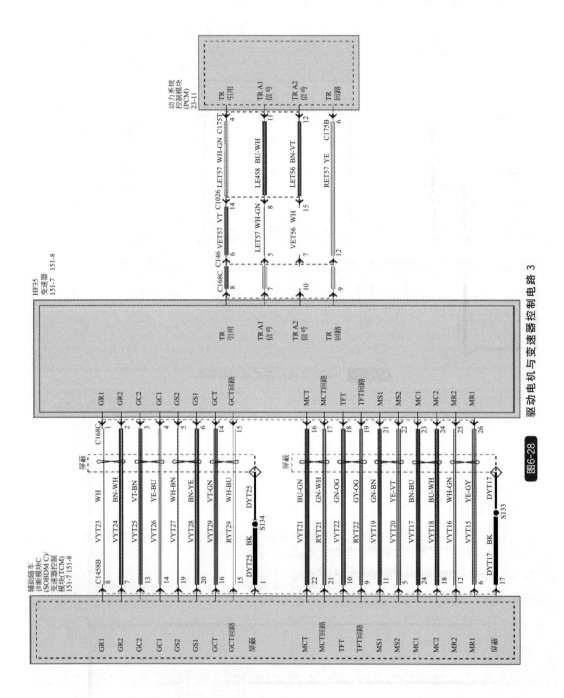

驱动电机与变速器控制电路 3

图6-28

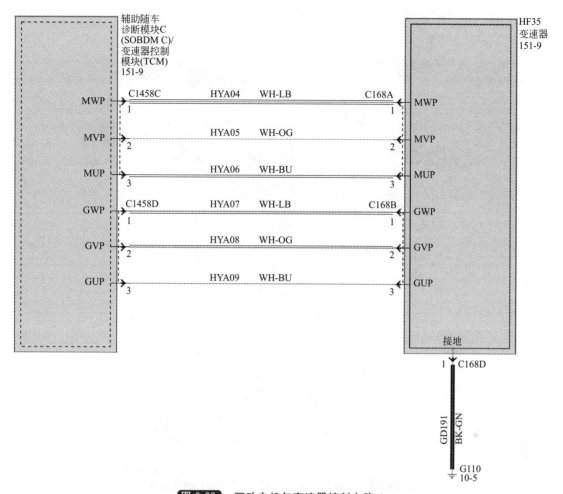

图 6-29　驱动电机与变速器控制电路 4

6.1.8　HF35 无级变速器部件分解

电控连续可变变速器（eCVT）内置发电机和电动机，如图 6-30 和图 6-31 所示。

电控连续可变变速器（eCVT）发电机能够产生高压电来为高压电池充电和/或向电动机提供电力。此外，发电机还用于启动汽油发动机。该发电机是电控连续可变变速器（eCVT）的内置器件，无法维修，只能随总成换新。

当在电动模式下驾车时，电控连续可变变速器（eCVT）电动机用于使车辆从静止开始加速。此外，在再生制动期间，电动机还可用于回收能量。在制动和减速器间，再生制动系统使用混合动力传动系统的电动机部分作为发电机来产生和存储电力。存储的电力用于为高压电池充电。如果高压电池电力充足，则将存储的能量用于燃气发动机制动，以使车辆减速。

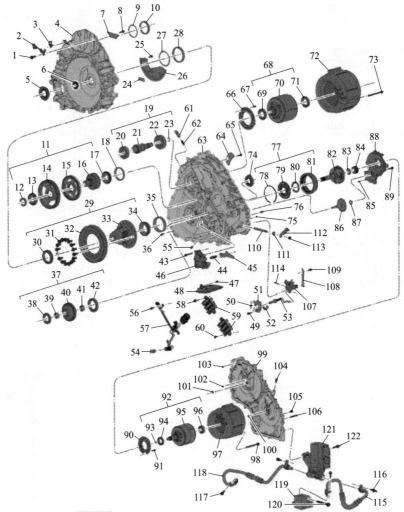

图 6-30　无级变速器（连续可变变速器）组成部件

1—减振器壳体/盖总成到变速器螺栓（43 个）；2—换挡杆拉索固定支架；3—换挡杆拉索固定夹；4—减振器壳体；5—右侧（RH）半轴密封件；6—输入轴油封；7—机油收集盘；8—机油收集盘螺栓（2 个）；9—传动轴预紧力垫片；10—传动轴轴承杯（减振器壳体侧）；11—传动轴和齿轮总成；12—传动轴轴承固定器；13—传动轴轴承（减振器壳体侧）；14—传动齿轮；15—传动轴输入齿轮；16—传动轴输出齿轮；17—传动轴轴承（变速器侧）；18—传动轴轴承杯（变速器侧）；19—牵引电机驱动齿轮总成；20—牵引电机驱动齿轮前轴承；21—牵引电机驱动齿轮；22—牵引电机驱动齿轮后轴承；23—牵引电机驱动齿轮油封；24—磁体；25—变速器油液槽挡板螺栓（2 个）；26—变速器油液槽挡板；27—差速器预紧力垫片；28—差速器轴承杯（减振器壳体侧）；29—差速器托架和齿轮总成；30—差速器轴承（减振器壳体侧）；31—齿圈到差速器托架螺栓（16 个）；32—差速器齿圈；33—差速器壳；34—差速器轴承（变速器侧）；35—差速器轴承杯（变速器侧）；36，76—合销（2 个）；37—最终传动输入齿轮总成；38—最终传动输入齿轮轴承（减振器壳体侧）；39—输入轴轴承；40—最终传动输入齿轮；41—输入轴轴承；42—最终传动输入齿轮轴承（变速器壳体侧）；43—变速器油液泵螺栓（3 个）；44—驻车制动爪轴；45—驻车制动爪；46—泵组件；47—滤清器螺栓；48—滤清器总成；49—驻车制动爪执行器导向螺栓（2 个）；50—驻车制动爪弹簧；51—驻车制动爪执行器导件；52—驻车制动爪支承座；53—驻车制动爪制动杆；54—变速器油液温度（TFT）传感器；55，104—塞（3 个）；56—接线隔板螺栓（4 个）；57—接线隔板；58—高压端子螺栓（4 个）；59—高压端子（2 个）；60—高压电缆到端子螺栓（2 个）；61—通风孔总成；62—通气管；63—变速器总成；64—变速器通风板；65—变速器通风板螺栓；66—牵引电机转速传感器；67—牵引电机转速传感器螺栓（3 个）；68—牵引电机转子总成；69—牵引电机转子总成前轴承；70—牵引电机转子总成；71—牵引电机转子总成后轴承；72—牵引电机定子；73—牵引电机螺栓（3 个）；74—左侧（LH）半轴密封件；75—穿孔杯塞；77—齿圈总成；78—齿圈开口卡环；79—齿圈轮毂；80—行星齿轮架止推轴承；81—环形齿轮；82—行星齿轮架；83—太阳轮止推轴承；84—太阳齿轮；85—行星齿轮架支撑定位销（2 个）；86—泵驱动齿轮止推垫圈；87—泵驱动齿轮；88—行星齿轮架支撑；89—行星齿轮架支撑螺栓（4 个）；90—发电机/起动机转速传感器；91—发电机/起动机转速传感器螺栓（3 个）；92—发电机/起动机转子总成；93—油塞；94—发电机/起动机转子总成前轴承；95—发电机/起动机转子；96—发电机/起动机转子总成后轴承；97—发电机/起动机；98—发电机/起动机螺栓（3 个）；99—变速器端盖总成；100—发电机/起动机嵌接切割密封件；101—牵引电机嵌接切割密封件；102—塞（2 个）；103—塞（4 个）；105—加注塞；106—柱头螺栓；107—变速器挡位（TR）传感器；108—变速器挡位（TR）传感器棘爪弹簧；109—变速器挡位（TR）传感器棘爪弹簧螺栓；110—手动控制杆轴；111—手动控制杆轴密封件；112—排挡杆；113—手动挡螺母；114—手动轴固定销；115—变速器油液辅助泵歧管；116—变速器油液冷却器管道双头螺栓；117—变速器油液冷却器管道螺栓（3 个）；118—变速器至辅助泵管道；119—变速器油液冷却器管道管；120—变速器油液冷却器管道歧管螺栓；121—变速器油液辅助泵；122—变速器油液辅助泵螺栓（3 个）

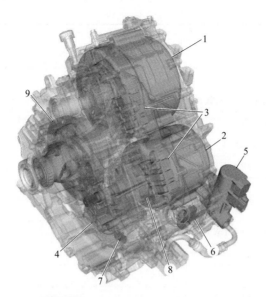

图 6-31　变速器内部总成部件结构

1—牵引电机；2—发电机/起动机；3—高压端子；4—泵和滤清器总成；5—变速器油液辅助泵；
6—变速器挡位（TR）传感器；7—变速器油液温度（TFT）传感器；8—行星齿轮架；9—差速器壳

6.1.9　带电机的变速器控制模块端子定义

变速器控制模块端子分布如图 6-32 所示，端子定义见表 6-4 和表 6-5。

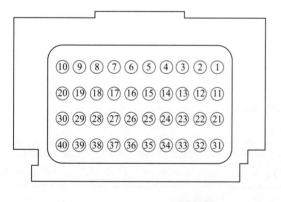

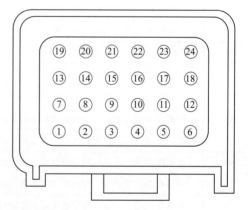

图 6-32　变速器控制模块端子分布

表 6-4　40 针端子定义

端子	端子说明
1	接地-左前挡泥板
2	接地-左前挡泥板
4	控制模块-动力系统　规则转速输出（CTO）
6	熔丝 18 或断路器
9	熔丝 51 或断路器

续表

端子	端子说明
10	熔丝 51 或断路器
11	接头-诊断　高速 CAN 总线低
12	连接器-诊断　高速 CAN 总线高
26	控制模块-PTC 加热器
27	开关-ECON 控制(ECO)＋
28	开关-ECON 控制(ECO)＋
29	熔丝 21 或断器
33	泵-变速器辅助装置　诊断(TAPR_DI)
34	控制模块-变速器辅助泵 PWM 控制(TAPR_CT)
36	控制模块-动力系统　电机电子冷却泵(MECP)
38	控制模块唤醒 PCM
40	继电器-动力系控制模块 2

表 6-5　24 针端子定义

端子	端子说明
1	驱动桥-混合　发电机解析器反馈(G_SHIELD)
5	驱动桥-混合　电机解析器反馈正弦－(MS4)
6	控制模块-混合驱动桥　电机解析器激发信号 1(MR1)
7	控制模块-混合驱动桥　发电机解析器激发信号 2(GR2)
8	控制模块-混合驱动桥　发电机解析器激发信号 1(GR1)
9	传感器-混合　变速器油温度(TOIL)－
10	传感器-混合　变速器油温度(TOIL)＋
11	驱动桥-混合　电机解析器反馈正弦＋(MS2)
12	控制模块-混合驱动桥　电机解析器激发信号 2(MR2)
13	驱动桥-混合　发电机解析器反馈余弦＋(GS1)
14	驱动桥-混合　发电机解析器反馈余弦－(GS3)
15	传感器-混合驱动桥　发电机线圈温度(TGCOIL)－
16	传感器-混合驱动桥　发电机线圈温度(TGCOIL)＋
17	驱动桥-混合　电机解析器反馈(M_SHIELD)
18	驱动桥-混合　电机解析器反馈余弦－(MS3)
19	驱动桥-混合　发电机解析器反馈正弦＋(GS2)
20	驱动桥-混合　发电机解析器反馈正弦－(GS4)
21	传感器-混合驱动桥　电机线圈温度(TMCOIL)－
22	传感器-混合驱动桥　电机线圈温度(TMCOIL)＋
24	驱动桥-混合　电机解析器反馈余弦＋(MS1)

6.1.10 HF35 变速器端子定义

变速器端子分布如图 6-33 所示，端子定义见表 6-6。

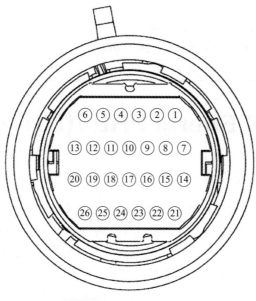

图 6-33 变速器端子分布

表 6-6 变速器端子定义

端子	端子说明
1	控制模块-混合驱动桥　发电机解析器激发信号 1(GR1)
2	控制模块-混合驱动桥　发电机解析器激发信号 2(GR2)
3	驱动桥-混合　发电机解析器反馈余弦＋(GS1)
4	驱动桥-混合　发电机解析器反馈余弦－(GS3)
5	驱动桥-混合　发电机解析器反馈正弦＋(GS2)
6	驱动桥-混合　发电机解析器反馈正弦－(GS4)
7	控制模块-动力系统　传输范围模拟 1(TR-A1BVREF)
8	传感器-变速器范围　模拟 1(TR-A1)
9	控制模块-动力系统　传输范围模拟 1(TR-A1RTN)
10	传感器-变速器范围　模拟 2(TR-A2)
14	传感器-混合驱动桥　发电机线圈温度(TGCOIL)＋
15	传感器-混合驱动桥　发电机线圈温度(TGCOIL)－
16	传感器-混合驱动桥　电机线圈温度(TMCOIL)＋
17	传感器-混合驱动桥　电机线圈温度(TMCOIL)－
18	传感器-混合　变速器油温度(TOIL)＋
19	传感器-混合　变速器油温度(TOIL)－
21	驱动桥-混合　电机解析器反馈正弦＋(MS2)

端子	端子说明
22	驱动桥-混合　电机解析器反馈正弦一（MS4）
23	驱动桥-混合　电机解析器反馈余弦＋（MS1）
24	驱动桥-混合　电机解析器反馈余弦一（MS3）
25	控制模块-混合驱动桥　电机解析器激发信号2（MR2）
26	控制模块-混合驱动桥　电机解析器激发信号1（MR1）

6.2 C-MAX Energi PHEV(2017~)

6.2.1 高压电池位置与部件分解

高压电池组由以下部件组成：高压电池维修隔离开关，高压电池RH（车辆右侧）冷却进气管，高压电池LH（车辆左侧）冷却进气管，高压电池冷却风扇和出口管，高压电池进气温度传感器，高压电池电子设备盖，高压电池电子设备线束（14F654），车厢冷却液加热器跨接线束（10B694），SOBDM，SOBDM外风道，SOBDM冷却风扇，高压电池控制模块（BECM），DC-DC转换器控制模块，高压电池插线盒，高压低电流熔丝（x3）（安装在高压电池插线盒中），高压高电流熔丝，高压电池单元阵列盖（不可维修，勿拆卸），高压电池单元阵列（不可维修），高压电池线束（不可维修）。高压电池位置如图6-34所示，部件分解如图6-35所示。

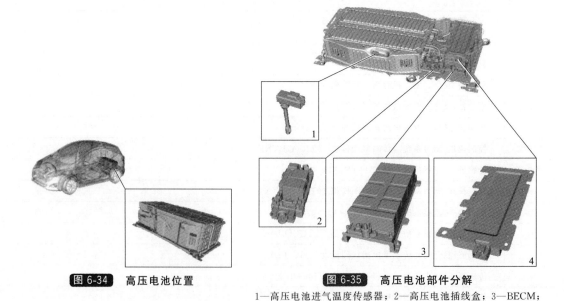

图 6-34　高压电池位置

图 6-35　高压电池部件分解

1—高压电池进气温度传感器；2—高压电池插线盒；3—BECM；
4—DC-DC转换器控制模块；5—SOBDM

6.2.2 高压电池控制模块故障代码

高压电池系统故障代码见表6-7。

表 6-7 高压电池控制模块故障代码

故障代码	故障描述
B11D5:68	碰撞事件通知:车辆已禁用;事件信息
B11D8:11	碰撞事件通知:电路接地短路
B11D8:15	碰撞事件通知:电路蓄电短路或开路
B11D8:36	碰撞事件通知:信号频率过低
B11D8:37	碰撞事件通知:信号频率过高
B11D8:38	碰撞事件通知:信号频率不正确
P0562:00	系统电压低;无子类型信息
P0A0C:00	高压系统互锁电路电压低;无子类型信息
P0A7D:00	混合动力蓄电池组充电不足;无子类型信息
P0A7E:00	混合动力蓄电池组温度过高;无子类型信息
P0A7F:00	混合动力/EV 蓄电池组老化;无子类型信息
P0A81:00	混合动力蓄电池组冷却风扇 1 控制电路/开路;无子类型信息
P0A82:00	混合动力蓄电池组冷却风扇 1 性能/卡滞;无子类型信息
P0A8B:64	14V 电源模块系统电压;信号真实性故障
P0A9D:00	混合动力/EV 蓄电池温度传感器"A"电路电压低;无子类型信息
P0A9E:00	混合动力蓄电池温度传感器"A"电路电压高;无子类型信息
P0AA0:00	混合动力/EV 蓄电池正极接触器电路;无子类型信息
P0AA1:00	混合动力蓄电池正极接触器电路卡在闭路位置;无子类型信息
P0AA2:00	混合动力蓄电池正极接触器电路卡在开路位置;无子类型信息
P0AA3:00	混合动力/EV 蓄电池负极接触器电路;无子类型信息
P0AA4:00	混合动力蓄电池负极接触器电路卡在闭路位置;无子类型信息
P0AA5:00	混合动力蓄电池负极接触器电路卡在开路位置;无子类型信息
P0AA6:00	混合动力蓄电池电压系统隔离故障;无子类型信息
P0AA7:00	混合动力蓄电池电压隔离传感器电路;无子类型信息
P0AAE:00	混合动力蓄电池组空气温度传感器"A"电路电压低;无子类型信息
P0AAF:00	混合动力蓄电池组空气温度传感器"A"电路电压高;无子类型信息
P0ABC:00	混合动力蓄电池组电压感应"A"电路电压低;无子类型信息
P0ABD:00	混合动力蓄电池组电压感应"A"电路电压高;无子类型信息
P0AC0:00	混合动力/EV 蓄电池组电流传感器"A";无子类型信息
P0AC1:00	混合动力/EV 蓄电池组电流传感器"A"电路电压低;无子类型信息
P0AC2:00	混合动力/EV 蓄电池组电流传感器"A"电路电压高;无子类型信息
P0AC3:00	混合动力/EV 蓄电池组电流传感器"A"电路间歇性故障/不稳定;无子类型信息
P0AC7:00	混合动力蓄电池温度传感器"B"电路电压低;无子类型信息
P0AC8:00	混合动力蓄电池温度传感器"B"电路电压高;无子类型信息
P0ACC:00	混合动力蓄电池温度传感器"C"电路电压低;无子类型信息
P0ACD:00	混合动力蓄电池温度传感器"C"电路电压高;无子类型信息
P0AD9:00	混合动力蓄电池正极接触器控制电路/开路 GM;无子类型信息

续表

故障代码	故障描述
P0ADA:00	混合动力蓄电池正极接触器控制电路范围/性能:无子类型信息
P0ADC:00	混合动力蓄电池正极接触器控制电路电压高:无子类型信息
P0ADD:00	混合动力蓄电池负极接触器控制电路/开路:无子类型信息
P0AE0:00	混合动力蓄电池负极接触器控制电路电压高:无子类型信息
P0AE1:00	混合动力蓄电池预充电接触器电路:无子类型信息
P0AE5:00	混合动力蓄电池预充电接触器电路范围/性能:无子类型信息
P0AE7:00	混合动力蓄电池预充电接触器电路电压高:无子类型信息
P0AEA:00	混合动力蓄电池温度传感器"D"电路电压低:无子类型信息
P0AEB:00	混合动力蓄电池温度传感器"D"电路电压高:无子类型信息
P0AFB:00	混合动力蓄电池系统电压高:无子类型信息
P0AFD:00	混合动力蓄电池组温度过低:无子类型信息
P0B13:00	混合动力/EV蓄电池组电流传感器"A"/"B"相关性:无子类型信息
P0B16:00	混合动力/EV蓄电池组电压感应"B"电路电压低:无子类型信息
P0B17:00	混合动力/EV蓄电池组电压感应"B"电路电压高:无子类型信息
P0B1B:00	混合动力蓄电池组电压感应"C"电路电压低:无子类型信息
P0B1C:00	混合动力蓄电池组电压感应"C"电路电压高:无子类型信息
P0B24:00	混合动力蓄电池A电压不稳定:无子类型信息
P0B25:00	混合动力蓄电池A电压低:无子类型信息
P0B37:00	高压蓄电池维修隔离开路:无子类型信息
P0B3B:00	混合动力/EV蓄电池电压感应"A"电路:无子类型信息
P0B40:00	混合动力/EV蓄电池电压感应"B"电路:无子类型信息
P0B45:00	混合动力/EV蓄电池电压感应"C"电路:无子类型信息
P0B4A:00	混合动力/EV蓄电池电压感应"D"电路:无子类型信息
P0B4F:00	混合动力/EV蓄电池电压感应"E"电路:无子类型信息
P0B54:00	混合动力/EV蓄电池电压感应"F"电路:无子类型信息
P0B59:00	混合动力/EV蓄电池电压感应"G"电路:无子类型信息
P0B5E:00	混合动力/EV蓄电池电压感应"H"电路:无子类型信息
P0B63:00	混合动力/EV蓄电池电压感应"I"电路:无子类型信息
P0B68:00	混合动力/EV蓄电池电压感应"J"电路:无子类型信息
P0B6D:00	混合动力/EV蓄电池电压感应"K"电路:无子类型信息
P0B72:00	混合动力/EV蓄电池电压感应"L"电路:无子类型信息
P0B77:00	混合动力/EV蓄电池电压感应"M"电路:无子类型信息
P0B7C:00	混合动力/EV蓄电池电压感应"N"电路:无子类型信息
P0BC4:00	混合动力/EV蓄电池温度传感器"E"电路电压低:无子类型信息
P0BC5:00	混合动力/EV蓄电池温度传感器"E"电路电压高:无子类型信息
P0C30:00	混合动力/EV蓄电池组过充电:无子类型信息
P0C35:00	混合动力/EV蓄电池温度传感器"F"电路电压低:无子类型信息

续表

故障代码	故障描述
P0C36:00	混合动力/EV 蓄电池温度传感器"F"电路电压高;无子类型信息
P0C7E:00	混合动力/EV 蓄电池温度传感器"G"电路电压低;无子类型信息
P0C7F:00	混合动力/EV 蓄电池温度传感器"G"电路电压高;无子类型信息
P0C83:00	混合动力/EV 蓄电池温度传感器"H"电路电压低;无子类型信息
P0C84:00	混合动力/EV 蓄电池温度传感器"H"电路电压高;无子类型信息
P0C8A:00	混合动力/EV 蓄电池温度传感器"I"电路电压低;无子类型信息
P0C8B:00	混合动力/EV 蓄电池温度传感器"I"电路电压高;无子类型信息
P0C8F:00	混合动力/EV 蓄电池温度传感器"J"电路电压低;无子类型信息
P0C90:00	混合动力/EV 蓄电池温度传感器"J"电路电压高;无子类型信息
P0C94:00	混合动力/EV 蓄电池温度传感器"K"电路电压低;无子类型信息
P0C95:00	混合动力/EV 蓄电池温度传感器"K"电路电压高;无子类型信息
P0C99:00	混合动力/EV 蓄电池温度传感器"L"电路电压低;无子类型信息
P0C9A:00	混合动力/EV 蓄电池温度传感器"L"电路电压高;无子类型信息
P0D08:00	蓄电池充电系统正极接触器卡在闭路位置;无子类型信息
P0D09:00	蓄电池充电系统正极接触器卡在开路位置;无子类型信息
P0D0A:00	蓄电池充电系统正极接触器控制电路/开路;无子类型信息
P0D0B:00	蓄电池充电系统正极接触器控制电路范围/性能;无子类型信息
P0D0D:00	蓄电池充电系统正极接触器控制电路电压过高;无子类型信息
P0D0F:00	蓄电池充电系统负极接触器卡在闭路位置;无子类型信息
P0D14:00	蓄电池充电系统负极接触器控制电路电压过高;无子类型信息
P0D24:00	蓄电池充电器温度过高;无子类型信息
P0D59:00	接近检测电路电压过高;无子类型信息
P0D67:00	蓄电池充电器控制模块性能;无子类型信息
P0D80:00	蓄电池充电器输入电路/开路;无子类型信息
P0DAA:00	蓄电池充电系统隔离故障;无子类型信息
P0DAD:00	混合动力/EV 蓄电池电池平衡电路"A"卡在开路位置;无子类型信息
P0DAE:00	混合动力/EV 蓄电池电池平衡电路"A"卡在闭路位置;无子类型信息
P0DB1:00	混合动力/EV 蓄电池电池平衡电路"B"卡在开路位置;无子类型信息
P0DB2:00	混合动力/EV 蓄电池电池平衡电路"B"卡在闭路位置;无子类型信息
P0DB5:00	混合动力/EV 蓄电池电池平衡电路"C"卡在开路位置;无子类型信息
P0DB6:00	混合动力/EV 蓄电池电池平衡电路"C"卡在闭路位置;无子类型信息
P0DB9:00	混合动力/EV 蓄电池电池平衡电路"D"卡在开路位置;无子类型信息
P0DBA:00	混合动力/EV 蓄电池电池平衡电路"D"卡在闭路位置;无子类型信息
P0DBD:00	混合动力/EV 蓄电池电池平衡电路"E"卡在开路位置;无子类型信息
P0DBE:00	混合动力/EV 蓄电池电池平衡电路"E"卡在闭路位置;无子类型信息
P0DC1:00	混合动力/EV 蓄电池电池平衡电路"F"卡在开路位置;无子类型信息
P0DC2:00	混合动力/EV 蓄电池电池平衡电路"F"卡在闭路位置;无子类型信息

故障代码	故障描述
P0DC5：00	混合动力/EV 蓄电池电池平衡电路"G"卡在开路位置：无子类型信息
P0DC6：00	混合动力/EV 蓄电池电池平衡电路"G"卡在闭路位置：无子类型信息
P0DC9：00	混合动力/EV 蓄电池电池平衡电路"H"卡在开路位置：无子类型信息
P0DCA：00	混合动力/EV 蓄电池电池平衡电路"H"卡在闭路位置：无子类型信息
P0DCD：00	混合动力/EV 蓄电池电池平衡电路"I"卡在开路位置：无子类型信息
P0DCE：00	混合动力/EV 蓄电池电池平衡电路"I"卡在闭路位置：无子类型信息
P0DD1：00	混合动力/EV 蓄电池电池平衡电路"J"卡在开路位置：无子类型信息
P0DD2：00	混合动力/EV 蓄电池电池平衡电路"J"卡在闭路位置：无子类型信息
P0DD5：00	混合动力/EV 蓄电池电池平衡电路"K"卡在开路位置：无子类型信息
P0DD6：00	混合动力/EV 蓄电池电池平衡电路"K"卡在闭路位置：无子类型信息
P0DD9：00	混合动力/EV 蓄电池电池平衡电路"L"卡在开路位置：无子类型信息
P0DDA：00	混合动力/EV 蓄电池电池平衡电路"L"卡在闭路位置：无子类型信息
P0DDD：00	混合动力/EV 蓄电池电池平衡电路"M"卡在开路位置：无子类型信息
P0DDE：00	混合动力/EV 蓄电池电池平衡电路"M"卡在闭路位置：无子类型信息
P0DE1：00	混合动力/EV 蓄电池电池平衡电路"N"卡在开路位置：无子类型信息
P0DE2：00	混合动力/EV 蓄电池电池平衡电路"N"卡在闭路位置：无子类型信息
P1A0F：68	混合动力控制模块-车辆已禁用：事件信息
P1A2F：00	蓄电池充电器新鲜空气风门控制电路电压过低：无子类型信息
P1A30：00	蓄电池充电器新鲜空气风门控制电路电压过高：无子类型信息
P1A31：00	蓄电池充电器新鲜空气风门卡在打开位置：无子类型信息
P1A32：00	蓄电池充电器新鲜空气风门卡在关闭位置：无子类型信息
P1A33：00	蓄电池充电器新鲜空气风门性能：无子类型信息
P1A34：00	蓄电池充电器新鲜空气风门位置电路：无子类型信息
U0100：00	与 ECM/PCM"A"的通信中断：无子类型信息
U0151：00	与乘员保护系统控制模块的通信中断：无子类型信息
U0164：00	与 HVAC 控制模块的通信中断：无子类型信息
U019B：00	与蓄电池充电器控制模块的通信中断：无子类型信息
U0293：00	混合动力/电动汽车动力系统控制模块断开通信：无子类信息
U0298：00	与 DC-DC 转换器控制模块"A"的通信中断：无子类型信息
U0300：05	内部控制模块软件不兼容：系统编程故障
U0401：00	接收到来自 ECM/PCM A 的无效数据：无子类型信息
U0452：00	接收到来自约束系统控制模块的无效数据：无子类型信息
U0452：86	接收到来自约束系统控制模块的无效数据：信号无效
U0594：00	接收来自混合/电力动力控制模块的无效数据：无子类型信息
U0599：00	从 DC-DC 转换器控制模块"A"收到无效数据：无子类型信息
U1003：49	系统时钟：内部电子故障
U200D：12	控制模块输出电源 A：电路蓄电池短路

续表

故障代码	故障描述
U200D:13	控制模块输出电源 A:电路断路
U3000:04	控制模块:系统内部故障
U3000:41	控制模块:一般校验和故障
U3000:46	控制模块:校准/参数存储器故障
U3001:00	控制模块不当关闭:无子类型信息
U3003:16	蓄电池电压:电路电压低于阈值
U3003:17	蓄电池电压:电路电压高于阈值
U3012:00	控制模块唤醒性能不佳

6.2.3　高压电池充电系统故障代码

（1）SOBDM（辅助随车诊断模块）故障代码（表 6-8）

表 6-8　高压电池充电系统故障代码（SOBDM）

故障代码	故障描述
P0483:00	风扇性能:无子类型信息
P0A1F:00	高压电池控制模块:无子类型信息
P0CF3:00	控制导频电路/开路:无子类型信息
P0CF4:77	控制导频电路范围/性能:无法到达指定位置
P0CF5:00	控制导频电路电压低:无子类型信息
P0CF6:00	控制导频电路电压高:无子类型信息
P0CF7:00	控制导频电路间歇性故障/不稳定:无子类型信息
P0D24:00	高压电池充电机温度过高:无子类型信息
P0D27:00	高压电池充电机输入电压过低:无子类型信息
P0D28:00	高压电池充电机输入电压过高:无子类型信息
P0D2B:38	控制导频指示灯控制电路:信号频率不正确
P0D56:24	接近检测电路:信号一直处于高位
P0D56:64	接近检测电路:信号合理性故障
P0D57:00	接近检测电路范围/性能:无子类型信息
P0D58:00	接近检测电路电压低:无子类型信息
P0D59:00	接近检测电路电压高:无子类型信息
P0D80:00	高压电池充电机输入电路/开路:无子类型信息
P0D81:24	高压电池充电机输入电路范围/性能:信号一直处于高位
P0D8F:00	高压电池充电机冷却系统性能:无子类型信息
P0D90:00	高压电池充电机输入频率不正确:无子类型信息
U0100:00	与发动机控制模块/动力系统控制模块"A"的通信中断:无子类型信息

续表

故障代码	故障描述
U0111:00	与高压电池控制模块"A"的通信中断:无子类型信息
U0293:00	与混合动力/EV 动力系统控制模块的通信中断:无子类信息
U3000:04	控制模块:系统内部故障
U3000:41	控制模块:一般校验和故障
U3000:45	控制模块:程序存储器故障
U3000:48	控制模块:监视软件故障
U3000:49	控制模块:内部电子故障
U3003:04	蓄电池电压:系统内部故障
U3003:16	蓄电池电压:电路电压低于阈值
U3003:17	蓄电池电压:电路电压高于阈值
U3003:1D	蓄电池电压:电路电流超出范围
U3003:62	蓄电池电压:信号比较故障

（2）GFM（通用功能模块）故障代码（表 6-9）

表 6-9　高压电池充电系统故障代码（GFM）

故障代码	故障描述
B1461:00	充电口灯环 LED 段 1:无子类型信息
B1462:00	充电口灯环 LED 段 2:无子类型信息
B1463:00	充电口灯环 LED 段 3:无子类型信息
B1464:00	充电口灯环 LED 段 4:无子类型信息
U0100:00	与 ECM/PCM"A"的通信中断:无子类型信息
U0111:00	与高压电池控制模块"A"的通信中断:无子类型信息
U0140:00	与车身控制模块通信中断:无子类型信息
U0146:00	与网关"A"失去联系:无子类信息
U019B:00	与高压电池充电机控制模块的通信中断:无子类型信息
U0253:00	与附件协议接口模块的通信中断:无子类型信息
U0401:00	从 ECM/PCM 接收的数据无效:无子类型信息
U0412:00	从高压电池控制模块"A"收到的数据无效:无子类信息
U0422:00	接收到来自车身控制模块的无效数据:无子类型信息
U0447:00	从网关接收的数据无效:无子类型信息
U049C:00	从高压电池充电机控制模块接收的数据无效:无子类型信息
U0554:00	接收到来自附件协议接口模块的无效数据:无替代信息
U3000:41	控制模块:一般校验和故障
U3003:16	蓄电池电压:电路电压低于阈值
U3003:17	蓄电池电压:电路电压高于阈值
U3003:1C	蓄电池电压:电路电压超出范围

6.3　林肯 MKZ HEV(2018~)

6.3.1　高压电池位置与部件分解

　　高压电池由以下部件组成：高压电池维修隔离开关，高压电池 RH 冷却进气管，高压电池 LH 冷却进气管，高压电池冷却风扇和出口管，高压电池进气温度传感器，高压电池电子设备盖，高压电池电子设备线束（14F654），高压电池控制模块（BECM），DC-DC 转换器控制模块，高压电池插线盒，高压低电流熔丝（安装在高压电池插线盒中），高压电池单元阵列盖（不可维修，请勿拆卸），高压电池单元阵列（不可维修），高压电池线束（不可维修）。

　　除了高压电池单元阵列盖、高压电池单元阵列和高压电池线束以外，上面列出的其他高压电池部件均可单独进行维修。这些部件作为整个高压电池组的一部分进行维修。如果更换高压电池组，它包括上面列出的所有部件，但是高压电池冷却风扇、冷却导管和维修隔离开关除外。通过拆下电子设备盖，可以单独维修电子设备线束（14F654）、BECM、DC-DC 转换器控制模块、高压电池插线盒和高压低电流熔丝（安装在高压电池插线盒中）。高压电池位置如图 6-36 所示，部件分解如图 6-37 所示。

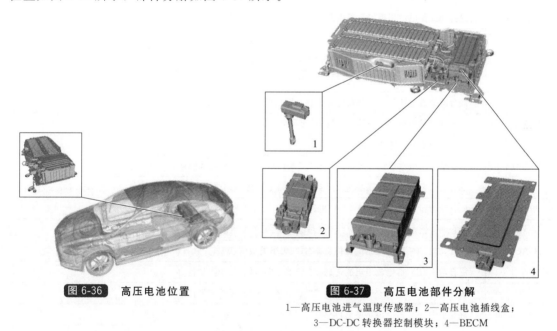

图 6-36　高压电池位置

图 6-37　高压电池部件分解
1—高压电池进气温度传感器；2—高压电池插线盒；
3—DC-DC 转换器控制模块；4—BECM

6.3.2　高压电池控制模块故障代码

　　高压电池控制模块故障代码见表 6-10。

表 6-10　高压电池控制模块故障代码

故障代码	故障描述
B11D5:68	碰撞事件通知:车辆已禁用:事件信息

续表

故障代码	故障描述
B11D8:11	碰撞事件通知:电路接地短路
B11D8:15	碰撞事件通知:电路蓄电池短路或开路
B11D8:36	碰撞事件通知:信号频率过低
B11D8:37	碰撞事件通知:信号频率过高
B11D8:38	碰撞事件通知:信号频率不正确
P0A0C:00	高压系统互锁电路电压低:无子类型信息
P0A7D:00	混合动力蓄电池组充电不足:无子类型信息
P0A7E:00	混合动力蓄电池组温度过高:无子类型信息
P0A7F:00	混合动力/EV 蓄电池组老化:无子类型信息
P0A81:00	混合动力蓄电池组冷却风扇 1 控制电路/开路:无子类型信息
P0A82:00	混合动力蓄电池组冷却风扇 1 性能/卡滞:无子类型信息
P0A8B:64	14V 电源模块系统电压:信号真实性故障
P0A9D:00	混合动力蓄电池温度传感器"A"电路电压低:无子类型信息
P0A9E:00	混合动力蓄电池温度传感器"A"电路电压高:无子类型信息
P0AA0:00	混合动力/EV 蓄电池正极接触器电路:无子类型信息
P0AA1:00	混合动力蓄电池正极接触器电路卡在闭路位置:无子类型信息
P0AA2:00	混合动力蓄电池正极接触器电路卡在开路位置:无子类型信息
P0AA3:00	混合动力/EV 蓄电池负极接触器电路:无子类型信息
P0AA4:00	混合动力蓄电池负极接触器电路卡在闭路位置:无子类型信息
P0AA5:00	混合动力蓄电池负极接触器电路卡在开路位置:无子类型信息
P0AA6:00	混合动力蓄电池电压系统隔离故障:无子类型信息
P0AA7:00	混合动力蓄电池电压隔离传感器电路:无子类型信息
P0AAE:00	混合动力蓄电池组空气温度传感器"A"电路电压低:无子类型信息
P0AAF:00	混合动力蓄电池组空气温度传感器"A"电路电压高:无子类型信息
P0ABC:00	混合动力蓄电池组电压感应"A"电路电压低:无子类型信息
P0ABD:00	混合动力蓄电池组电压感应"A"电路电压高:无子类型信息
P0AC0:00	混合动力/EV 蓄电池组电流传感器"A":无子类型信息
P0AC1:00	混合动力/EV 蓄电池组电流传感器"A"电路电压低:无子类型信息
P0AC2:00	混合动力/EV 蓄电池组电流传感器"A"电路电压高:无子类型信息
P0AC3:00	混合动力/EV 蓄电池组电流传感器"A"电路间歇性故障/不稳定:无子类型信息
P0AC7:00	混合动力蓄电池温度传感器"B"电路电压低:无子类型信息
P0AC8:00	混合动力蓄电池温度传感器"B"电路电压高:无子类型信息
P0ACC:00	混合动力蓄电池温度传感器"C"电路电压低:无子类型信息
P0ACD:00	混合动力蓄电池温度传感器"C"电路电压高:无子类型信息
P0AD9:00	混合动力蓄电池正极接触器控制电路/开路 GM:无子类型信息
P0ADC:00	混合动力蓄电池正极接触器控制电路电压高:无子类型信息
P0ADD:00	混合动力蓄电池负极接触器控制电路/开路:无子类型信息

故障代码	故障描述
P0AE0:00	混合动力蓄电池负极接触器控制电路电压高:无子类型信息
P0AE1:00	混合动力蓄电池预充电接触器电路:无子类型信息
P0AE5:00	混合动力蓄电池预充电接触器电路范围/性能:无子类型信息
P0AE7:00	混合动力蓄电池预充电接触器电路电压高:无子类型信息
P0AEA:00	混合动力蓄电池温度传感器"D"电路电压低:无子类型信息
P0AEB:00	混合动力蓄电池温度传感器"D"电路电压高:无子类型信息
P0AFB:00	混合动力蓄电池系统电压高:无子类型信息
P0AFD:00	混合动力蓄电池组温度过低:无子类型信息
P0B16:00	混合动力/EV 蓄电池组电压感应"B"电路电压低:无子类型信息
P0B17:00	混合动力/EV 蓄电池组电压感应"B"电路电压高:无子类型信息
P0B1B:00	混合动力蓄电池组电压感应"C"电路电压低:无子类型信息
P0B1C:00	混合动力蓄电池组电压感应"C"电路电压高:无子类型信息
P0B24:00	混合动力蓄电池 A 电压不稳定:无子类型信息
P0B25:00	混合动力蓄电池 A 电压低:无子类型信息
P0B37:00	高压蓄电池维修隔离开路:无子类型信息
P0B3B:00	混合动力/EV 蓄电池电压感应"A"电路:无子类型信息
P0B40:00	混合动力/EV 蓄电池电压感应"B"电路:无子类型信息
P0B45:00	混合动力/EV 蓄电池电压感应"C"电路:无子类型信息
P0B4A:00	混合动力/EV 蓄电池电压感应"D"电路:无子类型信息
P0B4F:00	混合动力/EV 蓄电池电压感应"E"电路:无子类型信息
P0B54:00	混合动力/EV 蓄电池电压感应"F"电路:无子类型信息
P0B59:00	混合动力/EV 蓄电池电压感应"G"电路:无子类型信息
P0B5E:00	混合动力/EV 蓄电池电压感应"H"电路:无子类型信息
P0B63:00	混合动力/EV 蓄电池电压感应"I"电路:无子类型信息
P0B68:00	混合动力/EV 蓄电池电压感应"J"电路:无子类型信息
P0B6D:00	混合动力/EV 蓄电池电压感应"K"电路:无子类型信息
P0B72:00	混合动力/EV 蓄电池电压感应"L"电路:无子类型信息
P0B77:00	混合动力/EV 蓄电池电压感应"M"电路:无子类型信息
P0BC4:00	混合动力/EV 蓄电池温度传感器"E"电路电压低:无子类型信息
P0BC5:00	混合动力/EV 蓄电池温度传感器"E"电路电压高:无子类型信息
P0C30:00	混合动力/EV 蓄电池组过充电:无子类型信息
P0C35:00	混合动力/EV 蓄电池温度传感器"F"电路电压低:无子类型信息
P0C36:00	混合动力/EV 蓄电池温度传感器"F"电路电压高:无子类型信息
P0DAD:00	混合动力/EV 蓄电池电池平衡电路"A"卡在开路位置:无子类型信息
P0DAE:00	混合动力/EV 蓄电池电池平衡电路"A"卡在闭路位置:无子类型信息
P0DB1:00	混合动力/EV 蓄电池电池平衡电路"B"卡在开路位置:无子类型信息
P0DB2:00	混合动力/EV 蓄电池电池平衡电路"B"卡在闭路位置:无子类型信息

故障代码	故障描述
P0DB5:00	混合动力/EV 蓄电池电池平衡电路"C"卡在开路位置:无子类型信息
P0DB6:00	混合动力/EV 蓄电池电池平衡电路"C"卡在闭路位置:无子类型信息
P0DB9:00	混合动力/EV 蓄电池电池平衡电路"D"卡在开路位置:无子类型信息
P0DBA:00	混合动力/EV 蓄电池电池平衡电路"D"卡在闭路位置:无子类型信息
P0DBD:00	混合动力/EV 蓄电池电池平衡电路"E"卡在开路位置:无子类型信息
P0DBE:00	混合动力/EV 蓄电池电池平衡电路"E"卡在闭路位置:无子类型信息
P0DC1:00	混合动力/EV 蓄电池电池平衡电路"F"卡在开路位置:无子类型信息
P0DC2:00	混合动力/EV 蓄电池电池平衡电路"F"卡在闭路位置:无子类型信息
P0DC5:00	混合动力/EV 蓄电池电池平衡电路"G"卡在开路位置:无子类型信息
P0DC6:00	混合动力/EV 蓄电池电池平衡电路"G"卡在闭路位置:无子类型信息
P0DC9:00	混合动力/EV 蓄电池电池平衡电路"H"卡在开路位置:无子类型信息
P0DCA:00	混合动力/EV 蓄电池电池平衡电路"H"卡在闭路位置:无子类型信息
P0DCD:00	混合动力/EV 蓄电池电池平衡电路"I"卡在开路位置:无子类型信息
P0DCE:00	混合动力/EV 蓄电池电池平衡电路"I"卡在闭路位置:无子类型信息
P0DD1:00	混合动力/EV 蓄电池电池平衡电路"J"卡在开路位置:无子类型信息
P0DD2:00	混合动力/EV 蓄电池电池平衡电路"J"卡在闭路位置:无子类型信息
P0DD5:00	混合动力/EV 蓄电池电池平衡电路"K"卡在开路位置:无子类型信息
P0DD6:00	混合动力/EV 蓄电池电池平衡电路"K"卡在闭路位置:无子类型信息
P0DD9:00	混合动力/EV 蓄电池电池平衡电路"L"卡在开路位置:无子类型信息
P0DDA:00	混合动力/EV 蓄电池电池平衡电路"L"卡在闭路位置:无子类型信息
P0DDD:00	混合动力/EV 蓄电池电池平衡电路"M"卡在开路位置:无子类型信息
P0DDE:00	混合动力/EV 蓄电池电池平衡电路"M"卡在闭路位置:无子类型信息
P1A0F:68	混合动力控制模块-车辆已禁用:事件信息
U0100:00	与 ECM/PCM"A"的通信中断:无子类型信息
U0151:00	与乘员保护系统控制模块的通信中断:无子类型信息
U0256:00	与网关"A"的通信中断:无子类型信息
U0293:00	与混合动力/EV 动力系统控制模块的通信中断:无子类信息
U0298:00	与 DC-DC 转换器控制模块"A"的通信中断:无子类型信息
U0300:05	内部控制模块软件不兼容:系统编程故障
U0401:00	接收到来自 ECM/PCM A 的无效数据:无子类型信息
U0452:00	接收到来自约束系统控制模块的无效数据:无子类型信息
U0452:86	接收到来自约束系统控制模块的无效数据:信号无效
U0594:00	从混合/EV 动力系统控制模块收到无效数据:无子类型信息
U0599:00	从 DC-DC 转换器控制模块"A"收到无效数据:无子类信息
U1003:49	系统时钟:内部电子故障
U1030:00	与混合动力/EV 蓄电池存在软件不兼容:无子类型信息
U200D:12	控制模块输出电源 A:电路蓄电池短路

续表

故障代码	故障描述
U200D:13	控制模块输出电源 A:电路断路
U3000:04	控制模块:系统内部故障
U3000:41	控制模块:一般校验和故障
U3000:46	控制模块:校准/参数存储器故障
U3001:00	控制模块不当关闭:无子类型信息
U3003:16	蓄电池电压:电路电压低于阈值
U3003:17	蓄电池电压:电路电压高于阈值
U3012:00	控制模块唤醒性能不佳

6.3.3　高压电池控制模块端子定义

高压电池控制模块端子分布如图 6-38 所示，端子定义见表 6-11～表 6-14。

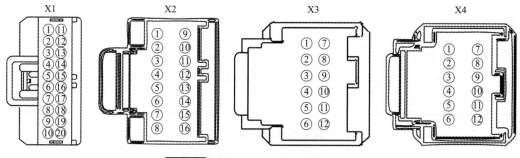

图 6-38　高压电池控制模块端子分布

表 6-11　X1 端子定义

端子	端子说明	备注
1	熔丝 14 或断路器	—
3	连接器-诊断　高速 CAN 总线高	MKZ/PHEV
	连接器-诊断　高速 CAN 总线高	FUSION
4	接地-左侧 C 柱或翼子板	MKZ
	接地-左侧 C 柱或翼子板	FUSION
	接地-左侧 C 柱或翼子板	PHEV
5	接地-左侧 C 柱或翼子板	MKZ
	接地-左侧 C 柱或翼子板	FUSION
	接地-左侧 C 柱或翼子板	PHEV
6	控制模块-牵引力控制蓄电池　冷却风扇 PWM	FUSION
	控制模块-牵引力控制蓄电池　冷却风扇 PWM	MKZ
7	控制模块-燃油切断事件通知信号	FUSION
	控制模块-燃油切断事件通知信号	MKZ

续表

端子	端子说明	备注
8	控制模块-牵引用蓄电池控制　蓄电池风门位置传感器＋	PHEV
9	控制模块-牵引用蓄电池控制　蓄电池风门电机关闭(如果配备)	PHEV
10	熔丝 52 或断路器	FUSION
10	熔丝 52 或断路器	MKZ
11	熔丝 14 或断路器	—
13	接头-诊断　CAN BUS 高速低位	FUSION
13	接头-诊断　CAN BUS 高速低位	MKZ
15	传感器-牵引力蓄电池控制　冷却风扇反馈	PHEV
15	传感器-牵引力蓄电池控制　冷却风扇反馈	MKZ
15	传感器-牵引力蓄电池控制　冷却风扇反馈	FUSION
16	控制模块-牵引力蓄电池控制　蓄电池舱热敏电阻器	MKZ
16	控制模块-牵引力蓄电池控制　蓄电池舱热敏电阻器	FUSION/PHEV
17	控制模块-牵引力蓄电池控制　蓄电池舱热敏电阻器	MKZ
17	控制模块-牵引力蓄电池控制　蓄电池舱热敏电阻器	FUSION/PHEV
19	控制模块-牵引用蓄电池控制　蓄电池风门电机打开(如果配备)	PHEV
20	控制模块-DC-DC 转换器　DC-DC 唤醒(DC-DC_WKUP)	PHEV

表 6-12　X2 端子定义

端子	端子说明
1	CS VREF
3	CS 回路
4	连接器-诊断　高速 CAN 总线高
5	控制模块-接触器高压电池负极(MC－_CTRL)
6	控制模块-牵引用蓄电池控制　联锁负极(INT－)
8	CONT 电源 EN
9	CS AOUT2
10	控制模块-牵引用蓄电池控制　联锁正极(INT＋)
11	控制模块-DC-DC 转换器　DC-DC 唤醒(DC-DC_WKUP)
12	接头-诊断　CAN BUS 高速低位
13	控制模块-接触器高压电池预充电(PRC_CTRL)
14	控制模块-接触器高压电池正极(MC＋_CTRL)

表 6-13　X3 端子定义

端子	端子说明
1	热敏电阻器-高压电池 1
2	热敏电阻器-高压电池 2
3	热敏电阻器-高压电池 3

续表

端子	端子说明
4	热敏电阻器-高压电池 4
5	热敏电阻器-高压电池 5
7	热敏电阻器-高压电池 1
8	热敏电阻器-高压电池 2
9	热敏电阻器-高压电池 3
10	热敏电阻器-高压电池 4
11	热敏电阻器-高压电池 5

表 6-14　X4 端子定义

端子	端子说明
1	热敏电阻器-高压电池 6
2	热敏电阻器-高压电池 7
3	热敏电阻器-高压电池 8
4	热敏电阻器-高压电池 9
5	热敏电阻器-高压电池 10
7	热敏电阻器-高压电池 6
8	热敏电阻器-高压电池 7
9	热敏电阻器-高压电池 8
10	热敏电阻器-高压电池 9
11	热敏电阻器-高压电池 10

6.3.4　DC-DC 转换器模块故障代码

DC-DC 转换器模块故障代码见表 6-15。

表 6-15　DC-DC 转换器模块故障代码

故障代码	故障描述
P0A12:16	DC-DC 转换器启动电路电压低:电路电压低于阈值
P0A94:4B	DC-DC 转换器性能:温度过高
P0AF7:00	14V 电源模块内部温度过高:无子类型信息
P0AFA:13	混合动力/EV 蓄电池系统电压低:电路开路
P0AFA:16	混合动力/EV 蓄电池系统电压低:电路电压低于阈值
P0AFB:17	混合动力/EV 蓄电池系统电压高:电路电压高于阈值
U0001:88	高速控制器局域网通信总线:总线关闭
U0100:00	与发动机控制模块/动力系统控制模块"A"的通信中断:无子类型信息
U0111:00	与高压电池控制模块"A"的通信中断:无子类型信息
U0140:00	与车身控制模块的通信中断:无子类型信息
U0146:00	与网关"A"通信中断

续表

故障代码	故障描述
U0293:00	混合动力/电动汽车动力系统控制模块断开通信:无子类信息
U0412:00	从高压电池控制模块"A"收到的数据无效:无子类信息
U0594:00	接收来自混合/电力动力控制模块的无效数据:无子类信息
U3000:04	控制模块:系统内部故障
U3000:41	控制模块:一般校验和故障
U3000:42	控制模块:一般存储器故障
U3000:45	控制模块:程序存储器故障
U3000:49	控制模块:内部电子故障
U3000:96	控制模块:部件内部故障
U3003:16	蓄电池电压:电路电压低于阈值
U3003:17	蓄电池电压:电路电压高于阈值

6.3.5　HF35变速器行星齿轮与主减速器结构

该变速器有一个简单的行星齿轮组,如图6-39所示。行星齿轮组用于将车速匹配到所需的发动机转速,以实现最高的效率。齿圈通过传动轴上的中间齿轮连接到变速器最终传动齿轮。车辆移动时,齿圈转动。

行星齿轮架通过花键与变速器输入轴相连,并连接到发动机。行星齿轮架随着发动机曲轴的转动而转动。此外,行星齿轮架还用于驱动液压泵。

太阳齿轮通过花键与发电机/起动机相连。

最终传动齿轮与传动轴啮合,并通过螺栓连接至差速器壳体,如图6-40所示。齿圈螺栓为一次性螺栓。安装齿圈时,应使用新的螺栓。

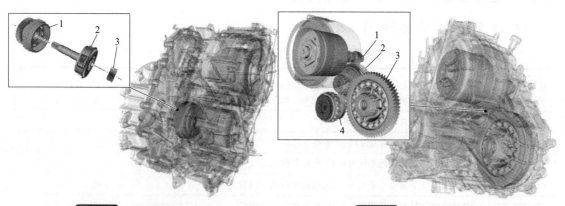

图 6-39　行星齿轮组结构
1—环形齿轮;2—行星齿轮架;3—太阳齿轮

图 6-40　主减速器结构
1—牵引电机驱动齿轮总成;2—传动轴和齿轮总成;
3—差速器托架和齿轮总成;4—齿圈总成

第7章

丰田-雷克萨斯汽车

7.1 普锐斯 PHEV(2017~)

7.1.1 ZVW52L/ZVW52R 高压系统线束分布

高压系统线束分布如图 7-1～图 7-3 所示。

7.1.2 ZVW52L/ZVW52R 高压电池温度管理电路

ZVW52L/ZVW52R 高压电池温度管理电路如图 7-4 所示。

7.1.3 ZVW52L/ZVW52R 高压电池管理单元电路

ZVW52L/ZVW52R 高压电池管理单元电路如图 7-5 所示。

7.1.4 ZVW52L/ZVW52R 高压电池充电控制电路

ZVW52L/ZVW52R 高压电池充电控制电路如图 7-6 所示。

7.1.5 ZVW52L/ZVW52R 逆变器与换挡控制电路

ZVW52L/ZVW52R 逆变器与换挡控制电路如图 7-7 所示。

7.1.6 ZVW52L/ZVW52R 混合动力控制系统电路

ZVW52L/ZVW52R 混合动力控制系统电路如图 7-8 所示。

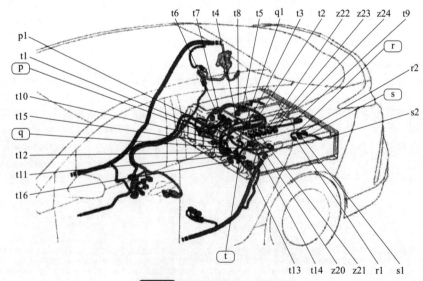

图 7-1　高压系统线束分布 1

p1，q1，r2，s2，t1，t10～t13—高压电池总成；r1，s1—高压电池总成混合动力电池接线端子；
t2～t4—2 号高压电池接线盒总成；t5，t7，t8—1 号高压电池接线盒总成；t6—高压电池加热器继电器；
t9—联锁开关（维修开关夹）；t14—电池 ECU 总成；t15，t16—高压电池加热器副总成；
z20～z24—高压电池总成蓄电池 ECU 总成

*3：中国台湾
*4：韩国
*5：除中国台湾、欧洲以外的地区

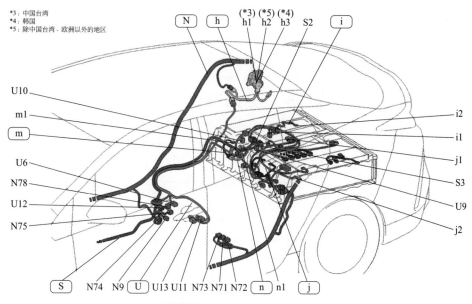

图 7-2　高压系统线束分布 2

h1～h3—充电端口；i1, S2, U10—1 号高压电池接线盒部件；i2, j2, m1, n1—高压电池总成；
j1, S3, U9—2 号高压电池接线盒部件；N71～N73, U11, U13—太阳能控制 ECU；
N74, N75, N78, U6, U12—电动车辆充电总成；N9—2 号车内电子钥匙天线部件

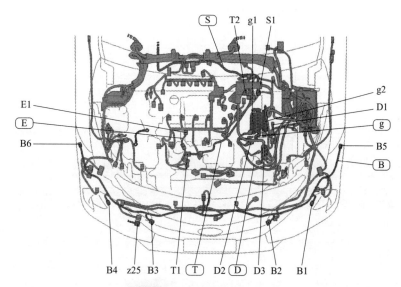

图 7-3　高压系统线束分布 3

B1—左角前端超声波传感器；B2—中央左侧前端超声波传感器；B3—中央右侧前端超声波传感器；
B4—右角前端超声波传感器；B5—右侧前端超声波传感器；B6—右侧前端超声波传感器；
D1—蓄电池；D2, g2, S1, T2—带转换器的逆变器总成；D3—熔丝盒；E1—爆震控制传感器；
g1—混合动力车辆变速器部件；T1—电动空调压缩机总成；
z25—散热器百叶窗组件，活动格栅执行器部件

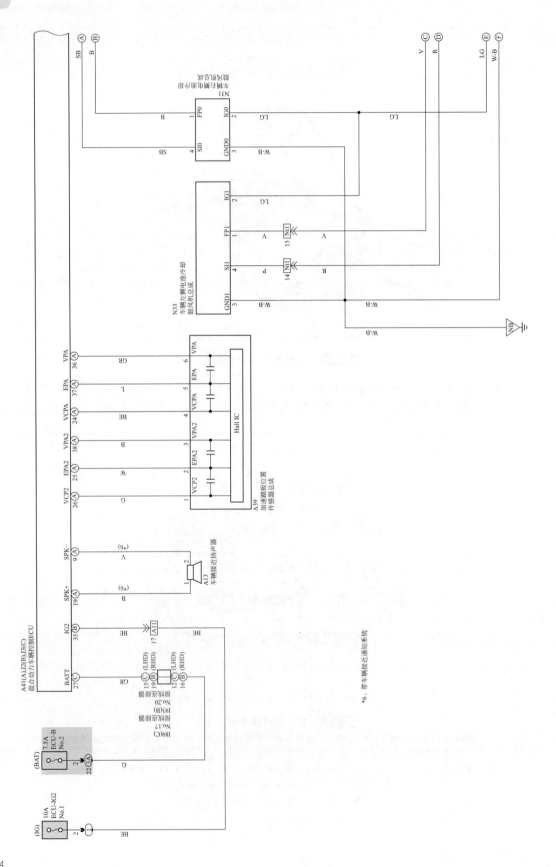

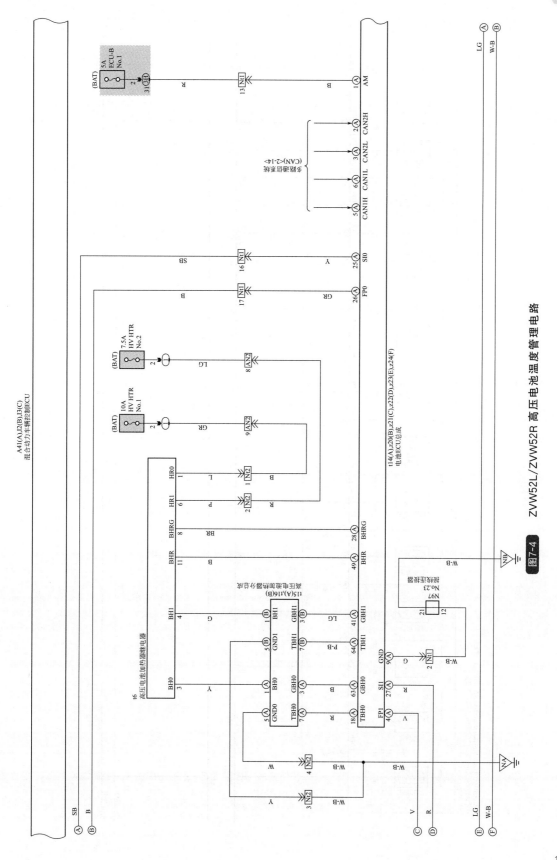

ZVW52L/ZVW52R 高压电池温度管理电路

图7-4

新能源电动汽车混合动力汽车维修资料大全　国外品牌

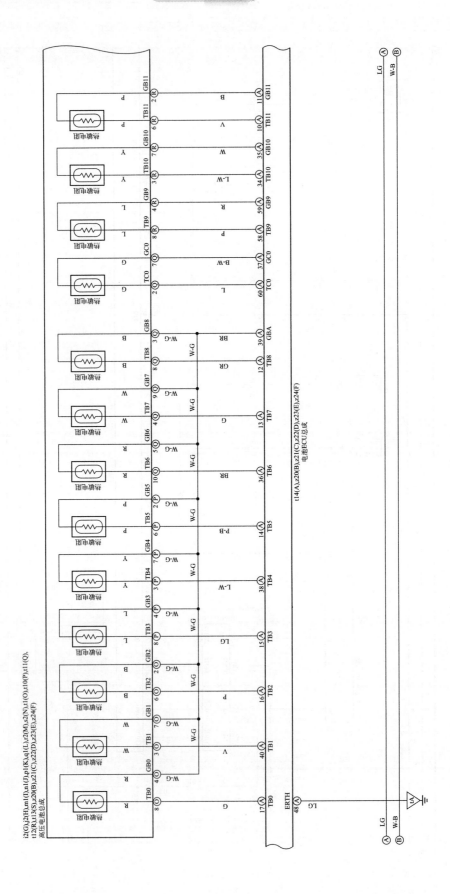

196

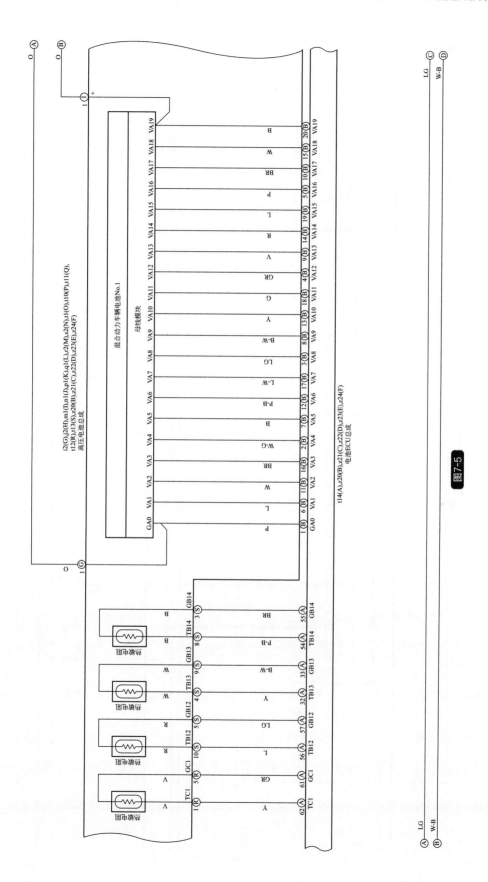

图7-5

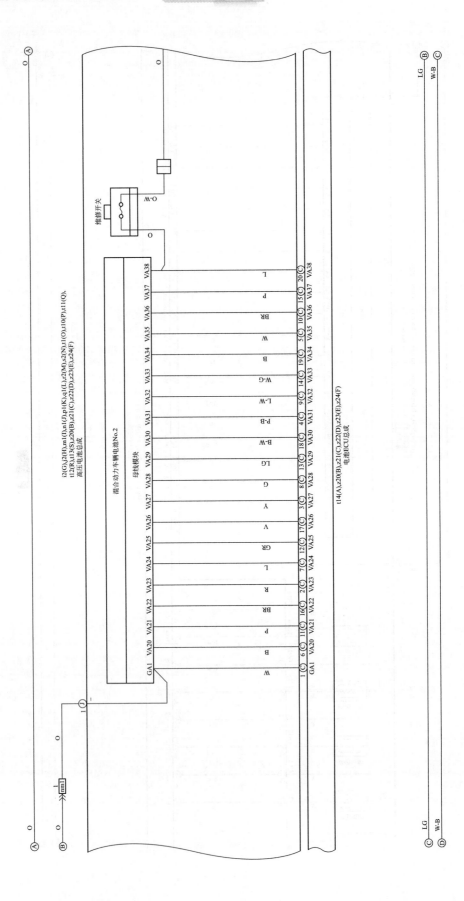

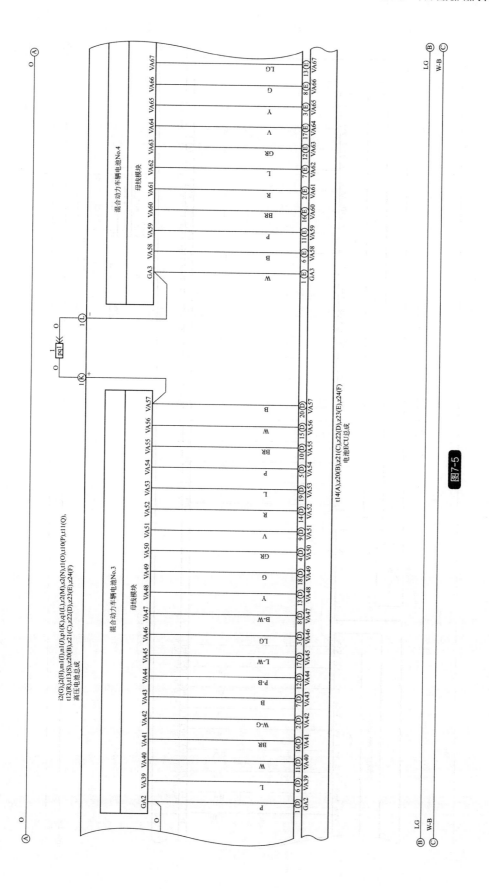

图7-5

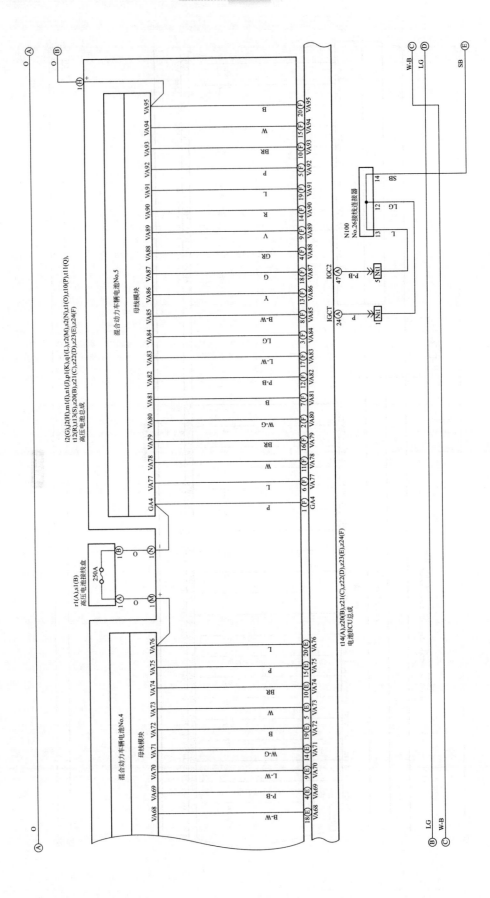

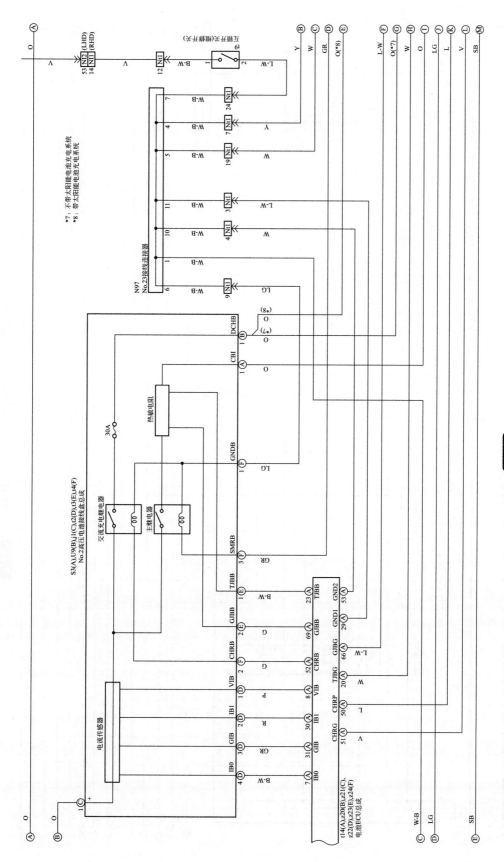

图7-5

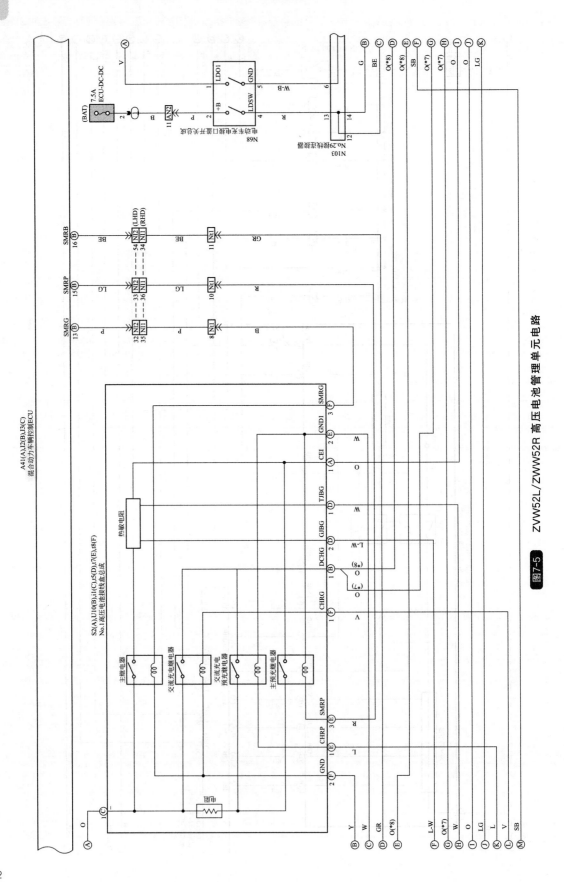

图7-5 ZVW52L/ZVW52R 高压电池管理单元电路

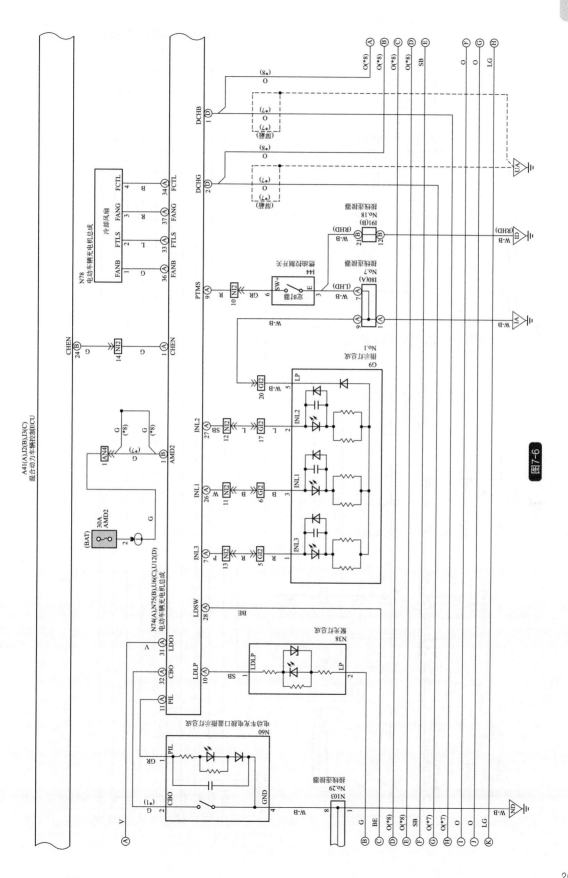

图7-6

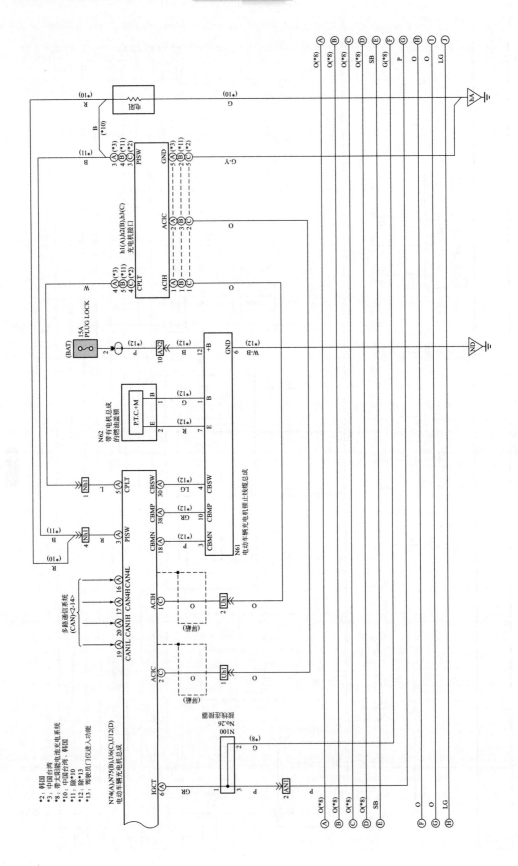

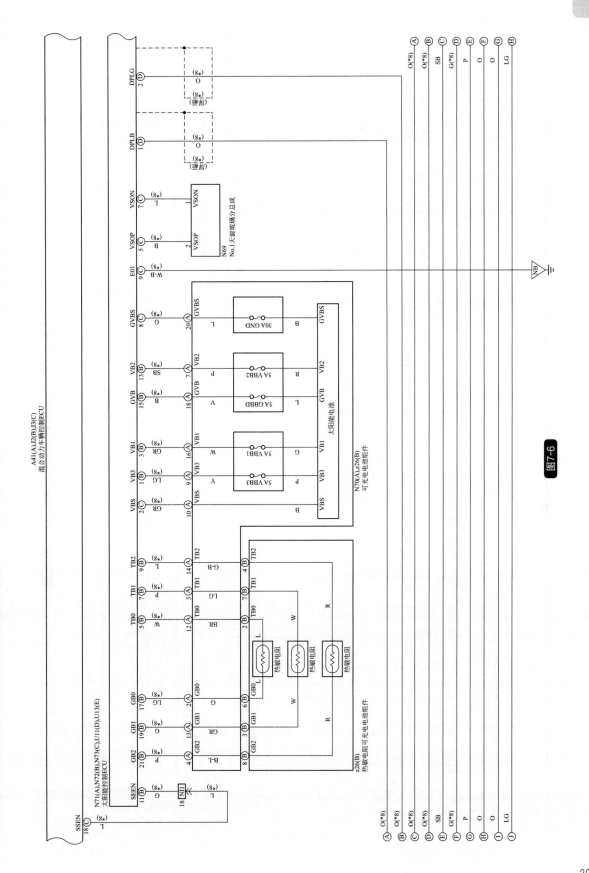

图7-6

新能源电动汽车混合动力汽车维修资料大全 国外品牌

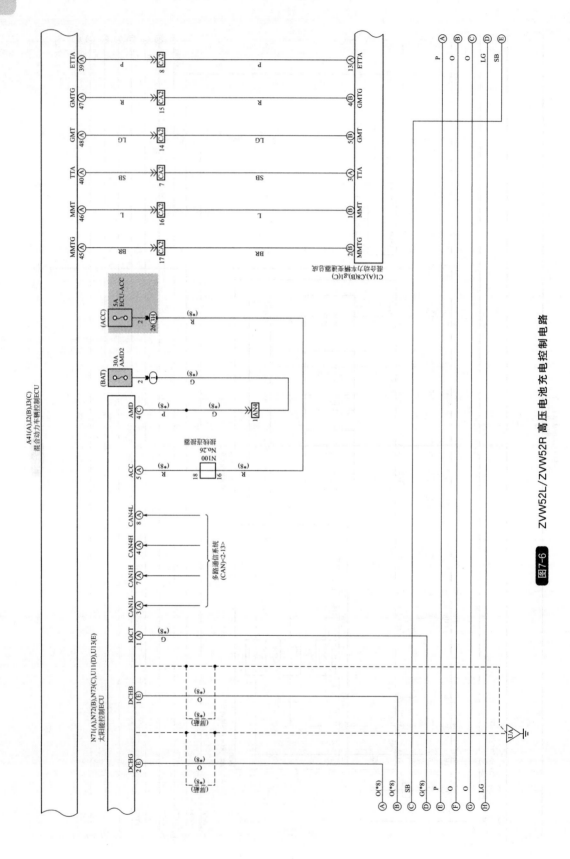

图7-6 ZVW52L/ZVW52R 高压电池充电控制电路

206

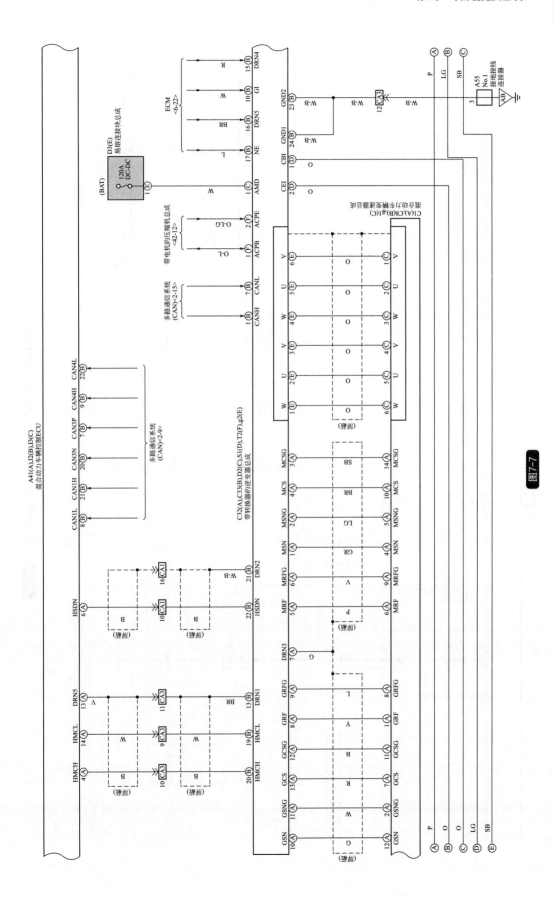

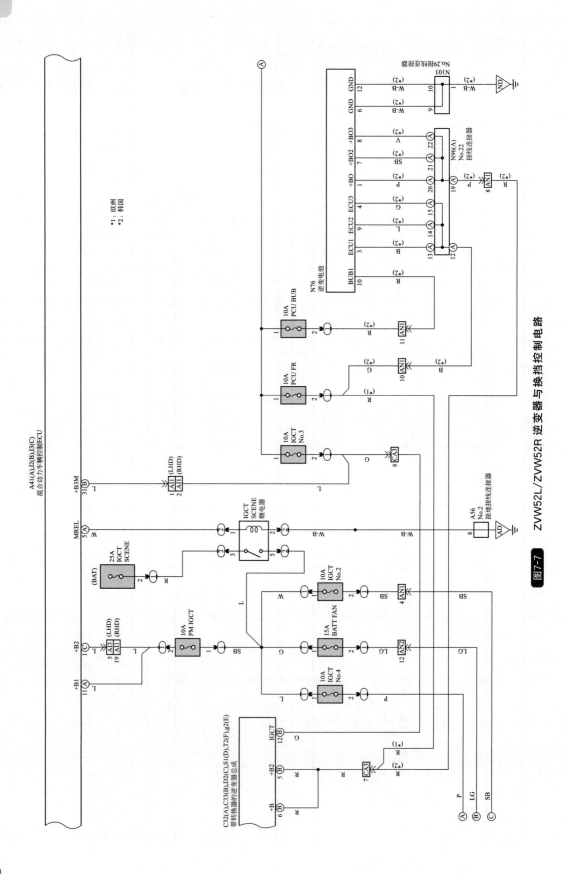

图7-7　ZVW52L/ZVW52R 逆变器与换挡控制电路

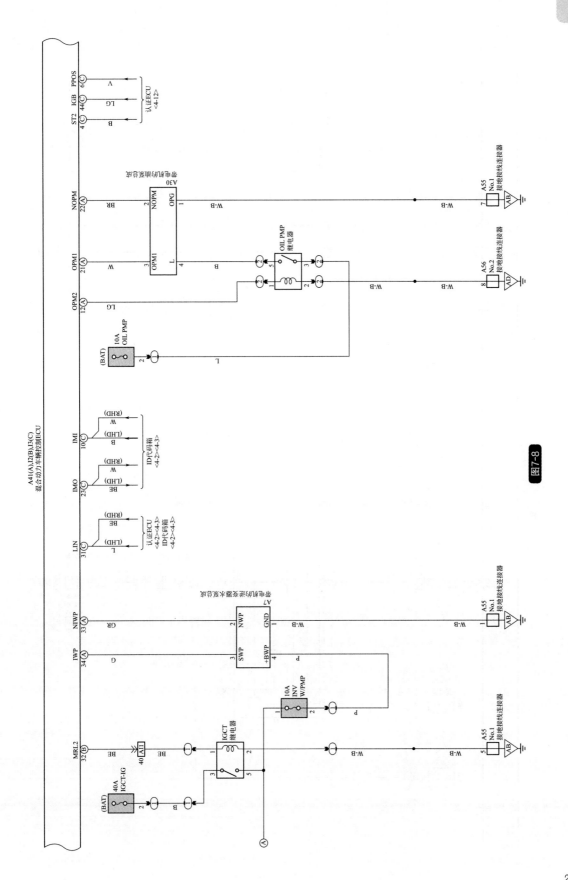

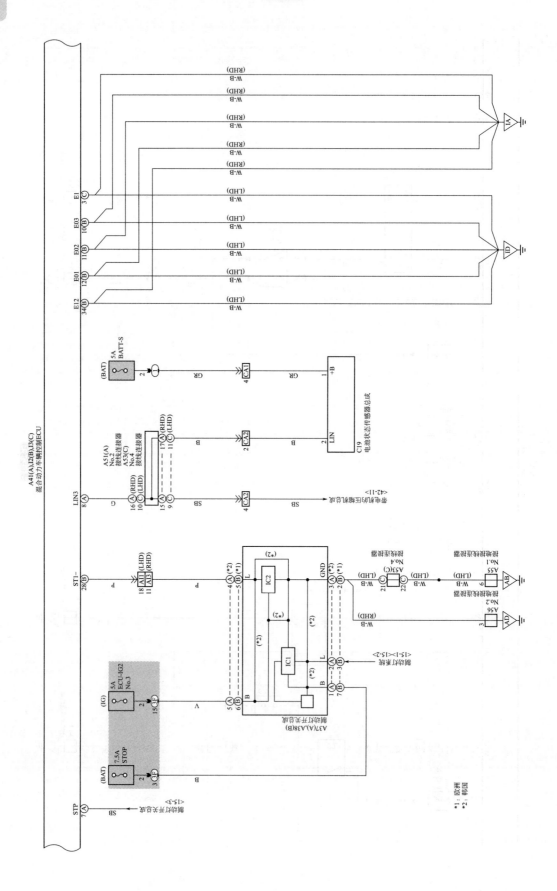

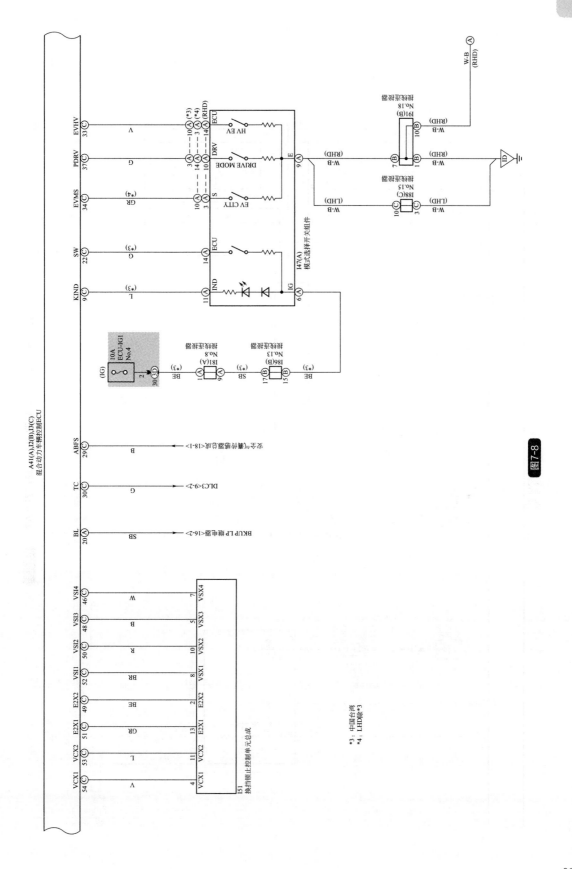

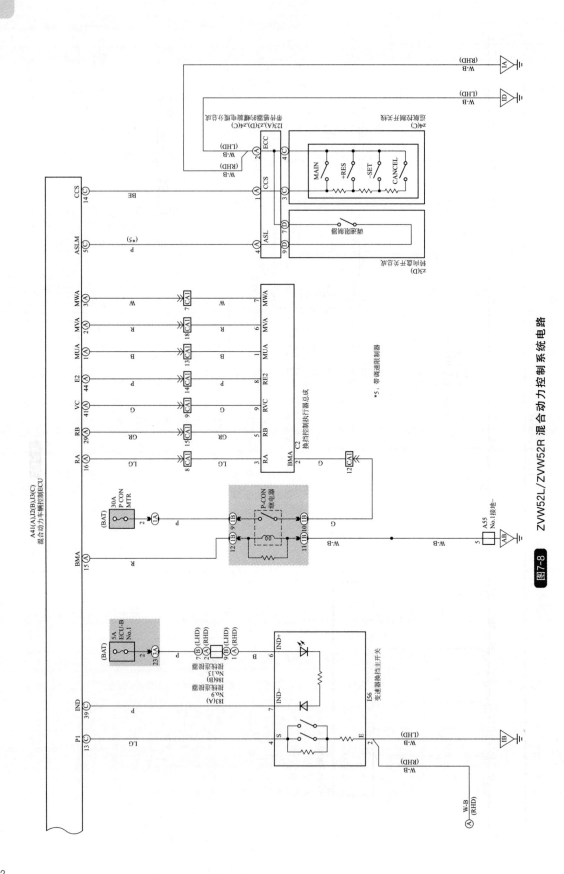

ZVW52L/ZVW52R 混合动力控制系统电路

图7-8

7.2 凯美瑞 HEV(2016~)

7.2.1 A25B-FXS 混动发动机 ECM 端子检测

以广汽丰田 2018 年款凯美瑞混动车型为例，A25B-FXS 混动发动机 ECM 端子分布如图 7-9 所示，检测数据见表 7-1。

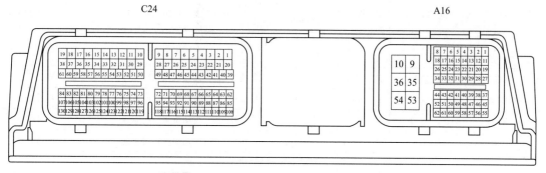

图 7-9 A25B-FXS 混动发动机 ECM 端子分布

表 7-1 A25B-FXS 混动发动机 ECM 端子检测

端子	线色	端子说明	检测条件	规定状态
A16-1(BATT)—A16-10(E1)	G—W/B	辅助蓄电池(测量辅助蓄电池电压和 ECM 存储器)节气门执行器电源	始终	11~16V
A16-2(IGSW)—A16-10(E1)	B—W/B	电源开关信号	电源开关转到 ON(IG)	11~14V
A16-6(FPC)—A16-10(E1)	R—W/B	燃油泵控制	电源开关转到 ON(IG)	小于 1.5V
A16-7(CAN+)—A16-10(E1)	P—W/B	CAN 通信线路	发动机停止,电源开关 ON(IG)	脉冲发生
A16-8(CANH)—A16-10(E1)	B—W/B	CAN 通信线路	发动机停止,电源开关 ON(IG)	脉冲发生
A16-9(+B)—A16-10(E1)	L—W/B	ECM 电源	电源开关转到 ON(IG)	11~14V
A16-10(E1)—车身接地	W/B—	接地	始终	小于 1Ω
A16-15(MREL)—A16-10(E1)	W—W/B	1 号 EFI-MAIN 继电器工作信号	电源开关转到 ON(IG)	小于 1.5V
A16-16(NEO)—A16-10(E1)	B—W/B	曲轴转速信号	发动机暖机时怠速	脉冲发生
A16-17(CAN−)—A16-10(E1)	W—W/B	CAN 通信线路	发动机停止,电源开关 ON(IG)	脉冲发生
A16-18(CANL)—A16-10(E1)	W—W/B	CAN 通信线路	发动机停止,电源开关 ON(IG)	脉冲发生
A16-24(G2O)—A16-10(E1)	W—W/B	凸轮轴转速信号	发动机暖机时怠速	脉冲发生
A16-32(RFC)—A16-10(E1)	LG—W/B	冷却风扇控制信号	电源开关转到 ON(IG),空调开关打开(最冷)	脉冲发生

续表

端子	线色	端子说明	检测条件	规定状态
A16-34(IREL)—A16-10(E1)	P—W/B	DINJ 继电器工作信号	电源开关转到 ON(IG)	11～14V
A16-35(+B2)—A16-10(E1)	L—W/B	ECM 电源	电源开关转到 ON(IG)	11～14V
A16-36(E2)—车身接地	W/B——	接地	始终	小于 1Ω
A16-53(+BD1)—A16-10(E1)	W—W/B	ECU 电源(喷油器驱动器)	电源开关转到 ON(IG)	11～14V
A16-54(E1D1)—车身接地	W/B——	接地	始终	小于 1Ω
C24-1(M−)—A16-10(E1)	L—W/B	节气门执行器工作信号(负极)	发动机暖机时怠速	脉冲发生
C24-2(M+)—A16-10(E1)	B—W/B	节气门执行器工作信号(正极)	发动机暖机时怠速	脉冲发生
C24-3(EGA+)—A16-10(E1)	R—W/B	EGR 阀总成工作信号	发动机暖机时怠速	脉冲发生
C24-4(EGA−)—A16-10(E1)	L—W/B	EGR 阀总成工作信号	发动机暖机时怠速	脉冲发生
C24-5(EGB−)—A16-10(E1)	V—W/B	EGR 阀总成工作信号	发动机暖机时怠速	脉冲发生
C24-6(EGB+)—A16-10(E1)	GR—W/B	EGR 阀总成工作信号	发动机暖机时怠速	脉冲发生
C24-7(HTHM)—A16-10(E1)	LA/G—W/B	节温器加热器(带节温器的进水口分总成)工作信号	电源开关转到 ON(IG)	11～14V
C24-8(HA1B)—A16-10(E1)	R—W/B	空燃比传感器(2 号传感器)加热器工作信号	电源开关转到 ON(IG)	11～14V
			发动机冷机时怠速	脉冲发生
C24-9(HA1A)—A16-10(E1)	L—W/B	空燃比传感器(1 号传感器)加热器工作信号	电源开关转到 ON(IG)	11～14V
			发动机冷机时怠速	脉冲发生
C24-10(♯2D−)—A16-10(E1)	G—W/B	直接喷射喷油器总成信号(2 号气缸)	发动机暖机时怠速,数据表项目"Injection Mode"显示"Direct"	脉冲发生
C24-11(♯2D+)—A16-10(E1)	L—W/B	直接喷射喷油器总成信号(2 号气缸)	发动机暖机时怠速,数据表项目"Injection Mode"显示"Direct"	脉冲发生
C24-12(♯3D+)—A16-10(E1)	W—W/B	直接喷射喷油器总成信号(3 号气缸)	发动机暖机时怠速,数据表项目"Injection Mode"显示"Direct"	脉冲发生
C24-13(♯3D−)—A16-10(E1)	R—W/B	直接喷射喷油器总成信号(3 号气缸)	发动机暖机时怠速,数据表项目"Injection Mode"显示"Direct"	脉冲发生
C24-15(♯4D+)—A16-10(E1)	P—W/B	直接喷射喷油器总成信号(4 号气缸)	发动机暖机时怠速,数据表项目"Injection Mode"显示"Direct"	脉冲发生
C24-14(♯4D−)—A16-10(E1)	V—W/B	直接喷射喷油器总成信号(4 号气缸)	发动机暖机时怠速,数据表项目"Injection Mode"显示"Direct"	脉冲发生
C24-16(♯1D+)—A16-10(E1)	W—W/B	直接喷射喷油器总成信号(1 号气缸)	发动机暖机时怠速,数据表项目"Injection Mode"显示"Direct"	脉冲发生

续表

端子	线色	端子说明	检测条件	规定状态
C24-17(♯1D−)—A16-10(E1)	BR—W/B	直接喷射喷油器总成信号(1号气缸)	发动机暖机时怠速,数据表项目"Injection Mode"显示"Direct"	脉冲发生
C24-18(FP1−)—A16-10(E1)	L—W/B	燃油泵总成信号(高压侧)	发动机暖机时怠速,数据表项目"Injection Mode"显示"Direct"	脉冲发生
C24-19(FP1+)—A16-10(E1)	G—W/B	燃油泵总成信号(高压侧)	发动机暖机时怠速,数据表项目"Injection Mode"显示"Direct"	脉冲发生
C24-20(VOP−)—A16-10(E1)	P—W/B	机油压力控制阀工作信号	发动机暖机时怠速	脉冲发生
C24-21(VOP+)—A16-10(E1)	G—W/B	机油压力控制阀工作信号	发动机暖机时怠速	脉冲发生
C24-26(OE1+)—C24-25(OE1−)	LA/B—LA/W	凸轮轴正时机油控制电磁阀总成工作信号	怠速运转	脉冲发生
C24-28(EDT1)—A16-10(E1)	P—W/B	带EDU的凸轮轴正时控制电机总成信号	发动机暖机时怠速	脉冲发生
C24-42(WSV1)—A16-10(E1)	LA/W—W/B	水流关闭阀工作信号	电源开关转到ON(IG)	11~14V
C24-46(IGT4)—A16-10(E1)	B—W/B	4号点火线圈总成信号(点火信号)	发动机暖机时怠速	脉冲发生
C24-47(IGT3)—A16-10(E1)	P—W/B	3号点火线圈总成信号(点火信号)	发动机暖机时怠速	脉冲发生
C24-48(IGT2)—A16-10(E1)	V—W/B	2号点火线圈总成信号(点火信号)	发动机暖机时怠速	脉冲发生
C24-49(IGT1)—A16-10(E1)	W—W/B	1号点火线圈总成信号(点火信号)	发动机暖机时怠速	脉冲发生
C24-50(WPO)—A16-10(E1)	LA/G—W/B	电动水泵总成信号	发动机暖机时怠速	脉冲发生
C24-51(WPI)—A16-10(E1)	LA/B—W/B	电动水泵总成信号	发动机暖机时怠速	脉冲发生
C24-66(PRG)—A16-10(E1)	P—W/B	净化VSV工作信号	电源开关转到ON(IG)	11~14V
			发动机暖机时怠速,净化控制下	脉冲发生
C24-70(EMR1)—A16-10(E1)	LG—W/B	带EDU的凸轮轴正时控制电机总成信号	发动机暖机时怠速	脉冲发生
C24-71(EMF1)—A16-10(E1)	B—W/B	带EDU的凸轮轴正时控制电机总成信号	发动机暖机时怠速	小于5.0V
C24-72(EMD1)—A16-10(E1)	L—W/B	带EDU的凸轮轴正时控制电机总成信号	发动机暖机时怠速	脉冲发生

续表

端子	线色	端子说明	检测条件	规定状态
C24-73(♯40)—A16-10(E1)	P—W/B	进气口喷射喷油器总成信号(4号气缸)	发动机暖机时怠速(数据表项目"Injection Mode"显示"Port")	脉冲发生
C24-74(♯30)—A16-10(E1)	W—W/B	进气口喷射喷油器总成信号(3号气缸)	发动机暖机时怠速(数据表项目"Injection Mode"显示"Port")	脉冲发生
C24-75(♯20)—A16-10(E1)	G—W/B	进气口喷射喷油器总成信号(2号气缸)	发动机暖机时怠速(数据表项目"Injection Mode"显示"Port")	脉冲发生
C24-76(♯10)—A16-10(E1)	B—W/B	进气口喷射喷油器总成信号(1号气缸)	发动机暖机时怠速(数据表项目"Injection Mode"显示"Port")	脉冲发生
C24-78(VCVG)—A16-10(E1)	R—W/B	质量空气流量计分总成电源(规定电压)	电源开关转到ON(IG)	4.8~5.2V
C24-84(VCPF)—A16-10(E1)	LG—W/B	燃油压力传感器电源(带传感器的输油管总成)(低压侧)(规定电压)	电源开关转到ON(IG)	4.5~5.5V
C24-87(VTA2)—C24-110(ETA)	V—G	节气门位置传感器信号(传感器故障检测)	发动机停止,将电源开关转到ON(IG),完全松开加速踏板	2.1~3.1V
C24-88(VCV1)—A16-10(E1)	L—W/B	凸轮轴位置传感器电源(进气凸轮轴)(规定电压)	电源开关转到ON(IG)	4.5~5.5V
C24-90(VV1+)—C24-89(VV1−)	B—LG	凸轮轴位置传感器信号(进气凸轮轴)	发动机暖机时怠速	脉冲发生
C24-91(EV1+)—C24-114(EV1−)	V—G	凸轮轴位置传感器信号(排气凸轮轴)	发动机暖机时怠速	脉冲发生
C24-93(NE+)—C24-115(NE−)	L—P	曲轴位置传感器信号	发动机暖机时怠速	脉冲发生
C24-94(A1A−)—A16-10(E1)	G—W/B	空燃比传感器信号(1号传感器)	电源开关转到ON(IG)	1.24~4.22V
C24-95(A1A+)—A16-10(E1)	R—W/B	空燃比传感器信号(1号传感器)	电源开关转到ON(IG)	1.46~4.22V
C24-97(PR)—C24-96(EPR)	L—V	燃油压力传感器信号(高压侧)	发动机暖机时怠速	0.5~4.5V
C24-98(VCPR)—C24-96(EPR)	LG—V	燃油压力传感器电源(高压侧)(规定电压)	电源开关转到ON(IG)	4.75~5.25V
C24-99(VCPE)—C24-100(EPEO)	R—G	发动机机油压力传感器电源(规定电压)	电源开关转到ON(IG)	4.5~5.5V
C24-101(VG)—C24-79(E2G)	W—G	质量空气流量计分总成信号	电源开关转到ON(IG)	脉冲发生
C24-102(THA)—C24-79(E2G)	V—G	进气温度传感器信号(质量空气流量计分总成)	怠速,进气温度为0~80℃(32~176℉)	0.5~3.4V

续表

端子	线色	端子说明	检测条件	规定状态
C24-107(PFL)—C24-61(EPFL)	V—L	燃油压力传感器信号（带传感器的输油管总成）（低压侧）	发动机暖机时怠速	0.75～4.5V
C24-108(VTA1)—C24-110(ETA)	P—G	节气门位置传感器信号（发动机控制）	发动机停止,将电源开关转到ON(IG),完全松开加速踏板	0.6～1.1V
C24-109(VCTA)—C24-110(ETA)	R—G	节气门位置传感器电源（规定电压）	发动机停止,将电源开关转到ON(IG)	4.5～5.5V
C24-111(KNK1)—C24-112(EKNK)	B—W	爆震控制传感器信号	发动机暖机后,保持2500r/min的转速	脉冲发生
C24-113(VCE1)—A16-10(E1)	L—W/B	凸轮轴位置传感器电源（排气凸轮轴）（规定电压）	电源开关转到ON(IG)	4.5～5.5V
C24-116(VCNE)—A16-10(E1)	V—W/B	曲轴位置传感器电源（规定电压）	电源开关转到ON(IG)	4.5～5.5V
C24-117(A1B−)—A16-10(E1)	W—W/B	空燃比传感器信号（2号传感器）	电源开关转到ON(IG)	1.17～4.49V
C24-118(A1B+)—A16-10(E1)	B—W/B	空燃比传感器信号（2号传感器）	电源开关转到ON(IG)	1.53～5.96V
C24-120(PIM)—C24-119(EPIM)	P—G	歧管绝对压力传感器信号	电源开关转到ON(IG)	3.0～4.5V
C24-121(VCPM)—C24-119(EPIM)	B—G	歧管绝对压力传感器电源（规定电压）	电源开关转到ON(IG)	4.75～5.25V
C24-122(PEO)—C24-100(EPEO)	W—G	机油压力传感器信号	发动机暖机时怠速	0.5～4.5V
C24-123(THEO)—C24-104(ETHE)	V—W	发动机机油温度传感器信号	电源开关转到ON(IG)	0.14～4.93V
C24-125(THW)—C24-124(ETHW)	L—P	发动机冷却液温度传感器信号	怠速,发动机冷却液温度为75～100℃(167～212℉)	0.2～1.0V

7.2.2　混合动力控制系统部件位置

丰田混合动力系统（THS-Ⅱ）主要由发动机、混合动力车辆传动桥总成、带转换器的逆变器总成和HV蓄电池组成，采用混联式混合动力系统，对A25B-FXS发动机、提供卓越传输性能的P710混合动力车辆传动桥总成内的1号电机（MG1）和2号电机（MG2）执行最佳的协同控制。该系统采用了可变电压系统，包括大功率HV蓄电池（公称电压为244.8V DC）、将MG1和MG2的工作电压增至最高650V DC的增压转换器和将直流转换为交流的逆变器。混合动力车辆未配备常规交流发电机，使用DC-DC转换器将来自HV蓄电池的高电压降至约14V DC以对辅助蓄电池充电。混合动力系统组成部件如图7-10～图7-13所示。

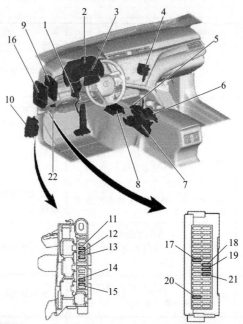

图 7-10　2018 年款凯美瑞 HEV 车型混动控制系统部件

1—加速踏板位置传感器总成位置；2—组合仪表总成；3—空调放大器总成；4—6 号继电器盒（IGCT 继电器）；5—换挡杆位置指示灯；6—电动驻车制动开关总成（EV 行驶模式开关、环保模式开关、运动模式开关、正常模式开关）；7—换挡锁止控制单元总成；8—气囊传感器总成；9—混合动力车辆控制 ECU 总成；10—4 号继电器盒；11—PCU-FR 熔丝；12—2 号 IGCT 熔丝；13—PM-IGCT 熔丝；14—BATT FAN 熔丝；15—INV W/PMP 熔丝；16—仪表板接线盒总成；17—ECU-B2 号熔丝；18—BKUP LP 熔丝；19—ECU-IG1 1 号熔丝；20—ECU-ACC 熔丝；21—ECU-IG1 3 号熔丝；22—DLC3

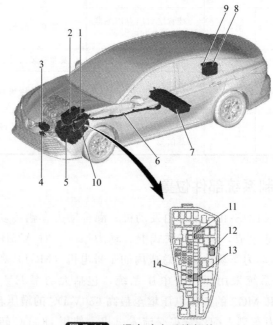

图 7-11　混合动力系统部件

1—ECM；2—带转换器的逆变器总成；3—带电机的压缩机总成；4—逆变器水泵总成；5—混合动力车辆传动桥总成；6—HV 地板底部导线；7—HV 蓄电池；8—辅助蓄电池；9—熔丝盒总成（IGCT 熔丝、MAIN 熔丝）；10—发动机舱 1 号继电器盒和 1 号接线盒总成；11—ECU-IG2 1 号熔丝；12—1 号 IG2 继电器；13—DC-DC 熔丝；14—IG2-MAIN 熔丝

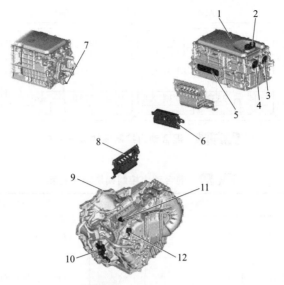

图 7-12 动力系统部件

1—带转换器的逆变器总成；2—低压连接器；3—空调线束连接器；4—HV 地板底部导线连接器；
5—电机电缆连接器；6—逆变器盖/互锁装置；7—AMD 端子；8—电机电缆；
9—混合动力车辆传动桥总成；10—换挡杆位置传感器；11—电动机温度传感器/发电机温度传感器；
12—电动机解析器/发电机解析器/变速器油温度传感器

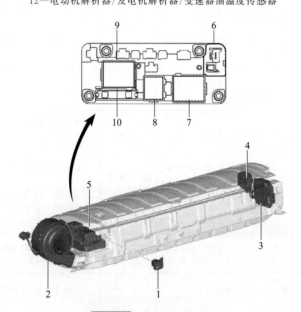

图 7-13 高压电池部件

1—维修开关；2—蓄电池冷却鼓风机总成；3—蓄电池电压传感器；4—混合动力蓄电池端子盒；
5—HV 蓄电池接线盒总成；6—蓄电池电流传感器；7—SMRB；
8—SMRP；9—SMRG；10—系统主电阻

7.2.3 混合动力控制模块端子检测

混合动力控制模块端子分布如图 7-14 所示，端子检测见表 7-2。

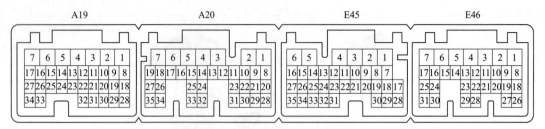

图 7-14 混合动力控制模块端子分布

表 7-2 混合动力控制模块端子检测

端子	线色	端子说明	输入/输出	检测条件	规定状态
A19-1(＋B2)—E45-6(E1)	W—W/B	电源	输入	电源开关转到 ON(IG)	11～14V
A19-3(IG2)—E45-6(E1)	B—W/B	电源	输入	电源开关转到 ON(IG)	11～14V
A19-8(VCP2)—A19-18(EPA2)	SB—P	加速踏板位置传感器总成电源(VPA2)	输出	电源开关转到 ON(IG)	4.5～5.5V
A19-9(VCPA)—A19-20(EPA)	BE—L	加速踏板位置传感器总成电源(VPA)	输出	电源开关转到 ON(IG)	4.5～5.5V
A19-13(IWP)—E45-6(E1)	L—W/B	带电机的逆变器水泵总成信号	输出	电源开关转到 ON(READY)	脉冲发生
A19-14(NIWP)—E45-6(E1)	W—W/B	带电机的逆变器水泵总成信号	输入	电源开关转到 ON(READY)	脉冲发生
A19-15(STP)—E45-6(E1)	LA/G—W/B	刹车灯开关	输入	踩下制动踏板	11～14V
				松开制动踏板	0～1.5V
A19-17(LIN3)—E45-6(E1)	L—W/B	LIN 通信信号(空调逆变器、辅助蓄电池)	输入/输出	电源开关转到 ON(READY)	脉冲发生
A19-21(TTA)—A19-31(ETTA)	GR—SB	变速器油温度传感器	输入	电源开关转到 ON(IG),温度为 25℃(77°F)	3.6～4.6V
				电源开关转到 ON(IG),温度为 60℃(140°F)	2.2～3.2V
A19-22(ACCI)—E45-6(E1)	P—W/B	ACC 继电器	输入	电源开关转到 ON(ACC)	11～14V
A19-24(MMT)—A19-23(MMTG)	G—R	电动机温度传感器	输入	电源开关转到 ON(IG),温度为 25℃(77°F)	3.6～4.6V
				电源开关转到 ON(IG),温度为 60℃(140°F)	2.2～3.2V
A19-26(GMT)—A19-27(GMTG)	P—V	发电机温度传感器	输入	电源开关转到 ON(IG),温度为 25℃(77°F)	3.6～4.6V
				电源开关转到 ON(IG),温度为 60℃(140°F)	2.2～3.2V

续表

端子	线色	端子说明	输入/输出	检测条件	规定状态
A19-28(VPA2)—A19-18(EPA2)	GR—P	加速踏板位置传感器总成(加速踏板位置检测)	输入	电源开关转到 ON(IG),松开加速踏板	1.0~2.2V
				电源开关转到 ON(IG),发动机停止,换挡杆置于 P,完全踩下加速踏板	3.4~5.3V
A19-30(VPA)—A19-20(EPA)	G—L	加速踏板位置传感器总成(加速踏板位置检测)	输入	电源开关转到 ON(IG),松开加速踏板	0.4~1.4V
				电源开关转到 ON(IG),发动机停止,换挡杆置于 P,完全踩下加速踏板	2.6~4.5V
A20-1(PSFT)—E45-6(E1)	L—W/B	换挡杆位置传感器电源	输出	电源开关转到 ON(ACC)	7.5~14V
A20-2(BL)—E45-6(E1)	BE—W/B	倒车灯	输出	电源开关转到 ON(IG),换挡杆置于 R	11~14V
A20-4(+B1)—E45-6(E1)	R—W/B	电源	输入	电源开关转到 ON(IG)	11~14V
A20-6(MREL)—E45-6(E1)	G—W/B	主继电器	输出	电源开关转到 ON(IG)	11~14V
A20-7(IGB)—E45-6(E1)	B—W/B	电源	输入	电源开关转到 ON(IG)	8.5~14V
A20-12(HSDN)—E45-6(E1)	W—W/B	MG ECU 切断信号	输出	电源开关转到 ON(READY)	0~1.5V
A20-13(ILK)—E45-6(E1)	GR—W/B	互锁开关	输入	电源开关转到 ON(IG),维修开关安装正确	0~1.5V
				电源开关转到 ON(IG),维修开关未安装	11~14V
A20-14(DB2)—E45-6(E1)	V—W/B	换挡杆位置信号	输入	电源开关转到 ON(IG),换挡杆置于 D 或 S	7.5~14V
				电源开关转到 ON(IG),换挡杆未置于 D 或 S	0~1.5V
A20-15(R)—E45-6(E1)	LG—W/B	换挡杆位置信号	输入	电源开关转到 ON(IG),换挡杆置于 R	7.5~14V
				电源开关转到 ON(IG),换挡杆未置于 R	0~1.5V
A20-17(PR)—E45-6(E1)	R—W/B	换挡杆位置信号	输入	电源开关转到 ON(IG),换挡杆置于 P 或 R	7.5~14V
				电源开关转到 ON(IG),换挡杆未置于 P 或 R	0~1.5V
A20-20(N)—E45-6(E1)	G—W/B	换挡杆位置信号	输入	电源开关转到 ON(IG),换挡杆置于 N	7.5~14V
				电源开关转到 ON(IG),换挡杆未置于 N	0~1.5V

续表

端子	线色	端子说明	输入/输出	检测条件	规定状态
A20-21(P)—E45-6(E1)	BE—W/B	换挡杆位置信号	输入	电源开关转到 ON(IG)，换挡杆置于 P	7.5～14V
				电源开关转到 ON(IG)，换挡杆未置于 P	0～1.5V
A20-26(DB1)—E45-6(E1)	W—W/B	换挡杆位置信号	输入	电源开关转到 ON(IG)，换挡杆置于 D 或 S	7.5～14V
				电源开关转到 ON(IG)，换挡杆未置于 D 或 S	0～1.5V
A20-28(ST1－)—E45-6(E1)	LG—W/B	刹车灯开关信号	输入	电源开关转到 ON(IG)，踩下制动踏板	0～1.5V
				电源开关转到 ON(IG)，松开制动踏板	11～14V
A20-30(HMCL)—E45-6(E1)	W—W/B	MG ECU 通信请求信号	输入/输出	电源开关转到 ON(IG)	脉冲发生
A20-31(HMCH)—E45-6(E1)	B—W/B	MG ECU 通信请求信号	输入/输出	电源开关转到 ON(IG)	脉冲发生
A20-34(PNB)—E45-6(E1)	B—W/B	换挡杆位置信号	输入	电源开关转到 ON(IG)，换挡杆置于 P 或 N	7.5～14V
E45-1(SMRG)—E45-5(E01)	B—W/B	系统主继电器工作信号	输出	电源开关转到 ON(IG)→电源开关转到 ON(READY)	脉冲发生
E45-3(SMRP)—E45-5(E01)	W—W/B	系统主继电器工作信号	输出	电源开关转到 ON(IG)→电源开关转到 ON(READY)	脉冲发生
E45-4(SMRB)—E45-5(E01)	GR—W/B	系统主继电器工作信号	输出	电源开关转到 ON(IG)→电源开关转到 ON(READY)	脉冲发生
E45-8(INDR)—E45-6(E1)	V—W/B	换挡杆位置指示灯信号	输入	电源开关转到 ON(IG)，换挡杆置于 R	0～3.2V
				电源开关转到 ON(IG)，换挡杆未置于 R	11～14V
E45-9(ST2)—E45-6(E1)	L—W/B	起动机信号	输入	电源开关转到 ON(IG)	0～1.5V
E45-10(NORM)—E45-6(E1)	LG—W/B	正常模式开关(电动驻车制动开关总成)信号	输入	电源开关转到 ON(IG)，正常模式开关(电动驻车制动开关总成)未操作	11～14V
				电源开关转到 ON(IG)，正常模式开关(电动驻车制动开关总成)操作	0～1.5V
E45-32(BTH＋)—E45-6(E1)	P—W/B	自蓄电池电压传感器至混合动力车辆 ECU 总成的通信信号	输入	电源开关转到 ON(IG)	脉冲发生
E45-33（BTH-)—E45-6(E1)	W—W/B	自蓄电池电压传感器至混合动力车辆 ECU 总成的通信信号	输入	电源开关转到 ON(IG)	脉冲发生

续表

端子	线色	端子说明	输入/输出	检测条件	规定状态
E46-1(M)—E45-6 (E1)	B—W/B	变速器控制	输入	电源开关转到 ON(IG)，换挡杆置于 S	11～14V
				电源开关转到 ON(IG)，换挡杆未置于 S	0～1.5V
E46-3(BATT)—E45-6(E1)	V—W/B	稳压电源	输入	电源开关转到 ON(IG)	11～14V
				电源开关转到 ON(READY)	11～15.5V
E46-6(SPRT)—E45-6(E1)	R—W/B	运动模式开关(电动驻车制动开关总成)信号	输入	电源开关转到 ON(IG)，运动模式开关(电动驻车制动开关总成)未操作	11～14V
				电源开关转到 ON(IG)，运动模式开关(电动驻车制动开关总成)操作	0～1.5V
E46-7(PLKC)—E45-6(E1)	V—W/B	换挡锁止释放请求信号	输出	电源开关转到 ON(READY)，踩下制动踏板	11～14V
				电源开关转到 ON(READY)，松开制动踏板	0～1.5V
E46-8(SFTD)—E45-6(E1)	G—W/B	变速器控制	输入	电源开关转到 ON(IG)，换挡杆置于 S	11～14V
				电源开关转到 ON(IG)，换挡杆置于(一)	0～1.5V
E46-9(SFTU)—E45-6(E1)	L—W/B	变速器控制	输入	电源开关转到 ON(IG)，换挡杆置于 S	11～14V
				电源开关转到 ON(IG)，换挡杆置于(＋)	0～1.5V
E46-10(INDM)—E45-6(E1)	GR—W/B	换挡杆位置指示灯信号	输入	电源开关转到 ON(IG)，换挡杆置于 S	0～3.2V
				电源开关转到 ON(IG)，换挡杆未置于 S	11～14V
E46-11(INDD)—E45-6(E1)	W—W/B	换挡杆位置指示灯信号	输入	电源开关转到 ON(IG)，换挡杆置于 D	0～3.2V
				电源开关转到 ON(IG)，换挡杆未置于 D	11～14V
E46-12(INDN)—E45-6(E1)	R—W/B	换挡杆位置指示灯信号	输入	电源开关转到 ON(IG)，换挡杆置于 N	0～3.2V
				电源开关转到 ON(IG)，换挡杆未置于 N	11～14V
E46-13(INDP)—E45-6(E1)	P—W/B	换挡杆位置指示灯信号	输入	电源开关转到 ON(IG)，换挡杆置于 P	0～3.2V
				电源开关转到 ON(IG)，换挡杆未置于 P	11～14V
E46-14(ABFS)—E45-6(E1)	B—W/B	气囊激活信号	输入	电源开关转到 ON(READY)	脉冲发生

端子	线色	端子说明	输入/输出	检测条件	规定状态
E46-15(EVSW)—E45-6(E1)	G—W/B	EV 行驶模式开关(电动驻车制动开关总成)信号	输入	电源开关转到 ON(IG),EV 行驶模式开关(电动驻车制动开关总成)未操作	11~14V
				电源开关转到 ON(IG),EV 行驶模式开关(电动驻车制动开关总成)操作	0~1.5V
E46-24(CA1L)—E45-6(E1)	W—W/B	CAN 通信信号	输入/输出	电源开关转到 ON(IG)	脉冲发生
E46-25(CA1H)—E45-6(E1)	L—W/B	CAN 通信信号	输入/输出	电源开关转到 ON(IG)	脉冲发生
E46-28(TC)—E45-6(E1)	LG—W/B	诊断端子	输入	电源开关转到 ON(IG)	11~14V
E46-29(SI0)—E45-6(E1)	L—W/B	蓄电池冷却鼓风机总成工作信号	输出	冷却风扇工作	脉冲发生
				冷却风扇不工作	4.5~5.5V
E46-30(CA3N)—E45-6(E1)	W—W/B	CAN 通信信号	输入/输出	电源开关转到 ON(IG)	脉冲发生
E46-31(CA3P)—E45-6(E1)	P—W/B	CAN 通信信号	输入/输出	电源开关转到 ON(IG)	脉冲发生

7.2.4　带转换器的逆变器总成端子检测

逆变器总成端子分布如图 7-15 所示,端子检测数据见表 7-3。

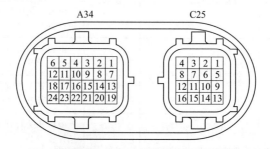

图 7-15　逆变器总成端子分布

表 7-3　逆变器总成端子检测

端子	线色	输入/输出	端子说明	检测条件	规定状态
A34-1（CANH）—A34-24(GND1)	V—W/B	输入/输出	CAN 通信信号	电源开关转到 ON(IG)	脉冲发生（波形 1）
A34-5（＋B2）—A34-24(GND1)	GR—W/B	输入	电机控制 ECU(MG ECU)电源	电源开关转到 ON(IG)	11~14V
A34-6（＋B）—A34-24(GND1)	W—W/B	输入	电机控制 ECU(MG ECU)电源	电源开关转到 ON(IG)	11~14V
A34-7(CANL)—A34-24(GND1)	W—W/B	输入/输出	CAN 通信信号	电源开关转到 ON(IG)	脉冲发生（波形 1）

续表

端子	线色	输入/输出	端子说明	检测条件	规定状态
A34-10（GI）—A34-24（GND1）	W—W/B	输入	凸轮轴位置传感器信号	电源开关转到ON（READY），发动机运转	脉冲发生（波形2）
A34-12（IGCT）—A34-24（GND1）	BE—W/B	输入	电机控制ECU（MG ECU）电源	电源开关转到ON（IG）	11～14V
A34-17（NE）—A34-24（GND1）	B—W/B	输入	曲轴位置传感器信号	电源开关转到ON（READY），发动机运转	脉冲发生
A34-19（HMCL）—A34-24（GND1）	W—W/B	输入/输出	通信信号	电源开关转到ON（IG）	脉冲发生
A34-20（HMCH）—A34-24（GND1）	B—W/B	输入/输出	通信信号	电源开关转到ON（IG）	脉冲发生
A34-22（HSDN）—A34-24（GND1）	W—W/B	输入	MG切断信号	电源开关转到ON（READY）	0～1V
C25-1（MSN）—C25-2（MSNG）	G—Y	输入	电动机解析信号	电动机解析器运行	脉冲发生
C25-3（MCSG）—C25-4（MCS）	B—L	输入	电动机解析信号	电动机解析器运行	脉冲发生
C25-5（MRF）—C25-7（MRFG）	W—R	输出	电动机解析器参考信号	电动机解析器运行	脉冲发生
C25-9（GRF）—C25-11（GRFG）	SB—V	输出	发电机解析器参考信号	发电机解析器运行	脉冲发生
C25-13（GSN）—C25-14（GSNG）	GR—P	输入	发电机解析信号	发电机解析器运行	脉冲发生
C25-15（GCSG）—C25-16（GCS）	BR—LG	输入	发电机解析信号	发电机解析器运行	脉冲发生

7.2.5　P710混动变速器技术参数与结构

P710混合动力车辆传动桥总成主要由发电机（MG1）、电动机（MG2）、动力分配行星齿轮机构、中间轴齿轮、减速齿轮、差速器齿轮机构和油泵组成。传动桥包括电动机（MG2）（用于驱动车辆）和发电机（MG1）（用于发电），采用带复合齿轮机构的无级变速器装置，传动桥具有四轴结构。动力分配行星齿轮机构、油泵和发电机（MG1）安装在主轴上。MG2减速齿轮和电动机（MG2）安装在第二轴上。中间轴从动齿轮和减速主动齿轮安装在第三轴。减速从动齿轮和差速器齿轮机构安装在第四轴上。变速器技术参数见表7-4，结构如图7-16所示。

表7-4　P710混动变速器技术参数

项目		规格
传动桥类型		P710
换挡杆位置		P/R/N/D/S
动力分配行星齿轮机构	太阳齿轮齿数	30
	小齿轮齿数	23
	齿圈齿数	78

续表

项目		规格
MG2 减速齿轮	主动齿轮齿数	16
	从动齿轮齿数	49
中间轴齿轮	主动齿轮齿数	53
	从动齿轮齿数	49
减速齿轮	主动齿轮齿数	21
	从动齿轮齿数	77
总减速比[①]		3.389
油液类型		丰田纯正 ATF WS
油液容量	L(US qts, Imp. qts)	3.9(4.1,3.4)
质量(参考)[②]	kg(lb)	93.1(205.2)

① 中间轴齿轮和减速齿轮的总减速比。
② 加满油液时的质量。

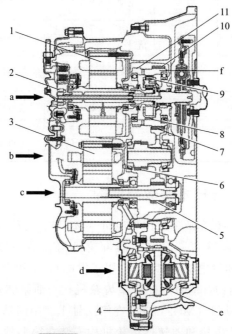

图 7-16 P710 混动变速器结构

1—发电机（MG1）；2—油泵；3—电动机（MG2）；4—减速从动齿轮；5—MG2 减速齿轮；6—减速主动齿轮；
7—中间轴从动齿轮；8—行星齿圈；9—动力分配行星齿轮机构；10—中间轴主动齿轮；11—驻车锁定齿轮；
a—主轴；b—第三轴；c—第二轴；d—第四轴；e—差速器齿轮机构；f—复合齿轮

7.3 卡罗拉-雷凌 HEV(2016~)

7.3.1 混合动力控制系统部件位置

混合动力系统部件位置如图 7-17～图 7-20 所示。

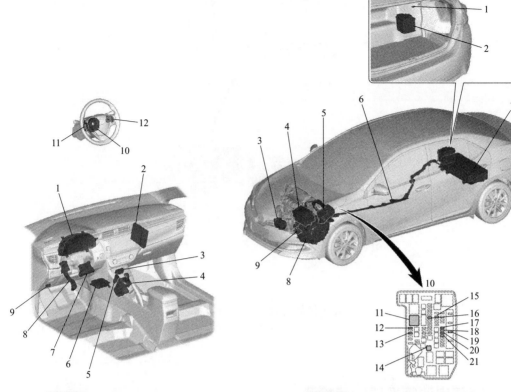

图 7-17　仪表台部件位置

1—组合仪表总成；2—混合动力车辆控制 ECU；3—组合开关总成（包括动力模式开关、EV 驱动模式开关、环保模式开关）；4—变速器地板式换挡总成；5—P 位置开关（变速器换挡主开关）；6—气囊 ECU 总成；7—空调放大器总成；8—加速踏板位置传感器总成；9—DLC3；10—螺旋电缆分总成；11—左侧换挡拨板装置（变速器换挡开关总成）；12—右侧换挡拨板装置（变速器换挡开关总成）

图 7-18　混合动力系统部件位置

1—热敏电阻总成；2—辅助蓄电池；3—带电动机的压缩机总成；4—带转换器的逆变器总成；5—ECM；6—HV 地板底部线束；7—HV 蓄电池；8—混合动力车辆传动桥总成；9—逆变器水泵总成；10—发动机舱 1 号继电器盒和 1 号接线盒总成；11—IGCT 继电器；12—BATT-FAN 熔丝；13—1 号 ECU-IG2 熔丝；14—DC-DC 熔丝；15—IGCT-MAIN 熔丝；16—2 号 ECU-B 熔丝；17—2 号 IGCT 熔丝；18—INV W/PMP 熔丝；19—IG2 熔丝；20—PCU 熔丝；21—PM-IGCT 熔丝

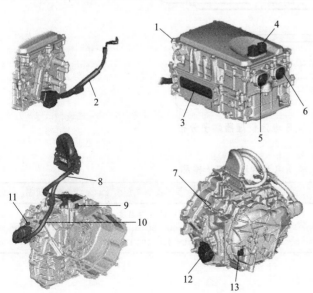

图 7-19　动力驱动系统部件位置

1—带转换器的逆变器总成；2—发动机舱 2 号线束；3—电动机电缆连接器；4—低压连接器；5—高压输入连接器；6—空调线束连接器；7—混合动力车辆传动桥总成；8—电动机电缆；9—发电机解析器；10—发电机温度传感器；11—电动机温度传感器；12—换挡控制执行器总成；13—电动机解析器

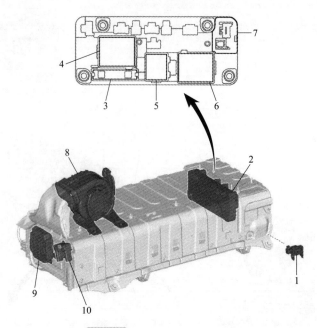

图 7-20　高压电池部件位置

1—维修开关；2—HV 蓄电池接线盒总成；3—系统主电阻器；4—SMRG；5—SMRP；6—SMRB；7—电流传感器；
8—蓄电池冷却鼓风机总成；9—蓄电池电压传感器；10—混合动力蓄电池端子盒

7.3.2　高压电池管理器端子检测

高压电池管理器端子分布如图 7-21 所示，端子检测见表 7-5。

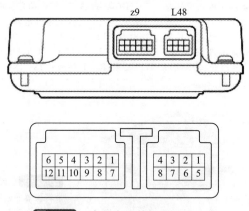

图 7-21　高压电池管理器端子分布

表 7-5　高压电池管理器端子检测

端子	线色	输入/输出	端子说明	检测条件	规定状态
z9-1（TC0）—z9-7（GC0）	G—G	输入	进气温度传感器	HV 蓄电池温度：−40～90℃（−40～194℉）	4.8［−40℃（−40℉）］～1.0［90℃（194℉）］V

续表

端子	线色	输入/输出	端子说明	检测条件	规定状态
z9-2(TB2)—z9-8 (GB2)	R—R	输入	蓄电池温度传感器2	HV 蓄电池温度： −40～90℃ (−40～194℉)	4.8[−40℃ (−40℉)]～1.0 [90℃(194℉)]V
z9-3(TB1)—z9-9 (GB1)	W—W	输入	蓄电池温度传感器1	HV 蓄电池温度： −40～90℃ (−40～194℉)	4.8[−40℃ (−40℉)]～1.0 [90℃(194℉)]V
z9-4(TB0)—z9-10 (GB0)	L—L	输入	蓄电池温度传感器0	HV 蓄电池温度： −40～90℃ (−40～194℉)	4.8[−40℃ (−40℉)]～1.0 [90℃(194℉)]V
z9-5(IB0)—z9-12 (GIB)	Y—B	输入	电流传感器	电源开关 ON(READY)	0.5～4.5V
z9-6(VIB)—z9-12 (GIB)	BR—B	输出	蓄电池电流传感器电源	电源开关 ON(IG)	4.5～5.5V
L48-1(IGCT)— L48-5(GND)	L—BR	输入	控制信号	电源开关 ON(READY)	11～14V
L48-2(BTH+)— L48-5(GND)	R—BR	输出	串行通信	电源开关 ON(IG)	产生脉冲
L48-3(BTH−)— L48-5(GND)	G—BR	输出	串行通信	电源开关 ON(IG)	产生脉冲
L48-5(GND)—车身 搭铁	BR— —	—	搭铁	始终(导通性检查)	小于1Ω
L48-8(FP0)—L48-5 (GND)	B—BR	输入	蓄电池0号冷却鼓风 机监视信号	冷却鼓风机停止	0Hz
				冷却鼓风机激活	产生脉冲

7.3.3 电机控制器端子检测

电机控制器端子分布如图 7-22 所示，端子检测见表 7-6。

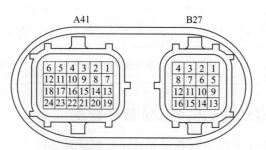

图 7-22 电机控制器端子分布

表 7-6 电机控制器端子检测

端子	配线颜色	输入/输出	端子说明	检测条件	规定状态
A41-1(CANH)— A41-24(GND1)	L—W/B	输入/输出	CAN 通信信号	电源开关 ON(IG)	产生脉冲
A41-5(+B2)— A41-24(GND1)	G—W/B	输入	电动机-发电机控制 ECU(MG ECU)电源	电源开关 ON(IG)	11～14V

端子	配线颜色	输入/输出	端子说明	检测条件	规定状态
A41-6(＋B)—A41-24(GND1)	R—W/B	输入	电动机-发电机控制ECU(MG ECU)电源	电源开关 ON(IG)	11～14V
A41-7(CANL)—A41-24(GND1)	SB—W/B	输入/输出	CAN 通信信号	电源开关 ON(IG)	产生脉冲
A41-10(GI)—A41-24(GND1)	B—W/B	输入	凸轮轴位置传感器信号	电源开关置于 ON(READY)位置,发动机运转	产生脉冲
A41-12(IGCT)—A41-24(GND1)	V—W/B	输入	电动机-发电机控制ECU(MG ECU)电源	电源开关 ON(IG)	11～14V
A41-17(NE)—A41-24(GND1)	G—W/B	输入	曲轴位置传感器信号	电源开关置于 ON(READY)位置,发动机运转	产生脉冲
A41-19(HMCL)—A41-24(GND1)	W—W/B	输入/输出	通信信号	电源开关 ON(READY)	产生脉冲
A41-20(HMCH)—A41-24(GND1)	B—W/B	输入/输出	通信信号	电源开关 ON(READY)	产生脉冲
A41-22(HSDN)—A41-24(GND1)	G—W/B	输入	MG 切断信号	电源开关 ON(READY)	0～1V
B27-1(MSN)—B27-2(MSNG)	L—R	输入	电动机解析器信号	电动机解析器运行	产生脉冲
B27-3(MCSG)—B27-4(MCS)	Y—W	输入	电动机解析器信号	电动机解析器运行	产生脉冲
B27-5(MRF)—B27-7(MRFG)	B—G	输出	电动机解析器参考信号	电动机解析器运行	产生脉冲
B27-9(GRF)—B27-11(GRFG)	W—Y	输出	发电机解析器参考信号	发电机解析器运行	产生脉冲
B27-13(GSN)—B27-14(GSNG)	B—G	输入	发电机解析器信号	发电机解析器运行	产生脉冲
B27-15(GCSG)—B27-16(GCS)	R—L	输入	发电机解析器信号	发电机解析器运行	产生脉冲

7.3.4　8ZR-FXE 混动发动机 ECM 端子检测

发动机 ECM 端子分布如图 7-23 所示,端子检测见表 7-7。

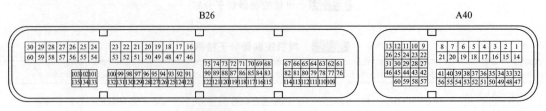

图 7-23　发动机 ECM 端子分布

表 7-7　发动机 ECM 端子检测

端子	线色	端子说明	检测条件	规定状态
A401(BATT)—B26-16(E1)	R—BR	辅助蓄电池(测量辅助蓄电池电压和 ECM 存储器)	电源开关 OFF	11～16V
A40-2(+B)—B26-16(E1)	B—BR	ECM 电源	电源开关 ON(IG)	11～14V
A40-3(+B2)—B26-16(E1)	B—BR	ECM 电源	电源开关 ON(IG)	11～14V
B26-29(+BM)—B26-16(E1)	R—BR	节气门执行器电源	电源开关 OFF	11～16V
A40-37(IGSW)—B26-16(E1)	B—BR	电源开关 ON(IG)信号	电源开关 ON(IG)	11～14V
B26-75(OC1+)—B26-74(OC1-)	B—Y	凸轮轴正时机油控制阀总成工作信号	急速运转	产生脉冲
A40-46(MREL)—B26-16(E1)	G—BR	EFI-MAIN 继电器工作信号	电源开关 ON(IG)	11～14V
B26-91(VG)—B26-92(E2G)	L—Y	质量空气流量计分总成信号	急速运转,选择空挡(N),空调开关关闭	0.5～3.0V
B26-90(THA)—B26-122(ETHA)	L—BR	进气温度传感器信号	急速运转,进气温度为 20℃(68℉)	0.5～3.4V
B26-93(THW)—B26-94(ETHW)	GR—BR	发动机冷却液温度传感器信号	急速运转,发动机冷却液温度为 80℃(176℉)	0.2～1.0V
B26-115(VCTA)—B26-116(ETA)	Y—L	节气门位置传感器电源(规定电压)	电源开关 ON(IG)	4.5～5.5V
B26-84(VTA1)—B26-116(ETA)	LG—L	节气门位置传感器信号(发动机控制)	完全松开加速踏板	0.5～1.1V
B26-83(VTA2)—B26-116(ETA)	B—L	节气门位置传感器信号(传感器故障检测)	完全松开加速踏板	2.1～3.1V
B26-23(HA1A)—B26-52(E04)	R—W/B	空燃比传感器加热器工作信号	急速运转	产生脉冲
			电源开关 ON(IG)	11～14V
B26-133(A1A+)—B26-16(E1)	Y—BR	空燃比传感器信号	电源开关 ON(IG)	约 3.3V
B26-134(A1A-)—B26-16(E1)	L—BR	空燃比传感器信号	电源开关 ON(IG)	约 2.9V
B26-22(HT1B)—B26-52(E04)	L—W/B	加热型氧传感器加热器工作信号	急速运转	低于 3.0V
			电源开关 ON(IG)	11～14V
B26-103(OX1B)—B26-135(EX1B)	Y—BR	加热型氧传感器信号	发动机暖机后,保持发动机转速 2500r/min 2min	产生脉冲
B26-20(♯10)—B26-51(E01)	B—W/B	1 号喷油器总成信号	电源开关 ON(IG)	11～14V
			急速运转	产生脉冲
B26-17(♯20)—B26-51(E01)	Y—W/B	2 号喷油器总成信号	电源开关 ON(IG)	11～14V
			急速运转	产生脉冲
B25-18(♯30)—B26-51(E01)	G—W/B	3 号喷油器总成信号	电源开关 ON(IG)	11～14V
			急速运转	产生脉冲

续表

端子	线色	端子说明	检测条件	规定状态
B26-19（＃40）—B26-51（E01）	W—W/B	4 号喷油器总成信号	电源开关 ON(IG)	11～14V
			怠速运转	产生脉冲
B26-123（KNK1）—B26-124(EKNK)	B—W	爆震控制传感器信号	发动机暖机后,保持发动机转速 2500r/min	产生脉冲
B26-113（VCV1）—B26-16(E1)	W—BR	凸轮轴位置传感器电源（规定电压）	电源开关 ON(IG)	4.5～5.5V
B26-82（VV1＋）—B26-114(VV1－)	B—R	凸轮轴位置传感器信号	怠速运转	产生脉冲
A40-43（G2O）—B26-16(E1)	B—BR	凸轮轴转速信号	怠速运转	产生脉冲
B26-78(NE＋)—B26-110(NE－)	R—G	曲轴位置传感器信号	怠速运转	产生脉冲
A40-30（NEO）—B26-16(E1)	G—BR	曲轴转速信号	怠速运转	产生脉冲
B26-57（IGT1）—B26-16(E1)	R—BR	1 号点火线圈总成（点火信号）	怠速运转	产生脉冲
B26-56（IGT2）—B26-16(E1)	B—BR	2 号点火线圈总成（点火信号）	怠速运转	产生脉冲
B26-55（IGT3）—B26-16(E1)	G—BR	3 号点火线圈总成（点火信号）	怠速运转	产生脉冲
B26-54（IGT4）—B26-16(E1)	W—BR	4 号点火线圈总成（点火信号）	怠速运转	产生脉冲
B26-102（IGF1）—B26-16(E1)	Y—BR	点火线圈总成（点火确认信号）	电源开关 ON(IG)	4.5～5.5V
			怠速运转	产生脉冲
B26-76（PRG）—B26-51（E01）	L—W/B	清污 VSV 工作信号	电源开关 ON(IG)	11～14V
			怠速运转,清污控制下	产生脉冲
B26-60(M＋)—B26-59（ME01）	V—W/B	节气门执行器工作信号（正极）	发动机暖机时怠速运转	产生脉冲
B26-30(M－)—B26-59（ME01）	P—W/B	节气门执行器工作信号（负极）	发动机暖机时怠速运转	产生脉冲
A40-21(FC)—B26-51（E01）	R—W/B	燃油泵控制	电源开关 ON(IG)	11～14V
A40-27（W）—B26-16(E1)	LG—BR	故障指示灯（MIL）工作信号	电源开关 ON(IG)(MIL 点亮)	低于 3.0V
			怠速运转	11～14V
A40-23(TC)—B26-16(E1)	P—BR	DLC3 端子 TC	电源开关 ON(IG)	11～14V
A40-31(TACH)—B26-16(E1)	GR—BR	发动机转速信号	怠速运转	产生脉冲
A40-13(CANH)—B26-16(E1)	B—BR	CAN 通信线路	电源开关 ON(IG)	产生脉冲

续表

端子	线色	端子说明	检测条件	规定状态
A40-26(CANL)—B26-16(E1)	W—BR	CAN 通信线路	电源开关 ON(IG)	产生脉冲
A40-12(CANP)—B26-16(E1)	B—BR	CAN 通信线路	电源开关 ON(IG)	产生脉冲
A40-25（CANN）—B26-16(E1)	SB—BR	CAN 通信线路	电源开关 ON(IG)	产生脉冲
A40-28（WPI）—B26-16(E1)	G—BR	发动机水泵总成信号	发动机暖机时怠速运转	产生脉冲
A40-29（WPO）—B26-16(E1)	L—BR	发动机水泵总成信号	发动机暖机时怠速运转	产生脉冲
B26-118（VCPM）—B26-119(EPIM)	L—Y	歧管绝对压力传感器电源	电源开关 ON(IG)	4.75～5.25V
B26-87（PIM）—B26-119(EPIM)	V—Y	歧管绝对压力传感器信号	电源开关 ON(IG)	3.0～5.0V
A40-8（FANH）—B26-16(E1)	LG—BR	冷却风扇继电器工作信号	电源开关 ON(IG)	11～14V
A40-7（FANL）—B26-16(E1)	L—BR	冷却风扇继电器工作信号	电源开关 ON(IG)	11～14V
A40-50(EC)—车身搭铁	BR——	ECM 接地(搭铁)电路	始终	小于 1Ω
B26-16(E1)—车身搭铁	BR——	ECM 接地(搭铁)电路	始终	小于 1Ω
B26-51(E01)—车身搭铁	W/B——	ECM 接地(搭铁)电路	始终	小于 1Ω
B26-21(E02)—车身搭铁	W/B——	ECM 接地(搭铁)电路	始终	小于 1Ω
B26-52(E04)—车身搭铁	W/B——	ECM 接地(搭铁)电路	始终	小于 1Ω
B26-59(ME01)—车身搭铁	W/B——	ECM 接地(搭铁)电路	始终	小于 1Ω
B26-58(GE01)—车身搭铁	BR——	节气门执行器的屏蔽接地(搭铁)电路	始终	小于 1Ω

7.3.5 混合动力控制模块端子检测

混合动力控制模块端子分布如图 7-24 所示，端子检测见表 7-8。

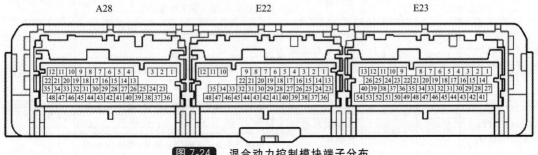

图 7-24 混合动力控制模块端子分布

表7-8　混合动力控制模块端子检测

端子	线色	输入/输出	端子说明	检测条件	规定状态
A28-4(HMCH)—E23-3(E1)	B—BR	输入/输出	CAN通信信号	电源开关ON(READY)	产生脉冲
A28-5(MREL)—E23-3(E1)	B—BR	输出	主继电器	电源开关ON(IG)	11～14V
A28-6(HSDN)—E23-3(E1)	G—BR	输出	MG ECU切断信号	电源开关ON(READY)	0～1V
A28-7(STP)—E23-3(E1)	L—BR	输入	刹车灯开关	踩下制动踏板	11～14V
				松开制动踏板	0～1.5V
A28-8(LIN3)—E23-3(E1)	B—BR	输入/输出	空调通信信号	电源开关ON(READY)	产生脉冲
A28-1(＋B1)—E23-3(E1)	L—BR	输入	电源	电源开关ON(IG)	11～14V
A28-14(HMCL)—E23-3(E1)	W—BR	输入/输出	通信信号	电源开关ON(READY)	产生脉冲
A28-20(BL)—E23-3(E1)	G—BR	输出	倒车灯	电源开关置于ON(IG)位置,换挡杆置于R	11～14V
A28-24(VCPA)—A28-37(EPA)	Y—BR	输出	加速踏板位置传感器总成电源(VPA)	电源开关ON(IG)	4.5～5.5V
A28-26(VCP2)—A28-25(EPA2)	W—B	输出	加速踏板位置传感器总成电源(VPA2)	电源开关ON(IG)	4.5～5.5V
A28-33(NIWP)—E23-3(E1)	P—BR	输入	逆变器水泵总成信号	电源开关ON(READY)	产生脉冲
A28-34(IWP)—E23-3(E1)	G—BR	输出	逆变器水泵总成信号	电源开关ON(READY)	产生脉冲
A28-36(VPA)—A28-37(EPA)	L—BR	输入	加速踏板位置传感器总成(加速踏板位置检测)	电源开关置于ON(IG)位置,松开加速踏板	0.4～1.4V
				电源开关置于ON(IG)位置,发动机停机,挡位置于P,完全踩下加速踏板	2.6～4.5V
A28-38(VPA2)—A28-25(EPA2)	V—B	输入	加速踏板位置传感器总成(加速踏板位置检测)	电源开关置于ON(IG)位置,松开加速踏板	1.0～2.2V
				电源开关置于ON(IG)位置,发动机停机,挡位置于P,完全踩下加速踏板	3.4～5.3V
A28-46(MMT)—A28-45(MMTG)	L—V	输入	电动机温度传感器	电源开关置于ON(IG)位置,温度为25℃(77℉)	3.6～4.6V
				电源开关置于ON(IG)位置,温度为60℃(140℉)	2.2～3.2V
A28-48(GMT)—A28-47(GMTG)	B—R	输入	发电机温度传感器	电源开关置于ON(IG)位置,温度为25℃(77℉)	3.6～4.6V
				电源开关置于ON(IG)位置,温度为60℃(140℉)	2.2～3.2V

续表

端子	线色	输入/输出	端子说明	检测条件	规定状态
E22-5(ILK)— E23-3(E1)	LG—BR	输入	互锁开关	电源开关置于 ON(IG)位置,连接器盖总成、维修开关安装正确	0~1.5V
				电源开关置于 ON(IG)位置,未安装维修开关	11~14V
E22-7(CA3P)— E23-3(E1)	P—BR	输入/输出	CAN 通信信号	电源开关 ON(IG)	产生脉冲
E22-8(CA1L)— E23-3(E1)	SB—BR	输入/输出	CAN 通信信号	电源开关 ON(IG)	产生脉冲
E22-13(SMRG)— E22-12(E01)	Y—W/B	输出	系统主继电器工作信号	电源开关 ON(IG)→电源开关 ON(READY)	产生脉冲
E22-15(SMRP)— E22-12(E01)	W—W/B	输出	系统主继电器工作信号	电源开关 ON(IG)→电源开关 ON(READY)	产生脉冲
E22-16(SMRB)— E22-12(E01)	SB—W/B	输出	系统主继电器工作信号	电源开关 ON(IG)→电源开关 ON(READY)	产生脉冲
E22-20(CA3N)— E23-3(E1)	W—BR	输入/输出	CAN 通信信号	电源开关 ON(IG)	产生脉冲
E22-21(CA1H)— E23-3(E1)	R—BR	输入/输出	CAN 通信信号	电源开关 ON(IG)	产生脉冲
E22-28(ST1—)[①]— E23-3(E1)	R—BR	输入	制动取消开关	电源开关置于 ON(IG)位置,踩下制动踏板	0~1.5V
				电源开关置于 ON(IG)位置,松开制动踏板	11~14V
E22-35(IG2)— E23-3(E1)	G—BR	输入	电源	电源开关 ON(IG)	11~14V
E22-38(SI0)— E23-3(E1)	Y—BR	输出	蓄电池冷却鼓风机工作信号	冷却风扇工作	产生脉冲
				冷却风扇不工作	4.5~5.5V
E22-41(BTH+)— E23-3(E1)	R—BR	输入	自蓄电池电压传感器至混合动力车辆控制 ECU 的通信信号	电源开关 ON(IG)	产生脉冲
E22-42(BTH—)— E23-3(E1)	G—BR	输入	自蓄电池电压传感器至混合动力车辆控制 ECU 的通信信号	电源开关 ON(IG)	产生脉冲
E22-48(THB)— E22-47(ETHB)	L—G	输入	辅助蓄电池温度	电源开关置于 ON(IG)位置,辅助蓄电池温度为 25℃(77℉)	1.7~2.3V
				电源开关置于 ON(IG)位置,辅助蓄电池温度为 60℃(140℉)	0.6~0.9V
E23-1(+B2)— E23-3(E1)	L—BR	输入	电源	电源开关 ON(IG)	11~14V
E23-4(ST2)— E23-3(E1)	R—BR	输入	起动机信号	电源开关 ON(IG)	0~1.5V

续表

端子	线色	输入/输出	端子说明	检测条件	规定状态
E23-11(SFTD)—E23-3(E1)	R—BR	输入	变速器控制	操作左侧换挡拨板装置（一）	0～1.5V
				未操作左侧换挡拨板装置（一）	11～14V
E23-24(SFTU)—E23-3(E1)	Y—BR	输入	变速器控制	操作右侧换挡拨板装置（＋）	0～1.5V
				未操作右侧换挡拨板装置（＋）	11～14V
E23-27(BATT)—E23-3(E1)	W—BR	输入	稳压电源	始终	10～14V
E23-29(ABFS)—E23-3(E1)	B—BR	输入	气囊激活信号	电源开关 ON(READY)	产生脉冲
E23-30(TC)—E23-3(E1)	P—BR	输入	诊断端子	电源开关 ON(IG)	11～14V
E23-31(LIN)—E23-3(E1)	L—BR	输入/输出	认证 ECU通信信号	电源开关 ON(IG)	产生脉冲
E23-33(EVSW)—E23-3(E1)	B—BR	输入	EV 驱动模式开关(组合开关总成)信号	电源开关置于 ON(IG)位置，未操作 EV驱动模式开关(组合开关总成)	11～14V
				电源开关置于 ON(IG)位置，操作 EV 驱动模式开关(组合开关总成)	0～1.5V
E23-27(PWR)—E23-3(E1)	G—BR	输入	动力模式开关（组合开关总成)信号	电源开关置于 ON(IG)位置，未操作动力模式开关(组合开关总成)	11～14V
				电源开关置于 ON(IG)位置，操作动力模式开关(组合开关总成)	0～1.5V
E23-46(VSI4)—E23-49(E2X2)	LG—Y	输入	换挡传感器（VSX4）	电源开关置于 ON(IG)位置，换挡杆置于原始位置	0.68～1.62V
				电源开关置于 ON(IG)位置，换挡杆置于 D	4.47～4.75V
				电源开关置于 ON(IG)位置，换挡杆置于 N	3.53～4.47V
				电源开关置于 ON(IG)位置，换挡杆置于 R	2.75～3.52V
				电源开关置于 ON(IG)位置，换挡杆置于 S	0.40～0.67V
E23-48(VSI3)—E23-49(E2X2)	P—Y	输入	换挡传感器（VSX3）	电源开关置于 ON(IG)位置，换挡杆置于原始位置	1.63～2.70V
				电源开关置于 ON(IG)位置，换挡杆置于 D	3.53～4.17V
				电源开关置于 ON(IG)位置，换挡杆置于 N	2.45～3.52V
				电源开关置于 ON(IG)位置，换挡杆置于 R	1.63～2.45V
				电源开关置于 ON(IG)位置，换挡杆置于 S	0.98～2.45V
E23-50(VSI2)—E23-51(E2X1)	L—W	输入	换挡传感器（VSX2）	电源开关置于 ON(IG)位置，换挡杆置于原始位置	2.45～3.52V
				电源开关置于 ON(IG)位置，换挡杆置于 D	2.70～3.52V
				电源开关置于 ON(IG)位置，换挡杆置于 N	1.63～2.70V
				电源开关置于 ON(IG)位置，换挡杆置于 R	0.98～1.62V
				电源开关置于 ON(IG)位置，换挡杆置于 S	1.63～2.45V

续表

端子	线色	输入/输出	端子说明	检测条件	规定状态
E23-52(VSI1)—E23-51(E2X1)	W—W	输入	换挡传感器（VSX1）	电源开关置于 ON(IG)位置,换挡杆置于原始位置	3.53～4.47V
				电源开关置于 ON(IG)位置,换挡杆置于 D	1.63～2.40V
				电源开关置于 ON(IG)位置,换挡杆置于 N	0.68～1.62V
				电源开关置于 ON(IG)位置,换挡杆置于 R	0.40～0.67V
				电源开关置于 ON(IG)位置,换挡杆置于 S	2.75～3.52V
E23-53(VCX2)—E23-49(E2X2)	G—Y	输出	换挡传感器电源(VCX2)	电源开关 ON(IG)	4.5～5.5V
E23-54(VCX1)—E23-51(E2X1)	R—W	输出	换挡传感器电源(VCX1)	电源开关 ON(IG)	4.5～5.5V

① 带巡航控制系统。

7.3.6　P410 混动变速器技术参数与结构

　　P410 混合动力车辆传动桥总成包括 2 号电机（MG2）（用于驱动车辆）和 1 号电机（MG1）（用于发电），采用带复合齿轮装置的无级变速器装置，主要由 MG1、MG2、复合齿轮装置、变速器输入减振器总成、中间轴齿轮、减速齿轮、差速器齿轮机构和油泵组成。传动桥具有三轴结构，复合齿轮装置、变速器输入减振器总成、油泵、MG1 和 MG2 安装在输入轴上，中间轴从动齿轮和减速主动齿轮安装在第二轴上，减速从动齿轮和差速器齿轮机构安装在第三轴上。变速器技术参数见表 7-9，结构如图 7-25 所示。

表 7-9　P410 混动变速器技术参数

项目			规格
传动桥类型			P410
换挡杆位置			P/R/N/D/S
复合齿轮装置	动力分配行星齿轮机构	太阳齿轮齿数	30
	电动机减速行星齿轮机构	小齿轮齿数	23
		齿圈齿数	78
		太阳轮齿数	22
		小齿轮齿数	18
		齿圈轮齿数	58
中间轴齿轮		主动齿轮齿数	54
		从动齿轮齿数	55

续表

项目		规格
最终齿轮	主动齿轮齿数	24
	从动齿轮齿数	77
总减速比①		3.267
油液类型		丰田纯正 ATF WS
油液容量	L(US qts,Imp. qts)	3.4(3.6,3.0)
质量(参考)②	kg(lb)	92(202.8)

① 中间轴齿轮和减速齿轮的总减速比。
② 加满油液时的质量。

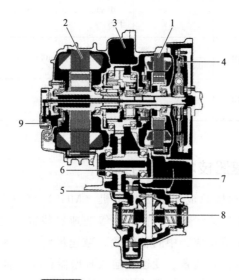

图 7-25　P410 混动变速器结构

1—MG1；2—MG2；3—复合齿轮装置；4—变速器输入减振器总成；
5—中间轴从动齿轮；6—减速主动齿轮；7—减速从动齿轮；
8—差速器齿轮机构；9—油泵

7.3.7　电动机与逆变器总成控制电路

电动机与逆变器总成控制电路如图 7-26 所示。

7.3.8　高压电池管理系统电路

高压电池管理系统电路如图 7-27 所示。

7.3.9　变速器换挡控制系统电路

变速器换挡控制系统电路如图 7-28 所示。

7.3.10　车辆巡航控制系统电路

车辆巡航控制系统电路如图 7-29 所示。

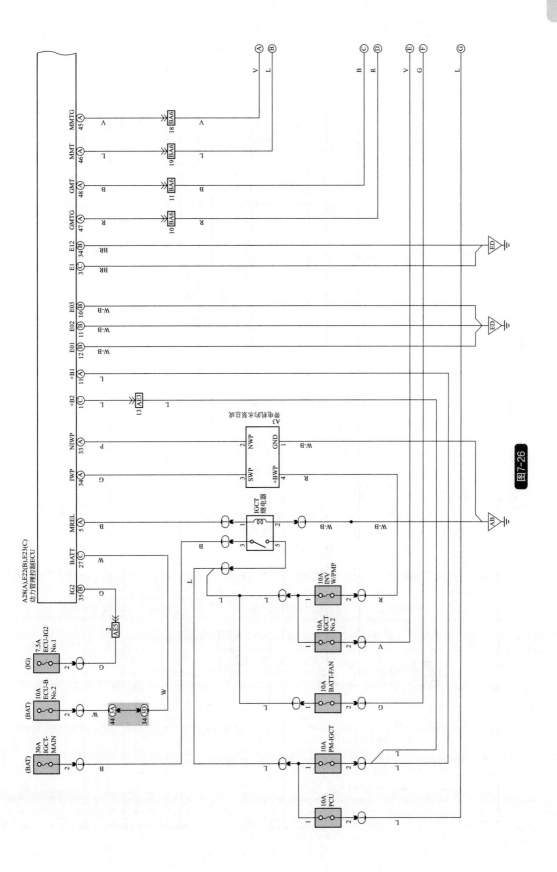

图7-26

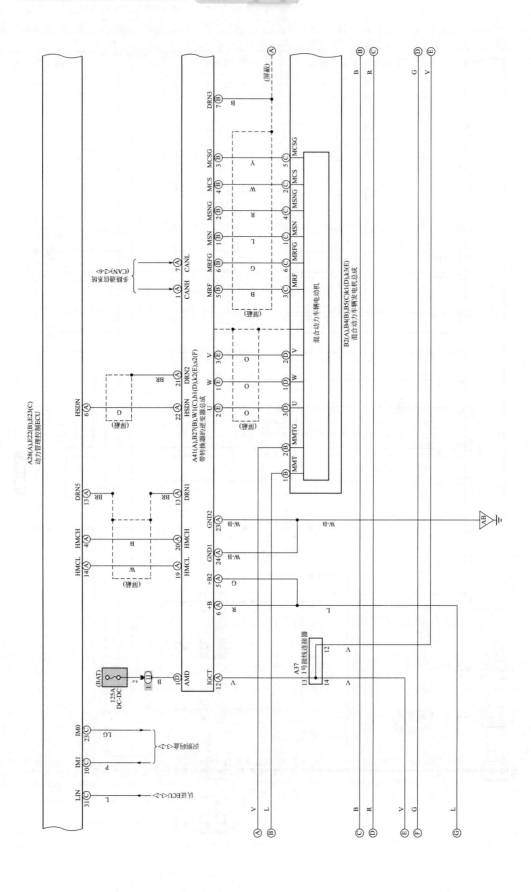

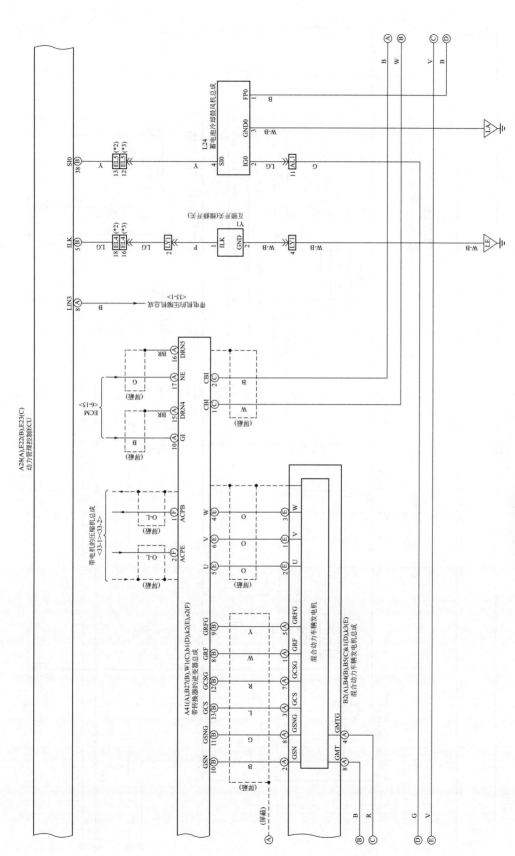

图7-26 电动机与逆变器总成控制电路

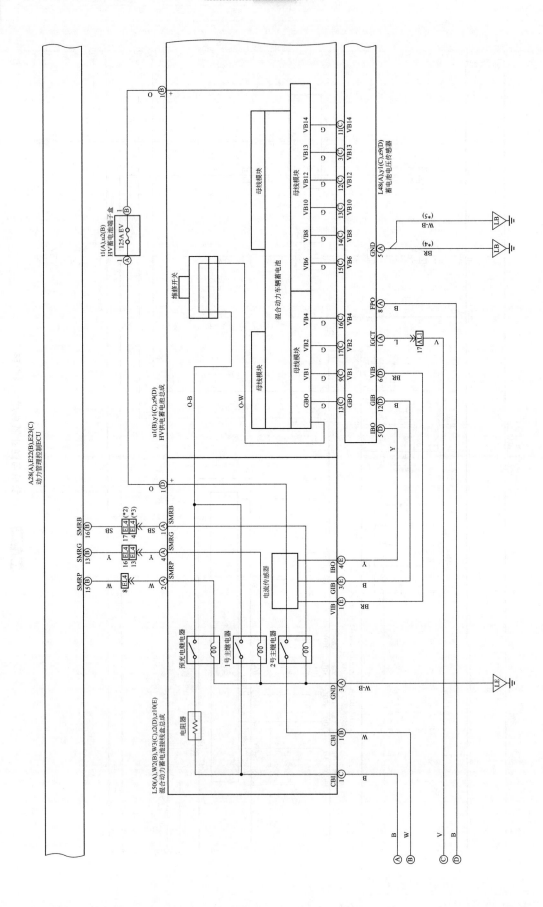

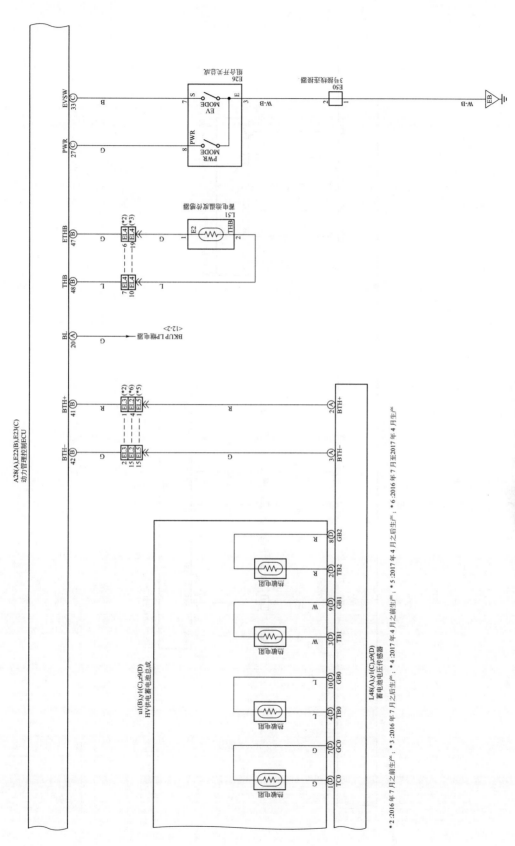

图7-27　高压电池管理系统电路

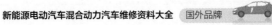

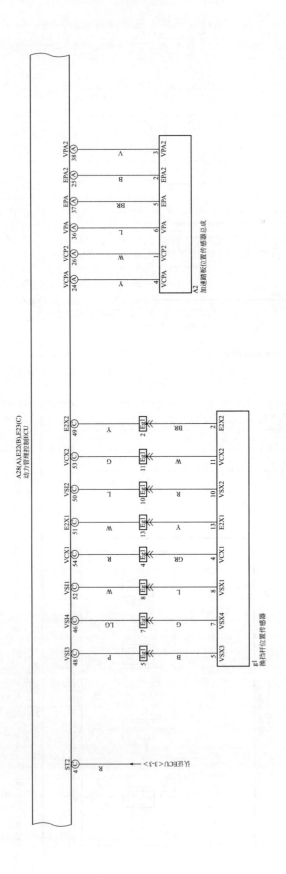

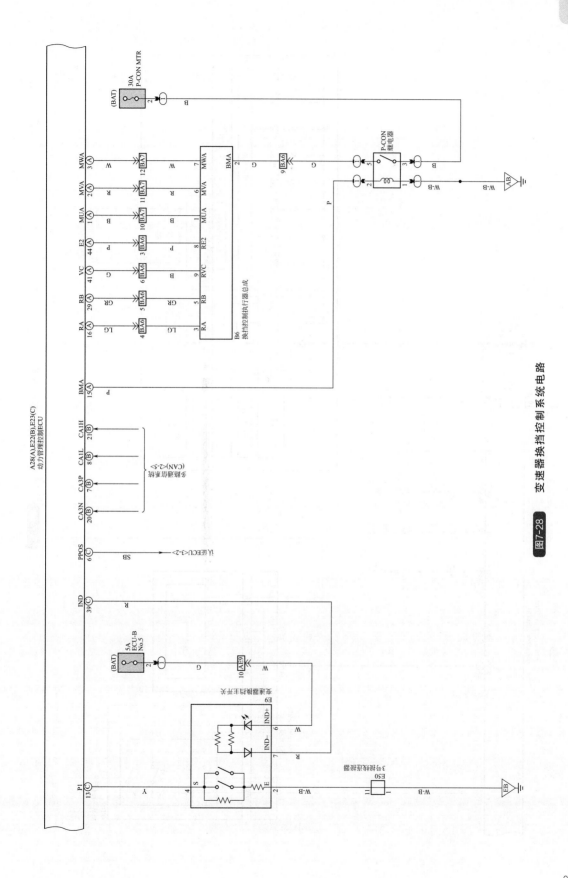

变速器换挡控制系统电路

图7-28

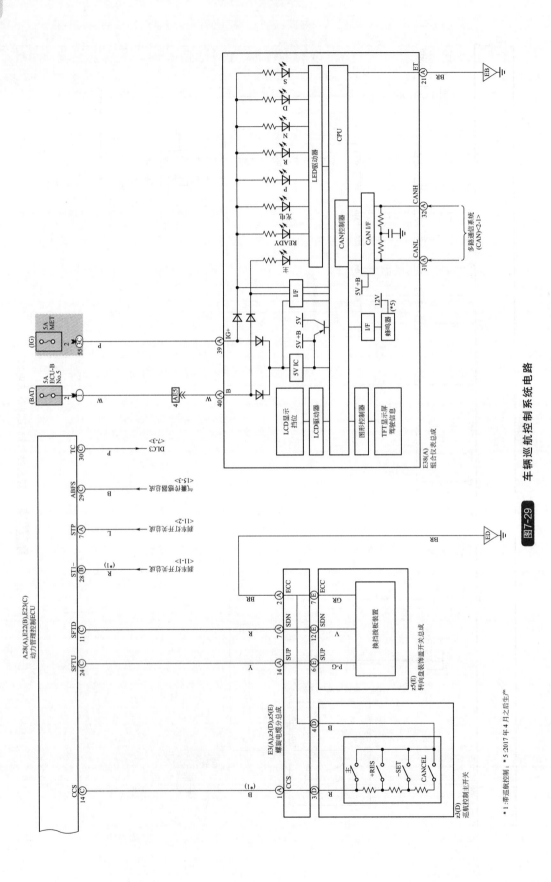

车辆巡航控制系统电路

图7-29

* 1 :带巡航控制; * 5 :2017 年 4 月之后生产

7.4 雷克萨斯 CT200H HEV(2012~)

7.4.1 混合动力控制系统部件位置

混合动力控制系统部件位置如图 7-30～图 7-33 所示。

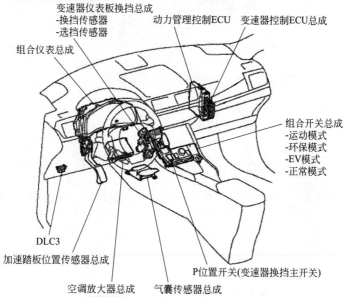

图 7-30 仪表台控制器与开关位置

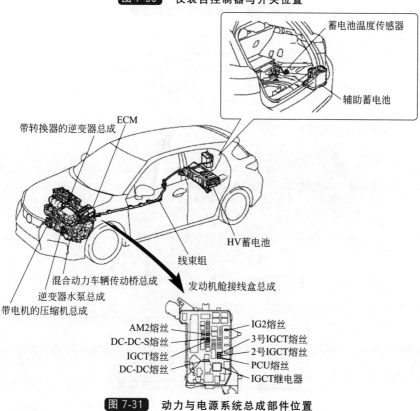

图 7-31 动力与电源系统总成部件位置

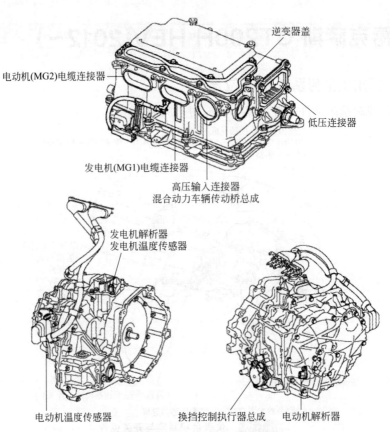

电动机(MG2)电缆连接器

逆变器盖

低压连接器

发电机(MG1)电缆连接器

高压输入连接器
混合动力车辆传动桥总成

发电机解析器
发电机温度传感器

电动机温度传感器

换挡控制执行器总成

电动机解析器

图 7-32 电机控制器部件位置

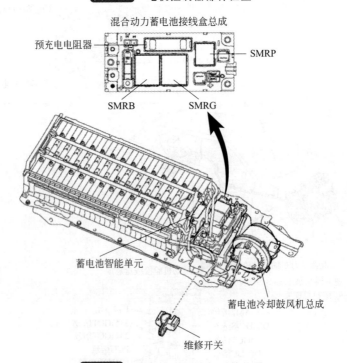

混合动力蓄电池接线盒总成

预充电电阻器

SMRP

SMRB

SMRG

蓄电池智能单元

蓄电池冷却鼓风机总成

维修开关

图 7-33 高压电池总成与附件位置

7.4.2 高压电池管理器端子检测

高压电池管理器端子分布如图 7-34 所示，端子检测见表 7-10。

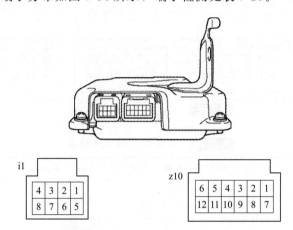

图 7-34 高压电池管理器端子分布

表 7-10 高压电池管理器端子检测

端子	线色	端子说明	检测条件	规定状态
z10-4（TB2）—z10-10（GB2）	L—L	蓄电池温度传感器 2	HV 蓄电池温度：-40～90℃（-40～194℉）	4.8[-40℃（-40℉）]～1.0[90℃（194℉）]V
z10-5（TB1）—z10-11（GB1）	B—B	蓄电池温度传感器 1	HV 蓄电池温度：-40～90℃（-40～194℉）	4.8[-40℃（-40℉）]～1.0[90℃（194℉）]V
z10-6（TBO）—z10-12（GBO）	W—W	蓄电池温度传感器 0	HV 蓄电池温度：-40～90℃（-40～194℉）	4.8[-40℃（-40℉）]～1.0[90℃（194℉）]V
I1-1（IB）—I1-6（GIB）	P—B	电流传感器	电源开关 ON（READY）	0.5～4.5V
I1-5（VIB）—I1-6（GIB）	G—B	蓄电池电流传感器电源	电源开关 ON（IG）	4.5～5.5V
I1-4（IGCT）—I1-8（GND）	L—W/B	控制信号	电源开关 ON（READY）	11～14V
I1-2（BTH+）—I1-8（GND）	R—W/B	串行通信	电源开关 ON（IG）	产生脉冲
I1-3（BTH-）—I1-8（GND）	G—W/B	串行通信	电源开关 ON（IG）	产生脉冲
I1-7（VM）—I1-8（GND）	V—W/B	蓄电池 0 号冷却鼓风机监视信号	冷却鼓风机激活	0～5V
I1-8（GND）—车身搭铁	W—B	搭铁	始终（导通性检查）	小于 1Ω

7.4.3 2ZR-FXE 混动发动机 ECM 端子检测

发动机 ECM 端子分布如图 7-35 所示，端子检测见表 7-11。

D27　　　　　　　　　　　　　　　A60

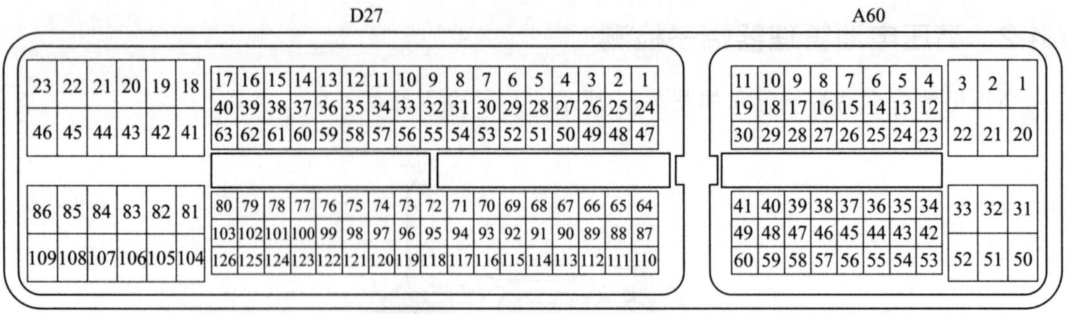

23	22	21	20	19	18	17	16	15	14	13	12	11	10	9	8	7	6	5	4	3	2	1
46	45	44	43	42	41	40	39	38	37	36	35	34	33	32	31	30	29	28	27	26	25	24
						63	62	61	60	59	58	57	56	55	54	53	52	51	50	49	48	47

图 7-35 发动机 ECM 端子分布

表 7-11 发动机 ECM 端子检测

端子	线色	端子说明	检测条件	规定状态
A60-20(BATT)—D27-104(E1)	R—BR	辅助蓄电池(测量辅助蓄电池电压和 ECM 存储器)	始终	11～14V
A60-2(＋B)—D27-104(E1)	B—BR	ECM 电源	电源开关 ON(IG)	11～14V
A60-1(＋B2)—D27-104(E1)	B—BR	ECM 电源	电源开关 ON(IG)	11～14V
A60-3(＋BM)—D27-104(E1)	GR—BR	节气门执行器电源	始终	11～14V
D27-108(IGT1)—D27-104(E1)	GR—BR	点火线圈总成(点火信号)	怠速运转	产生脉冲
D27-107(IGT2)—D27-104(E1)	W—BR			
D27-106(IGT3)—D27-104(E1)	G—BR			
D27-105(IGT4)-D27-104(E1)	Y—BR			
D27-23(IGF1)—D27-104(E1)	L—BR	点火线圈总成(点火确认信号)	电源开关 ON(IG)	4.5～5.5V
			怠速运转	产生脉冲
D27-74(NE＋)—D27-120(NE－)	B—W	曲轴位置传感器	发动机暖机时怠速运转	产生脉冲
D27-76(G2＋)—D27-122(G2－)	B—W	凸轮轴位置传感器	发动机暖机时怠速运转	产生脉冲
D27-85(♯10)—D27-109(E01)	Y—BR	喷油器总成	电源开关 ON(IG)	11～14V
D27-84(♯20)—D27-109(E01)	B—BR			
D27-83(♯30)—D27-109(E01)	L—BR			
D27-82(♯40)—D27-109(E01)	R—BR			

续表

端子	线色	端子说明	检测条件	规定状态
D27-85(♯10)—D27-109(E01)	Y—BR	喷油器总成	怠速运转	产生脉冲
D27-84(♯20)—D27-109(E01)	B—BR			
D27-83(♯30)—D27-109(E01)	L—BR			
D27-82(♯40)—D27-109(E01)	R—BR			
D27-18(HA1A)—D27-46(E04)	Y—BR	空燃比传感器(S1)加热器	电源开关 ON(IG)	11~14V
			发动机暖机时怠速运转	产生脉冲
D27-103(A1A+)—D27-104(E1)	Y—BR	空燃比传感器(S1)	怠速运转	约3.3V
D27-126(A1A−)—D27-104(E1)	BR—BR	空燃比传感器(S1)	怠速运转	约3.0V
D27-41(HT1B)—D27-86(E03)	BR—BR	加热型氧传感器(S2)加热器	电源开关 ON(IG)	11~14V
			怠速运转	低于3.0V
D27-125(OX1B)—D27-102(O1B−)	L—P	加热型氧传感器(S2)	发动机暖机后,保持发动机转速2500r/min 2min	产生脉冲
D27-87(KNK1)—D27-110(EKNK)	B—W	爆震控制传感器	发动机暖机后,保持发动机转速2500r/min	产生脉冲
D27-64(THW)—D27-65(ETHW)	P—BR	发动机冷却液温度传感器	怠速运转,发动机冷却液温度80℃(176℉)	0.2~1.0V
D27-116(THA)—D27-93(ETHA)	P—BR	进气温度传感器(内置于质量空气流量计分总成)	怠速运转,进气温度20℃(68℉)	0.5~3.4V
D27-94(VG)—D27-117(E2G)	B—W	质量空气流量计分总成	怠速运转,换挡杆置于N,空调开关关闭	0.5~3.0V
A60-36(W)—D27-104(E1)	LG—BR	MIL	电源开关 ON(IG)(MIL熄灭)	低于3.0V
			怠速运转	11~14V
D27-90(VTA1)—D27-111(ETA)	Y—G	节气门位置传感器(发动机控制)	松开加速踏板(节气门全关)	0.5~1.1V
D27-89(VTA2)—D27-111(ETA)	B—G	节气门位置传感器(传感器故障检测)	松开加速踏板(节气门全关)	2.1~3.1V
D27-88(VCTA)—D27-111(ETA)	R—G	节气门位置传感器电源(规定电压)	电源开关 ON(IG)	4.5~5.5V
D27-21(M+)—D27-19(ME01)	L—BR	节气门执行器	发动机暖机时怠速运转	产生脉冲
D27-20(M−)—D27-19(ME01)	P—BR	节气门执行器	发动机暖机时怠速运转	产生脉冲
D27-28(PRG)—D27-104(E1)	V—BR	清污 VSV	电源开关 ON(IG)	11~14V
			怠速运转,清污控制下	产生脉冲

续表

端子	线色	端子说明	检测条件	规定状态
A60-8(FC)— D27-104(E1)	R—BR	燃油泵控制	电源开关 ON(IG)	11～14V
			急速运转	低于 1.5V
A60-7(TC)— D27-104(E1)	P—BR	DLC3 端子 TC	电源开关 ON(IG)	11～14V
A60-26(TACH)— D27-104(E1)	B—BR	发动机转速	急速运转	产生脉冲
D27-36(OC1+)— D27-59(OC1—)	Y—G	凸轮轴正时机油控制阀总成	急速运转	产生脉冲
A60-13(CANH)— D27-104(E1)	P—BR	CAN 通信线路	发动机停止且电源开关 ON (IG)	产生脉冲
A60-5(CANL)— D27-104(E1)	V—BR	CAN 通信线路	发动机停止且电源开关 ON (IG)	产生脉冲
A60-12(CANP)— D27-104(E1)	B—BR	CAN 通信线路	发动机停止且电源开关 ON (IG)	产生脉冲
A60-4(CANN)— D27-104(E1)	W—BR	CAN 通信线路	发动机停止且电源开关 ON (IG)	产生脉冲
A60-28(IGSW)— D27-104(E1)	W—BR	电源开关	电源开关 ON(IG)	11～14V
A60-6(MREL)— D27-104(E1)	G—BR	EFI 主继电器	电源开关 ON(IG)	11～14V
D27-99(VCV1)— D27-104(E1)	R—BR	凸轮轴位置传感器电源	电源开关 ON(IG)	4.5～5.5V
A60-10(WPO)— D27-104(E1)	L—BR	发动机水泵总成	发动机暖机时急速运转	产生脉冲
A60-11(WPI)— D27-104(E1)	G—BR	发动机水泵总成	发动机暖机时急速运转	产生脉冲
D27-72(VCPM)— D27-71(EPIM)	L—Y	歧管绝对压力传感器	电源开关 ON(IG)	4.5～5.5V
D27-69(PIM)— D27-71(EPIM)	B—Y	歧管绝对压力传感器	电源开关 ON(IG)	3.0～5.0V
D27-45(EGR1)— D27-104(E1)	R—BR	EGR 阀总成	反复快速提高发动机转速	产生脉冲
D27-44(EGR2)— D27-104(E1)	V—BR	EGR 阀总成	反复快速提高发动机转速	产生脉冲
D27-43(EGR3)— D27-104(E1)	Y—BR	EGR 阀总成	反复快速提高发动机转速	产生脉冲
D27-44(EGR2)— D27-104(E1)	V—BR	EGR 阀总成	反复快速提高发动机转速	产生脉冲

续表

端子	线色	端子说明	检测条件	规定状态
D27-43(EGR3)—D27-104(E1)	Y—BR	EGR 阀总成	反复快速提高发动机转速	产生脉冲
D27-42(EGR4)—D27-104(E1)	LG—BR	EGR 阀总成	反复快速提高发动机转速	产生脉冲
D27-48(G2O)—D27-104(E1)	Y—BR	凸轮轴位置信号	怠速运转	产生脉冲
A60-22(FANH)—D27-104(E1)	LG—BR	冷却风扇继电器	电源开关 ON(IG)	11～14V
A60-21(FANL)—D27-104(E1)	L—BR	冷却风扇继电器	电源开关 ON(IG)	11～14V
A60-46(PWMS)—D27-104(E1)	G—BR	组合开关总成(模式开关)	电源开关 ON(IG)，模式开关转至并保持在 SPORT 位置	0～1.5V
A60-30(NE01)—D27-104(E1)	L—BR	组合开关总成(模式开关)	电源开关 ON(IG)，按下模式开关并保持在 NORMAL 位置	0～1.5V
D27-104(E1)—车身搭铁	BR——	搭铁	始终	小于 1Ω
D27-109(E01)—车身搭铁	BR——	搭铁	始终	小于 1Ω
D27-81(E02)—车身搭铁	W/B——	搭铁	始终	小于 1Ω
D27-86(E03)—车身搭铁	BR——	搭铁	始终	小于 1Ω
D27-46(E04)—车身搭铁	BR——	搭铁	始终	小于 1Ω
A60-32(EC)—车身搭铁	W/B——	搭铁	始终	小于 1Ω
D27-22(GE01)—D27-104(E1)	W/B—BR	节气门执行器的屏蔽接地(搭铁)电路	始终	低于 1V

7.4.4　混合动力控制模块端子检测

混合动力控制模块端子分布如图 7-36 所示，端子检测见表 7-12。

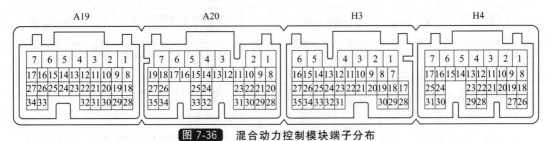

图 7-36　混合动力控制模块端子分布

表 7-12　混合动力控制模块端子检测

端子	线色	端子说明	检测条件	规定状态
A19-2(＋B2)—H3-6 (E1)	L—W/B	电源	电源开关 ON(IG)	11～14V
A19-4(FCTL)—H3-5 (E01)	BR—W/B	冷却风扇继电器信号	电源开关 ON(IG)	低于 2V

续表

端子	线色	端子说明	检测条件	规定状态
A19-11(VLO)—H3-6(E1)	R—W/B	DC-DC 操作监视/电压变化信号	电源开关 ON(IG)	产生脉冲
A19-13(IWP)—H3-6(E1)	G—W/B	逆变器水泵总成信号	电源开关 ON(READY)	产生脉冲
A19-14(NIWP)—H3-6(E1)	P—W/B	逆变器水泵总成信号	电源开关 ON(READY)	产生脉冲
A19-15（BL）—H3-6(E1)	LG—W/B	倒车灯	电源开关 ON(IG)，换挡杆置于 R	11～14V
A19-16（GI）—H3-6(E1)	Y—W/B	凸轮轴位置传感器信号	电源开关 ON(READY)，发动机正在运行	产生脉冲
A19-19(GLK)—H3-6(E1)	G—W/B	空调通信信号	电源开关 ON(READY)，空调系统停止	产生脉冲
A19-20(STB)—H3-6(E1)	W—W/B	空调通信信号	电源开关 ON(READY)，空调系统停止	产生脉冲
A19-21（NODD）—H3-6(E1)	W—W/B	DC-DC 操作	DC-DC 转换器工作正常	5～7V
A19-21（NODD）—H3-6(E1)	W—W/B	DC-DC 操作	DC-DC 转换器工作不正常	2～4V
A19-21（NODD）—H3-6(E1)	W—W/B	DC-DC 操作	DC-DC 转换器工作禁止	0.1～0.5V
A19-24（MMT）—A19-25(MMTG)	L—BR	电动机温度传感器	电源开关 ON(IG)，温度为25℃(77°F)	3.6～4.6V
A19-24（MMT）—A19-25(MMTG)	L—BR	电动机温度传感器	电源开关 ON(IG)，温度为60℃(140°F)	2.2～3.2V
A19-26（GMT）—A19-27(GMTG)	B—R	发电机温度传感器	电源开关 ON(IG)，温度为25℃(77°F)	3.6～4.6V
A19-26（GMT）—A19-27(GMTG)	B—R	发电机温度传感器	电源开关 ON(IG)，温度为60℃(140°F)	2.2～3.2V
A19-29（S10）—H3-6(E1)	Y—W/B	HV 蓄电池鼓风机风扇	电源开关 ON(IG)，主动测试过程中	产生脉冲
A19-30(ETI)—H3-6(E1)	R—W/B	空调通信信号	电源开关 ON(READY)，空调系统停止	产生脉冲
A19-31(ITE)—H3-6(E1)	Y—W/B	空调通信信号	电源开关 ON(READY)，空调系统停止	产生脉冲
A19-32(ILK)—H3-6(E1)	V—W/B	互锁开关	电源开关 ON(IG)，逆变器盖、高压输入电缆和维修开关已正确安装	0～1.5V
A19-32(ILK)—H3-6(E1)	V—W/B	互锁开关	电源开关 ON(IG)，逆变器盖、高压输入电缆或维修开关未安装	11～14V
A20-1（IG2）—H3-6(E1)	R—W/B	电源	电源开关 ON(IG)	11～14V
A20-2(IG2D)—H3-6(E1)	V—W/B	IG2 继电器	电源开关 ON(IG)	11～14V

续表

端子	线色	端子说明	检测条件	规定状态
A20-5（＋B1）—H3-6（E1）	L—W/B	电源	电源开关 ON(IG)	11～14V
A20-6（MREL）—H3-6（E1）	BE—W/B	主继电器	电源开关 ON(IG)	11～14V
A20-7（ST1－）—H3-6（E1）	R—W/B	制动取消开关	电源开关 ON(IG)，踩下制动踏板	0～1.5V
A20-7（ST1－）—H3-6（E1）	R—W/B	制动取消开关	电源开关 ON(IG)，松开制动踏板	11～14V
A20-18（VCP1）—A20-34（EP）	Y—B	加速踏板位置传感器总成电源（VPA1）	电源开关 ON(IG)	4.5～5.5V
A20-19（VCP2）—A20-35（EP2）	G—R	加速踏板位置传感器总成电源（VPA2）	电源开关 ON(IG)	4.5～5.5V
A20-20（CLK－）—H3-6（E1）	W—W/B	MG 通信时钟信号	电源开关 ON(READY)	产生脉冲
A20-21（CLK＋）—H3-6（E1）	B—W/B	MG 通信时钟信号	电源开关 ON(READY)	产生脉冲
A20-22（PCON）—H3-6（E1）	LG—W/B	P 位置开关信号	电源开关 ON(IG)，选择驻车挡(P)	产生脉冲
A20-23（STP）—H3-6（E1）	L—W/B	刹车灯开关	踩下制动踏板	11～14V
A20-23（STP）—H3-6（E1）	L—W/B	刹车灯开关	松开制动踏板	0～1.5V
A20-24（HTM＋）—H3-6（E1）	B—W/B	自动力管理控制 ECU（HV CPU）至 MG ECU 的通信信号	电源开关 ON(READY)	产生脉冲
A20-25（HTM－）—H3-6（E1）	W—W/B	自动力管理控制 ECU（HV CPU）至 MG ECU 的通信信号	电源开关 ON(READY)	产生脉冲
A20-26（VPA1）—A20-34（EP1）	L—B	加速踏板位置传感器总成（加速踏板位置检测）	电源开关 ON(IG)，松开加速踏板	0.4～1.4V
A20-26（VPA1）—A20-34（EP1）	L—B	加速踏板位置传感器总成（加速踏板位置检测）	电源开关 ON(IG)，发动机停止，选择驻车挡(P)，完全踩下加速踏板	2.6～4.5V
A20-27（VPA2）—A20-35（EP2）	W—R	加速踏板位置传感器总成（加速踏板位置检测）	电源开关 ON(IG)，松开加速踏板	1.0～2.2V
A20-27（VPA2）—A20-35（EP2）	W—R	加速踏板位置传感器总成（加速踏板位置检测）	电源开关 ON(IG)，发动机停止，选择驻车挡(P)，完全踩下加速踏板	3.4～5.3V
A20-28（PPOS）—H3-6（E1）	V—W/B	P 位置开关信号	电源开关 ON(IG)，选择驻车挡(P)	产生脉冲
A20-29（MTH－）—H3-6（E1）	W—W/B	自 MG ECU 至动力管理控制 ECU（HV CPU）的通信信号	电源开关 ON(READY)	产生脉冲
A20-30（MTH＋）—H3-6（E1）	B—W/B	自 MG ECU 至动力管理控制 ECU（HV CPU）的通信信号	电源开关 ON(READY)	产生脉冲

续表

端子	线色	端子说明	检测条件	规定状态
A20-31(HSDN)—H3-6(E1)	B—W/B	MG ECU 切断信号	电源开关 ON(READY)	0～1.5V
A20-32(REQ－)—H3-6(E1)	W—W/B	MG ECU 通信请求信号	电源开关 ON(READY)	产生脉冲
A20-33(REQ＋)—H3-6(E1)	B—W/B	MG ECU 通信请求信号	电源开关 ON(READY)	产生脉冲
H3-1（AM22）—H3-6(E1)	W—W/B	稳压电源	电源开关 ON(IG)	11～14V
H3-1（AM22）—H3-6(E1)	W—W/B	稳压电源	电源开关 ON(READY)	11～15.5V
H3-2(SMRG)—H3-5(E01)	Y—W/B	系统主继电器	电源开关 ON(IG)→电源开关 ON(READY)	产生脉冲
H3-3(SMRP)—H3-5(E01)	W—W/B	系统主继电器	电源开关 ON(IG)→电源开关 ON(READY)	产生脉冲
H3-4(SMRB)—H3-5(E01)	SB—W/B	系统主继电器	电源开关 ON(IG)→电源开关 ON(READY)	产生脉冲
H3-7（SSW1）—H3-6(E1)	B—W/B	电源开关	按住电源开关	0～1.5V
H3-11(TC)—H3-6(E1)	L—W/B	诊断端子	电源开关 ON(IG)	11～14V
H3-13(EVSW)—H3-6(E1)	B—W/B	EV 开关信号	电源开关 ON(IG),EV 开关不工作	11～14V
H3-13(EVSW)—H3-6(E1)	B—W/B	EV 开关信号	电源开关 ON(IG),EV 开关工作	0～1.5V
H3-14(SPDI)—H3-6(E1)	V—W/B	车速信号	约 20km/h(12mph)	产生脉冲
H3-16(P1)—H3-6(E1)	Y—W/B	P 位置开关信号	电源开关 ON(IG),P 位置开关关闭	7～12V
H3-16(P1)—H3-6(E1)	Y—W/B	P 位置开关信号	电源开关 ON(IG),P 位置开关打开	3～5V
H3-17（VCX4）—H3-6(E1)	P—W/B	换挡传感器电源(VCX4)	电源开关 ON(IG)	11～14V
H3-18(VSX4)—H3-6(E1)	LG—W/B	换挡传感器(副)	电源开关 ON(IG),换挡杆置于原始位置或 B 位置	1.0～1.6V
H3-18(VSX4)—H3-6(E1)	LG—W/B	换挡传感器(副)	电源开关 ON(IG),换挡杆置于 R、N 或 D 位置	2.9～4.3V
H3-19(VSX3)—H3-6(E1)	W—W/B	换挡传感器电源(VSX3)	电源开关 ON(IG)	11～14V
H3-20(VSX3)—H3-6(E1)	BR—W/B	换挡传感器(主)	电源开关 ON(IG),换挡杆置于原始位置或 B 位置	1.0～1.6V
H3-20(VSX3)—H3-6(E1)	BR—W/B	换挡传感器(主)	电源开关 ON(IG),换挡杆置于 R、N 或 D 位置	2.9～4.3V
H3-21（VCX2）—H3-23(E2X2)	SB—V	换挡传感器电源(VSX2)	电源开关 ON(IG)	4.5～5.5V

续表

端子	线色	端子说明	检测条件	规定状态
H3-22（VSX2）—H3-23（E2X2）	L—V	换挡传感器（副）	电源开关 ON(IG)，换挡杆置于原始位置或 N 位置	2.0～3.0V
H3-22（VSX2）—H3-23（E2X2）	L—V	换挡传感器（副）	电源开关 ON(IG)，换挡杆置于 R	0.3～1.8V
H3-22（VSX2）—H3-23（E2X2）	L—V	换挡传感器（副）	电源开关 ON(IG)，换挡杆置于 B 或 D 位置	3.2～4.8V
H3-25（VSX1）—H3-24（E2X1）	Y—P	换挡传感器（主）	电源开关 ON(IG)，换挡杆置于原始位置或 N 位置	2.0～3.0V
H3-25（VSX1）—H3-24（E2X1）	Y—P	换挡传感器（主）	电源开关 ON(IG)，换挡杆置于 R	0.3～1.8V
H3-25（VSX1）—H3-24（E2X1）	Y—P	换挡传感器（主）	电源开关 ON(IG)，换挡杆置于 B 或 D 位置	3.2～4.8V
H3-26（VCX1）—H3-24（E2X1）	LG—P	换挡传感器电源（VSX1）	电源开关 ON(IG)	4.5～5.5V
H3-28（THB）—H3-30（ETHB）	L—V	辅助蓄电池温度	电源开关 ON(IG)，辅助蓄电池温度为 25℃(77℉)	1.7～2.3V
H3-28（THB）—H3-30（ETHB）	L—V	辅助蓄电池温度	电源开关 ON(IG)，辅助蓄电池温度为 60℃(140℉)	0.6～0.9V
H3-29(ABFS)—H3-6(E1)	B—W/B	气囊激活信号	电源开关 ON(READY)［电源开关 ON(ACC)后 2s］	产生脉冲
H3-32（BTH ＋）—H3-6(E1)	R—W/B	自蓄电池智能单元至动力管理控制 ECU(HV CPU)的通信信号	电源开关 ON(IG)	产生脉冲
H3-33（BTH －）—H3-6(E1)	G—W/B	自蓄电池智能单元至动力管理控制 ECU(HV CPU)的通信信号	电源开关 ON(IG)	产生脉冲
H3-34(CA2H)—H3-6(E1)	R—W/B	CAN 通信信号	电源开关 ON(IG)	产生脉冲
H3-35(CA2L)—H3-6(E1)	B—W/B	CAN 通信信号	电源开关 ON(IG)	产生脉冲
H4-1（ACCD）—H3-6(E1)	G—W/B	ACC 继电器	电源开关 ON(ACC)	11～14V
H4-2（IGID）—H3-6(E1)	B—W/B	IG1 继电器	电源开关 ON(IG)	11～14V
H4-7（AM21）—H3-6(E1)	W—W/B	稳压电源	电源开关 ON(IG)	11～14V
H4-7（AM21）—H3-6(E1)	W—W/B	稳压电源	电源开关 ON(READY)	11～15.5V
H4-11（LIN2）—H3-6(E1)	B—W/B	LIN 通信信号	电源开关 ON(IG)	产生脉冲
H4-17(SSW2)—H3-6(E1)	Y—W/B	电源开关	按住电源开关	0～1.5V
H4-20（IMO）—H3-6(E1)	L—W/B	停机系统通信	停机系统通信	产生脉冲

端子	线色	端子说明	检测条件	规定状态
H4-21（IMI）—H3-6（E1）	R—W/B	停机系统通信	停机系统通信	产生脉冲
H4-24(CA1L)—H3-6（E1）	V—W/B	CAN 通信信号	电源开关 ON(IG)	产生脉冲
H4-25（CA1H）—H3-6(E1)	P—W/B	CAN 通信信号	电源开关 ON(IG)	产生脉冲
H4-30（CA3N）—H3-6(E1)	L—W/B	CAN 通信信号	电源开关 ON(IG)	产生脉冲
H4-31(CA3P)—H3-6（E1）	LG—W/B	CAN 通信信号	电源开关 ON(IG)	产生脉冲

7.4.5　P410 混动变速器控制模块端子检测

变速器控制模块端子分布如图 7-37 所示，端子检测见表 7-13。

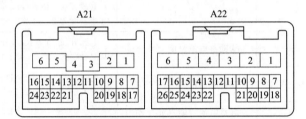

图 7-37　变速器控制模块端子分布

表 7-13　变速器控制模块端子检测

端子	线色	端子说明	检测条件	规定状态
A21-1(MWA)—A22-6(E01)	W—W/B	驻车锁止电机	发动机停止(混合动力系统停止)，电源开关 ON(IG)	9～14V
A21-2(MWA)—A22-6(E01)	R—W/B	驻车锁止电机	发动机停止(混合动力系统停止)，电源开关 ON(IG)	9～14V
A21-5（MUA）—A22-6(E01)	B—W/B	驻车锁止电机	发动机停止(混合动力系统停止)，电源开关 ON(IG)	9～14V
A21-7（VC）—A21-19（E2）	G—P	电源(转角传感器)	发动机停止(混合动力系统停止)，电源开关 ON(IG)	4.5～5.5V
A21-8（RB）—A21-19（E2）	GR—P	转角传感器信号	电源开关 OFF→电源开关 ON(IG)	0～1.5V←→4～5.5V
			电源开头 ON(IG) 从驻车挡(P)切换至空挡(N)或从空挡(N)切换至驻车挡(P)	产生脉冲
A21-15（BATT）—A22-1(E1)	SB—BR	电源(RAM)	始终	9～14V

续表

端子	线色	端子说明	检测条件	规定状态
A21-16（＋B）—A22-1（E1）	GR—BR	电源	发动机停止（混合动力系统停止），电源开关 ON(IG)	9～14V
A21-17（RA）—A21-19(E2)	LG—P	转角传感器信号	电源开关 OFF→电源开关 ON(IG)	0～1.5V←→4～5.5V
			电源开头 ON(IG) 从驻车挡（P）切换至空挡（N）或从空挡（N）切换至驻车挡（P）	产生脉冲
A21-19(E2)—车身搭铁	P—车身搭铁	转角传感器搭铁	始终	小于1Ω
A21-20（IND）—A22-1（E1）	R—BR	P 位置开头指示灯	未选择驻车挡（P）→选择驻车挡（P）[按下 P 位置开头（变速器换挡主开关）以选择驻车挡(P)]	9～14V→0～1.5V
A21-23(BMA)—A22-1(E1)	B—BR	P CON MTR 继电器（传动桥驻车锁止控制继电器）	发动机停止（混合动力系统停止），电源开关 ON(IG)	9～14V
A22-1(E1)—车身搭铁	BR——	搭铁	始终	小于1Ω
A22-5(E02)—车身搭铁	W/B——	搭铁	始终	小于1Ω
A22-6(E01)—车身搭铁	W/B——	搭铁	始终	小于1Ω
A22-15(CA1L)—A22-1(E1)	BR—BR	CAN 通信	电源开关 ON(IG)	产生脉冲
A22-16(CA1H)—A22-1(E1)	Y—BR	CAN 通信	电源开关 ON(IG)	产生脉冲
A22-22(PCON)—A22-1(E1)	LG—BR	通信总线	发动机停止（混合动力系统停止），电源开关 ON(IG)	产生脉冲
A22-23(PPOS)—A22-1(E1)	V—BR	通信总线	发动机停止（混合动力系统停止），电源开关 ON(IG)	产生脉冲
A22-24(LIN)	B	LIN 通信	—	—

7.5 雷克萨斯 ES300H HEV(2012~)

7.5.1 混合动力控制系统部件位置

混合动力控制系统部件位置如图 7-38～图 7-42 所示。

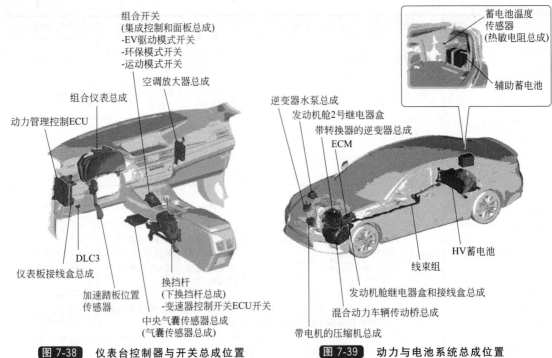

组合开关
(集成控制和面板总成)
-EV驱动模式开关
-环保模式开关
-运动模式开关

空调放大器总成

组合仪表总成

动力管理控制ECU

DLC3

仪表板接线盒总成

加速踏板位置
传感器

换挡杆
(下换挡杆总成)
-变速器控制开关ECU开关

中央气囊传感器总成
(气囊传感器总成)

图 7-38　仪表台控制器与开关总成位置

逆变器水泵总成
发动机舱2号继电器盒
带转换器的逆变器总成
ECM

蓄电池温度
传感器
(热敏电阻总成)

辅助蓄电池

HV蓄电池

线束组

发动机舱继电器盒和接线盒总成

混合动力车辆传动桥总成

带电机的压缩机总成

图 7-39　动力与电池系统总成位置

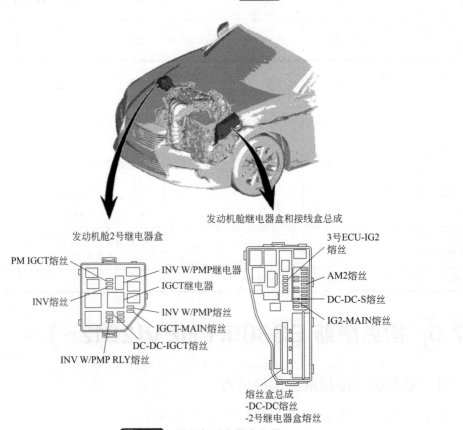

发动机舱继电器盒和接线盒总成

发动机舱2号继电器盒

PM IGCT熔丝

INV W/PMP继电器
IGCT继电器

INV熔丝

INV W/PMP熔丝

IGCT-MAIN熔丝

DC-DC-IGCT熔丝

INV W/PMP RLY熔丝

3号ECU-IG2
熔丝

AM2熔丝

DC-DC-S熔丝

IG2-MAIN熔丝

熔丝盒总成
-DC-DC熔丝
-2号继电器盒熔丝

图 7-40　熔丝与继电器盒位置

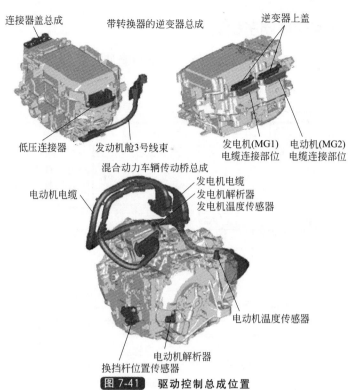

连接器盖总成　　带转换器的逆变器总成　　　　逆变器上盖

低压连接器　　发动机舱3号线束　　发电机(MG1)　　电动机(MG2)
　　　　　　　　　　　　　　　　电缆连接部位　　电缆连接部位

混合动力车辆传动桥总成

电动机电缆　　　　　发电机电缆
　　　　　　　　发电机解析器
　　　　　　　　发电机温度传感器

电动机温度传感器

换挡杆位置传感器　电动机解析器

图 7-41　驱动控制总成位置

蓄电池智能单元　　　HV继电器总成
　　　　　　　　　　(混合动力蓄电池接线盒总成)
　　　　　　　　　　　　SMRG

　　　　　　　　　　　　SMRB

　　　　　　　　　　预充电电阻器
　　　　　　SMRP
　　　电流传感器

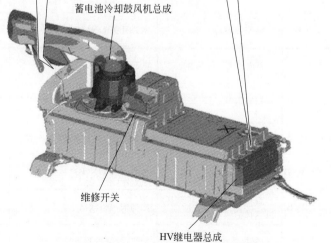

蓄电池冷却鼓风机总成

维修开关

HV继电器总成
(混合动力蓄电池接线盒总成)

图 7-42　高压电池总成与附件位置

7.5.2　高压电池管理器端子检测

高压电池管理器端子分布如图 7-43 所示，端子检测见表 7-14。

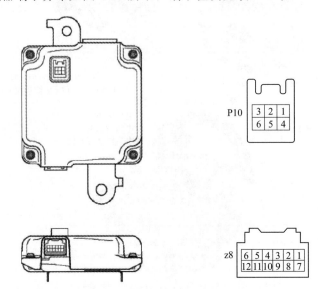

图 7-43　高压电池管理器端子分布

表 7-14　高压电池管理器端子检测

端子	线色	端子说明	检测条件	规定状态
z8-1（TCO）— z8-7（GCO）	G—G	进气温度传感器 0	HV 蓄电池温度： −40～90℃（−40～194℉）	4.8［−40℃（−40℉）］～ 1.0［90℃（194℉）］V
z8-2（TB2）— z8-8（GB2）	B—B	蓄电池温度传感器 2	HV 蓄电池温度： −40～90℃（−40～194℉）	4.8［−40℃（−40℉）］～ 1.0［90℃（194℉）］V
z8-3（TB1）— z8-9（GB1）	W—W	蓄电池温度传感器 1	HV 蓄电池温度： −40～90℃（−40～194℉）	4.8［−40℃（−40℉）］～ 1.0［90℃（194℉）］V
z8-4（TBO）— z8-10（GBO）	R—R	蓄电池温度传感器	HV 蓄电池温度： −40～90℃（−40～194℉）	4.8［−40℃（−40℉）］～ 1.0［90℃（194℉）］V
z8-5（IB）— z8-12（GIB）	Y—B	电流传感器	电源开关 ON（READY）	0.5～4.5V
z8-6（VIB）— z8-12（GIB）	BR—B	蓄电池电流传感器电源	电源开关 ON（IG）	4.5～5.5V
P10-3（IGCT）— P10-6（GND）	R—W/B	控制信号	电源开关 ON（READY）	11～14V
P10-1（BTH＋）— P10-6（GND）	Y—W/B	串行通信	电源开关 ON（IG）	产生脉冲
P10-4（BTH－）— P10-6（GND）	BR—W/B	串行通信	电源开关 ON（IG）	产生脉冲
P10-5 （FP0）— P10-6（GND）	V—W/B	蓄电池 0 号冷却鼓风机监视信号	冷却鼓风机激活	产生脉冲
P10-6（GND）— 车身搭铁	W—B	搭铁	始终（导通性检查）	小于 1Ω

7.5.3 逆变器总成端子检测

逆变器总成端子分布如图 7-44 所示，端子检测见表 7-15。

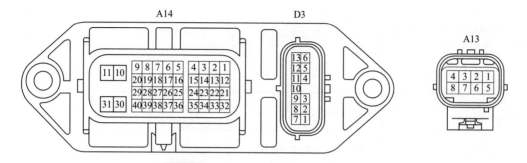

图 7-44 逆变器总成控制端子端子分布

表 7-15 逆变器总成端子检测

端子	线色	端子说明	检测条件	规定状态
A14-1(GI)— A14-10(GND1)	B—W/B	凸轮轴位置传感器信号	发动机正在运行的情况下电源开关置于 ON(READY)位置	产生脉冲
A14-5(ILKO)— A14-10(GND1)	R—W/B	互锁开关信号	电源开关 ON(IG)，连接器盖总成、逆变器上盖、发动机 4 号线束(空调线束)和维修开关安装正确	低于 1V
			电源开关 ON(IG)，连接器盖总成、逆变器上盖、发动机 4 号线束(空调线束)或维修开关未安装	11~14V
A14-7(CLK+)— A14-10(GND1)	B—W/B	MG ECU 通信时钟信号	电源开关 ON(IG)	产生脉冲
A14-8(MTH+)— A14-10(GND1)	L—W/B	自 MG ECU 至动力管理控制 ECU 的通信信号	电源开关 ON(IG)	产生脉冲
A14-9(HTM+)— A14-10(GND1)	B—W/B	自动力管理控制 ECU 至 MG ECU 的通信信号	电源开关 ON(IG)	产生脉冲
A14-16(ILKI)— A14-10(GND1)	L—W/B	互锁开关信号	电源开关 ON(IG)，连接器盖总成、逆变器上盖、发动机 4 号线束(空调线束)和维修开关安装正确	低于 1V
			电源开关 ON(IG)，连接器盖总成、逆变器上盖、发动机 4 号线束(空调线束)或维修开关未安装	11~14V
A14-18(CLK−)— A14-10(GND1)	W—W/B	MG ECU 通信时钟信号	电源开关 ON(IG)	产生脉冲
A14-19(MTH−)— A14-10(GND1)	Y—W/B	自 MG ECU 至动力管理控制 ECU 的通信信号	电源开关 ON(IG)	产生脉冲

续表

端子	线色	端子说明	检测条件	规定状态
A14-20(HTM−)— A14-10(GND1)	W—W/B	自动力管理控制 ECU 至 MG ECU 的通信信号	电源开关 ON(IG)	产生脉冲
A14-26(REQ+)— A14-10(GND1)	L—W/B	MG ECU 通信请求信号	电源开关 ON(IG)	产生脉冲
A14-30(+B)— A14-10(GND1)	G—W/B	MG ECU 电源	电源开关 ON(IG)	11～14V
A14-31(+B2)— A14-10(GND1)	R—W/B	MG ECU 电源	电源开关 ON(IG)	11～14V
A14-37(REQ−)— A14-10(GND1)	Y—W/B	MG ECU 通信请求信号	电源开关 ON(IG)	产生脉冲
A14-40(HSDN)— A14-10(GND1)	B—W/B	MG 切断信号	电源开关 ON(READY)	0～1V
D3-1(GRF)— D3-7(GRFG)	B—G	发电机解析器信号	发电机解析器运行	产生脉冲
D3-2(GSN)— D3-8(GSNG)	L—R	发电机解析器信号	发电机解析器运行	产生脉冲
D3-3(GCS)— D3-9(GCSG)	W—Y	发电机解析器信号	发电机解析器运行	产生脉冲
D3-4(MRF)— D3-11(MRFG)	B—G	电动机解析器信号	电动机解析器运行	产生脉冲
D3-5(MSN)— D3-12(MSNG)	L—R	电动机解析器信号	电动机解析器运行	产生脉冲
D3-6(MCS)— D3-13(MCSG)	W—Y	电动机解析器信号	电动机解析器运行	产生脉冲
A13-1(IGCT)— A14-10(GND1)	V—W/B	MG ECU 电源	电源开关 ON(IG)	11～14V
A13-2(IDH)— A14-10(GND1)	V—W/B	PTC 加热器禁止信号	电源开关 ON(IG)	4～6V
A13-3(S)— A14-10(GND1)	W—W/B	辅助蓄电池电压监视器	电源开关 ON(IG)	11～14V
A13-5(NODD)— A14-10(GND1)	W—W/B	DC-DC 工作情况	DC-DC 转换器工作正常	5～7V
			DC-DC 转换器工作不正常	2～4V
			DC-DC 转换器工作禁止	0.1～0.5V
A13-6(VLO)— A14-10(GND1)	G—W/B	DC-DC 工作监视/电压变化 信号	电源开关 ON(IG)	产生脉冲

注：由于带转换器的逆变器总成使用防水连接器，因此无法直接检查电压和波形，所列的标准电压读数和波形仅用作参考。

7.5.4　2AR-FXE 混动发动机 ECM 端子检测

发动机 ECM 端子分布如图 7-45 所示，端子检测见表 7-16。

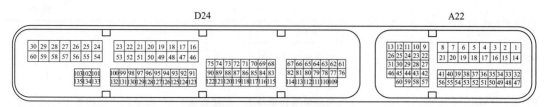

图 7-45 发动机 ECM 端子分布

表 7-16 发动机 ECM 端子检测

端子	线色	端子说明	检测条件	规定状态
A22-1(BATT)—D24-16 (E1)	GR—BR	辅助蓄电池(测量辅助蓄电池电压和 ECM 存储器)	电源开头 OFF	11~16V
A22-2(+B)—D24-16(E1)	P—BR	ECM 电源	电源开头 ON(IG)	11~14V
A22-3(+B2)—D24-16(E1)	LG—BR	ECM 电源	电源开头 ON(IG)	11~14V
D22-29(+BM)—D24-16 (E1)	B—BR	节气门执行器电源	电源开头 OFF	11~16V
A22-37(IGSW)—D24-16 (E1)	V—BR	电源开关 ON (IG)信号	电源开头 ON(IG)	11~14V
D24-74(OC1+)—D24-75 (OC1-)	W—B	凸轮轴正时机油控制阀总成工作信号	急速运转	产生脉冲
A22-46(MREL)—D24-16 (E1)	BE—BR	EFI 主继电器工作信号	电源开关 ON(IG)	11~14V
D24-91(VG)—D24-92 (E2G)	L—R	质量空气流量计分总成信号	急速运转,换挡杆置于 P,空调开关关闭	0.5~3.0V
D24-93(THA)—D24-94 (ETHA)	P—Y	进气温度传感器信号	急速运转,进气温度 20℃(68℉)	0.5~3.4V
D24-95(THW)—D24-96 (ETHW)	B—P	发动机冷却液温度传感器信号	急速运转,发动机冷却液温度 80℃(176℉)	0.2~1.0V
D24-125(VCTA)—D24-126 (ETA)	B—R	节气门位置传感器电源(规定电压)	电源开关 ON(IG)	4.5~5.5V
D24-127(VTA1)—D24-126 (ETA)	Y—R	节气门位置传感器信号(发动机控制)	完全松开加速踏板	0.5~1.1V
D24-128(VTA2)—D24-126 (ETA)	W—R	节气门位置传感器信号(传感器故障检测)	完全松开加速踏板	2.1~3.1V
D24-23 (HA1A)—D24-53 (E04)	G—W/B	空燃比传感器加热器工作信号	急速运转	产生脉冲
			电源开头 ON(IG)	11~14V
D24-133(A1A+)—D24-16 (E1)	L—BR	空燃比传感器信号	电源开关 ON(IG)	约 3.3V
D24-134(A1A-)—D24-16 (E1)	P—BR	空燃比传感器信号	电源开关 ON(IG)	约 2.9V

端子	线色	端子说明	检测条件	规定状态
D24-24（HT1B）—D24-53（E04）	Y—W/B	加热型氧传感器加热器工作信号	怠速运转	低于 3.0V
			电源开头 ON(IG)	11～14V
D24-100（OX1B）—D24-132（EX1B）	W—R	加热型氧传感器信号	发动机暖机后，保持发动机转速2500r/min 2min	产生脉冲
D24-20（♯10）—D24-50（E01）	B—W/B	1 号喷油器总成信号	电源开关 ON(IG)	11～14V
			怠速运转	产生脉冲
D24-17（♯20）—D24-50（E01）	R—W/B	2 号喷油器总成信号	电源开关 ON(IG)	11～14V
			怠速运转	产生脉冲
D24-18（♯30）—D24-50（E01）	Y—W/B	3 号喷油器总成信号	电源开关 ON(IG)	11～14V
			怠速运转	产生脉冲
D24-19（♯40）—D24-50（E01）	L—W/B	4 号喷油器总成信号	电源开关 ON(IG)	11～14V
			怠速运转	产生脉冲
D24-123（KNK1）—D24-124（EKNK）	R—G	爆震控制传感器信号	发动机暖机后，保持发动机转速2500r/min	产生脉冲
D24-113（VCV1）—D24-16（E1）	B—BR	凸轮轴位置传感器电源（规定电压）	电源开头 ON(IG)	4.5～5.5V
D24-82（VV1＋）—D24-114（VV1－）	V—L	凸轮轴位置传感器信号	怠速运转	产生脉冲
A22-60(G2O)—D24-16(E1)	B—BR	凸轮轴转速信号	怠速运转	产生脉冲
D24-76(NE＋)—D24-109（NE－）	B—W	曲轴位置传感器信号	怠速运转	产生脉冲
D24-57(IGT1)—D24-16（E1）	Y—BR	1 号点火线圈总成(点火信号)	怠速运转	产生脉冲
D24-56(IGT2)—D24-16（E1）	R—BR	2 号点火线圈总成(点火信号)	怠速运转	产生脉冲
D24-55(IGT3)—D24-16（E1）	G—BR	3 号点火线圈总成(点火信号)	怠速运转	产生脉冲
D24-54(IGT4)—D24-16（E1）	L—BR	4 号点火线圈总成(点火信号)	怠速运转	产生脉冲
D24-51(IGF1)—D24-16（E1）	W—BR	点火线圈总成(点火确认信号)	电源开头 ON(IG)	4.5～5.5V
			怠速运转	产生脉冲
D24-68(PRG)—D24-50（E01）	W—W/B	清污 VSV 工作信号	电源开头 ON(IG)	11～14V
			怠速运转，清污控制下	产生脉冲
D24-60(M＋)—D24-58（ME01）	W—W/B	节气门执行器工作信号（正极）	发动机暖机时怠速运转	产生脉冲

续表

端子	线色	端子说明	检测条件	规定状态
D24-30(M－)－D24-58（ME01）	B—W/B	节气门执行器工作信号（负极）	发动机暖机时怠速运转	产生脉冲
A22-21(FC)—D24-50(E01)	R—W/B	燃油泵控制	电源开头 ON(IG)	11～14V
A22-30(W)—D24-16(E1)	R—BR	故障指示灯（MIL）工作信号	电源开头 ON(IG)(MIL 点亮)	低于 3.0V
			怠速运转	11～14V
A22-23(TC)—D24-16(E1)	P—BR	DLC3 端子 TC	电源开关 ON(IG)	11～14V
A22-31（TACH）—D24-16（E1）	B—BR	发动机转速信号	怠速运转	产生脉冲
A22-13（CANH）—D24-16（E1）	B—BR	CAN 通信线路	电源开关 ON(IG)	产生脉冲
A22-26（CANL）—D24-16（E1）	W—BR	CAN 通信线路	电源开关 ON(IG)	产生脉冲
A22-12（CANP）—D24-16（E1）	B—BR	CAN 通信线路	电源开关 ON(IG)	产生脉冲
A22-25（CANN）—D24-16（E1）	W—BR	CAN 通信线路	电源开关 ON(IG)	产生脉冲
A22-28(WPI)—D24-16(E1)	BE—BR	发动机水泵总成信号	发动机暖机时怠速运转	产生脉冲
A22-29（WPO）—D24-16（E1）	LG—BR	发动机水泵总成信号	发动机暖机时怠速运转	产生脉冲
D24-78（VCPM）—D24-80（EPIM）	B—V	歧管绝对压力传感器电源	电源开关 ON(IG)	4.75～5.25V
D24-79（PIM）—D24-80（EPIM）	G—V	歧管绝对压力传感器信号	电源开关 ON(IG)	3.0～5.0V
A22-44(RFC)—D24-16(E1)	G—BR	冷却风扇控制	电源开关 ON(IG)，空调开关打开（MAX COOL）	产生脉冲
A22-14(EC)—车身搭铁	W/B— —	ECM 接地(搭铁)电路	始终	小于 1Ω
D24-16(E1)—车身搭铁	BR— —	ECM 接地(搭铁)电路	始终	小于 1Ω
D24-50(E01)—车身搭铁	W/B— —	ECM 接地(搭铁)电路	始终	小于 1Ω
D24-49(E02)—车身搭铁	W/B— —	ECM 接地(搭铁)电路	始终	小于 1Ω
D24-53(E04)—车身搭铁	W/B— —	ECM 接地(搭铁)电路	始终	小于 1Ω
D24-58(ME01)—车身搭铁	W/B— —	ECM 接地(搭铁)电路	始终	小于 1Ω
D24-59(GE01)—车身搭铁	R— —	节气门执行器的屏蔽接地(搭铁)电路	始终	小于 1Ω

7.5.5　混合动力控制模块端子检测

混合动力控制模块端子分布如图 7-46 所示，端子检测见表 7-17。

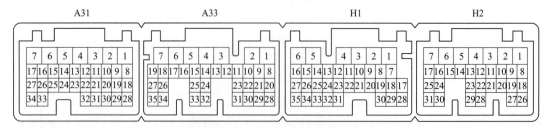

图 7-46　混合动力控制模块端子分布

表 7-17　混合动力控制模块端子定义

端子	线色	端子说明	检测条件	规定状态
A31-2（＋B2）—H1-6（E1）	B—BR	电源	电源开关 ON（IG）	11～14V
A31-11（VLO）—H1-6（E1）	G—BR	DC-DC 工作监视/电压变化信号	电源开关 ON（IG）	产生脉冲
A31-13（IWP）—H1-6（E1）	L—BR	逆变器水泵总成信号	电源开关 ON（READY）	产生脉冲
A31-14（NIWP）—H1-6（E1）	R—BR	逆变器水泵总成信号	电源开关 ON（READY）	产生脉冲
A31-15（BL）—H1-6（E1）	W—BR	倒车灯	电源开关 ON（IG），换挡杆置于 R	11～14V
A31-16（GI）—H1-6（E1）	B—BR	凸轮轴位置传感器信号	电源开关 ON（READY），发动机正在运行	产生脉冲
A31-19（CLK）—H1-6（E1）	GR—BR	空调通信信号	电源开关 ON（READY），空调系统停止	产生脉冲
A31-20（STB）—H1-6（E1）	V—BR	空调通信信号	电源开关 ON（READY），空调系统停止	产生脉冲
A31-21（NODD）—H1-6（E1）	W—BR	DC-DC 工作情况	DC-DC 转换器工作正常	5～7V
			DC-DC 转换器工作不正常	2～4V
			DC-DC 转换器工作禁止	0.1～0.5V
A31-24（MMT）—A31-25（MMTG）	G—GR	电动机温度传感器	电源开关 ON（IG），温度为 25℃（77℉）	3.6～4.6V
			电源开关 ON（IG），温度为 60℃（140℉）	2.2～3.2V
A31-26（GMT）—A31-27（GMTG）	L—P	发电机温度传感器	电源开关 ON（IG），温度为 25℃（77℉）	3.6～4.6V
			电源开关 ON（IG），温度为 60℃（140℉）	2.2～3.2V
A31-29（SI0）—H1-6（E1）	P—BR	HV 蓄电池鼓风机风扇工作信号	电源开关 ON（IG），主动测试期间	产生脉冲
A31-30（ETI）—H1-6（E1）	Y—BR	空调通信信号	电源开关 ON（READY），空调系统停止	产生脉冲

续表

端子	线色	端子说明	检测条件	规定状态
A31-31(ITE)—H1-6(E1)	W—BR	空调通信信号	电源开关 ON(READY),空调系统停止	产生脉冲
A31-32(ILK)—H1-6(E1)	L—BR	互锁开关	电源开关 ON(IG),连接器盖总成、逆变器上盖、发动机 4 号线束(空调线束)和维修开关安装正确	0～1.5V
			电源开关 ON(IG),连接器盖总成、逆变器上盖、发动机 4 号线束(空调线束)或维修开关未安装	11～14V
A33-1(IG2)—H1-6(E1)	B—BR	电源	电源开关 ON(IG)	11～14V
A33-2(IG2D)—H1-6(E1)	R—BR	IG2 继电器	电源开关 ON(IG)	11～14V
A33-5(＋B1)—H1-6(E1)	B—BR	电源	电源开关 ON(IG)	11～14V
A33-6(MREL)—H1-6(E1)	V—BR	主继电器	电源开关 ON(IG)	11～14V
A33-7(ST1-)—H1-6(E1)	GR—BR	制动取消开关	电源开关 ON(IG),踩下制动踏板	0～1.5V
			电源开关 ON(IG),松开制动踏板	11～14V
A33-8(FD)—H1-6(E1)	LG—BR	换挡杆位置信号	电源开关 ON(IG),换挡杆置于 D 或 S	11～14V
			电源开关 ON(IG),换挡杆未置于 D 或 S	0.5～1.5V
A33-9(RV)—H1-6(E1)	P—BR	换挡杆位置信号	电源开关 ON(IG),换挡杆置于 R	11～14V
			电源开关 ON(IG),换挡杆未置于 R	0.5～1.5V
A33-11(D)—H1-6(E1)	Y—BR	换挡杆位置信号	电源开关 ON(IG),换挡杆置于 D 或 S	11～14V
			电源开关 ON(IG),换挡杆未置于 D 或 S	0.5～1.5V
A33-12(N)—H1-6(E1)	W—BR	换挡杆位置信号	电源开关 ON(IG),换挡杆置于 N	11～14V
			电源开关 ON(IG),换挡杆未置于 N	1.2～2.8V
A33-13(B)—H1-6(E1)	GR—BR	换挡杆位置信号	电源开关 ON(IG),任何位置	0.5～1.5V
A33-14(R)—H1-6(E1)	L—BR	换挡杆位置信号	电源开关 ON(IG),换挡杆置于 R	11～14V
			电源开关 ON(IG),换挡杆未置于 R	0.5～1.5V
A33-15(P)—H1-6(E1)	G—BR	换挡杆位置信号	电源开关 ON(IG),换挡杆置于 P	11～14V
			电源开关 ON(IG),换挡杆未置于 P	0.5～1.5V
A33-16(MJ)—H1-6(E1)	V—BR	换挡杆位置信号	电源开关 ON(IG),换挡杆置于 P、R、N、D 或 S	11～14V
A33-18 (VCP1)—A33-34 (EP1)	B—G	加速踏板位置传感器总成电源(VPA1)	电源开关 ON(IG)	4.5～5.5V
A33-19 (VCP2)—A33-35 (EP2)	W—Y	加速踏板位置传感器总成电源(VPA2)	电源开关 ON(IG)	4.5～5.5V

续表

端子	线色	端子说明	检测条件	规定状态
A33-20(CLK−)—H1-6 (E1)	W—BR	MG 通信时钟信号	电源开关 ON(READY)	产生脉冲
A33-21(CLK+)—H1-6 (E1)	B—BR	MG 通信时钟信号	电源开关 ON(READY)	产生脉冲
A33-23(STP)—H1-6(E1)	W—BR	刹车灯开关	踩下制动踏板	11～14V
			松开制动踏板	0～1.5V
A33-24(HTM+)—H1-6 (E1)	B—BR	自动力管理控制 ECU 至 MG ECU 的通信信号	电源开关 ON(READY)	产生脉冲
A33-25(HTM−)—H1-6 (E1)	W—BR	自动力管理控制 ECU 至 MG ECU 的通信信号	电源开关 ON(READY)	产生脉冲
A33-26(VPA1)—A33-34 (EP1)	R—G	加速踏板位置传感器总成(加速踏板位置检测)	电源开关 ON(IG),松开加速踏板	0.4～1.4V
			电源开关 ON(IG),发动机停机,换挡杆置于 P,完全踩下加速踏板	2.6～4.5V
A33-27(VPA2)—A33-35 (EP2)	L—Y	加速踏板位置传感器总成(加速踏板位置检测)	电源开关 ON(IG),松开加速踏板	1.0～2.2V
			电源开关 ON(IG),发动机停机,换挡杆置于 P,完全踩下加速踏板	3.4～5.3V
A33-29(MTH−)—H1-6 (E1)	Y—BR	自 MG ECU 至动力管理控制 ECU 的通信信号	电源开关 ON(READY)	产生脉冲
A33-30(MTH+)—H1-6 (E1)	L—BR	自 MG ECU 至动力管理控制 ECU 的通信信号	电源开关 ON(READY)	产生脉冲
A33-31(HSDN)—H1-6(E1)	B—BR	MG ECU 切断信号	电源开关 ON(READY)	0～1.5V
A33-32(REQ−)—H1-6(E1)	Y—BR	MG ECU 通信请求信号	电源开关 ON(READY)	产生脉冲
A33-33(REQ+)—H1-6 (E1)	L—BR	MG ECU 通信请求信号	电源开关 ON(READY)	产生脉冲
H1-1(AM22)—H1-6(E1)	P—BR	稳压电源	电源开关 ON(IG)	11～14V
			电源开关 ON(READY)	11～15.5V
H1-2(SMRG)—H1-5(E01)	G—W/B	系统主继电器工作信号	电源开关 ON(IG)→电源开关 ON(READY)	产生脉冲
H1-3(SMRP)—H1-5(E01)	GR—W/B	系统主继电器工作信号	电源开关 ON(IG)→电源开关 ON(READY)	产生脉冲
H1-4(SMRB)—H1-5(E01)	R—W/B	系统主继电器工作信号	电源开关 ON(IG)→电源开关 ON(READY)	产生脉冲
H1-7(SSW1)—H1-6(E1)	LG—BR	电源开关	按住电源开关	0～1.5V
H1-11(TC)—H1-6(E1)	W—BR	诊断端子	电源开关 ON(IG)	11～14V

续表

端子	线色	端子说明	检测条件	规定状态
H1-13(EVSW)—H1-6(E1)	Y—BR	EV 驱动模式开关（集成控制和面板总成）信号	电源开关 ON(IG)，EV 驱动模式开关（集成控制和面板总成）不工作	11～14V
			电源开关 ON(IG)，EV 驱动模式开关（集成控制和面板总成）工作	0～1.5V
H1-14(SPDI)—H1-6(E1)	V—BR	车速信号	电源开关置于 ON(READY)位置时以约 20km/h(12mph)的速度行驶	产生脉冲
H1-28(THB)—H1-30(ETHB)	SB—P	辅助蓄电池温度	电源开关 ON(IG)，辅助蓄电池温度为 25℃(77℉)	1.7～2.3V
			电源开关 ON(IG)，辅助蓄电池温度为 60℃(140℉)	0.6～0.9V
H1-29(ABFS)—H1-6(E1)	B—BR	气囊激活信号	电源开关 ON(READY)	产生脉冲
H1-32(BTH+)—H1-6(E1)	Y—BR	自蓄电池智能单元至动力管理控制 ECU 的通信信息	电源开关 ON(IG)	产生脉冲
H1-33(BTH−)—H1-6(E1)	BR—BR	自蓄电池智能单元至动力管理控制 ECU 的通信信息	电源开关 ON(IG)	产生脉冲
H1-34(CA2H)—H1-6(E1)	L—BR	CAN 通信信号	电源开关 ON(IG)	产生脉冲
H1-35(CA2L)—H1-6(E1)	LG—BR	CAN 通信信号	电源开关 ON(IG)	产生脉冲
H2-1(ACCD)—H1-6(E1)	W—BR	ACC 继电器	电源开关 ON(ACC)	11～14V
H2-2(IG1D)—H1-6(E1)	G—BR	IG1 继电器	电源开关 ON(IG)	11～14V
H2-7(AM21)—H1-6(E1)	LG—BR	稳压电源	电源开关 ON(IG)	11～14V
			电源开关 ON(READY)	11～15.5V
H2-11(LIN2)—H1-6(E1)	B—BR	LIN 通信信号	电源开关 ON(IG)	产生脉冲
H2-17(SSW2)—H1-6(E1)	V—BR	电源开关	按住电源开关	0～1.5V
H2-23(M)—H1-6(E1)	Y—BR	变速器控制开关	电源开关 ON(IG)，换挡杆置于 S	11～14V
			电源开关 ON(IG)，换挡杆未置于 S	0～1.5V
H2-24(CA1L)—H1-6(E1)	W—BR	CAN 通信信号	电源开关 ON(IG)	产生脉冲
H2-25(CA1H)—H1-6(E1)	B—BR	CAN 通信信号	电源开关 ON(IG)	产生脉冲
H2-26(SFTD)—H1-6(E1)	G—BR	变速器控制开关	电源开关 ON(IG)，换挡杆置于除 S（−）外的任何位置	11～14V
			电源开关 ON(IG)，换挡杆置于 S 且朝向−	0～1.5V
H2-27(SFTU)—H1-6(E1)	L—BR	变速器控制开关	电源开关 ON(IG)，换挡杆置于除 S（+）外的任何位置	11～14V
			电源开关 ON(IG)，换挡杆置于 S 且朝向+	0～1.5V
H2-30(CA3N)—H1-6(E1)	W—BR	CAN 通信信号	电源开关 ON(IG)	产生脉冲
H2-31(CA3P)—H1-6(E1)	R—BR	CAN 通信信号	电源开关 ON(IG)	产生脉冲

7.5.6 P314 混动变速器技术参数与结构

P314 混动变速器技术参数见表 7-18，结构如图 7-47 所示。

表 7-18 P314 混动变速器技术参数

项目			规格
传动桥类型			P314
换拉杆位置			P/R/N/D/S
复合齿轮机构	动力分配行星齿轮机构	太阳齿轮齿数	30
		小齿轮齿数	23
		齿圈齿数	78
	电动机减速行星齿轮机构	太阳齿轮齿数	23
		小齿轮齿数	18
		齿圈齿数	57
中间轴齿轮		主动齿轮齿数	54
		从动齿轮齿数	55
减速齿轮		主动齿轮齿数	23
		从动齿轮齿数	80
总减速比			3.542
油液类型			丰田原厂 ATF WS
油液容量		L(US qts,Imp,qts)	3.6(3.8,3.2)
质量(参考)		kg(lb)	121(267)

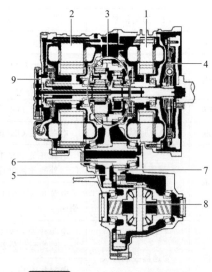

图 7-47 P314 混动变速器结构

1—MG1；2—MG2；3—复合齿轮机构；4—变速器输入减振器总成；5—中间轴从动齿轮；
6—减速主动齿轮；7—减速从动齿轮；8—差速器齿轮机构；9—油泵

8.1 雅阁 HEV(2016~)

8.1.1 高压系统部件位置

混合动力系统部件位置如图 8-1～图 8-4 所示。

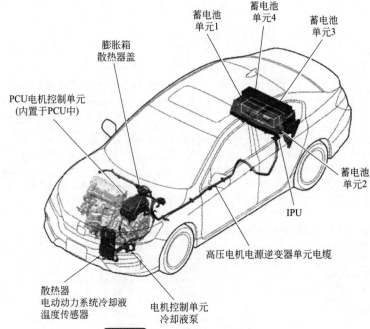

图 8-1　整车高压系统部件位置

图 8-2　动力驱动系统部件位置

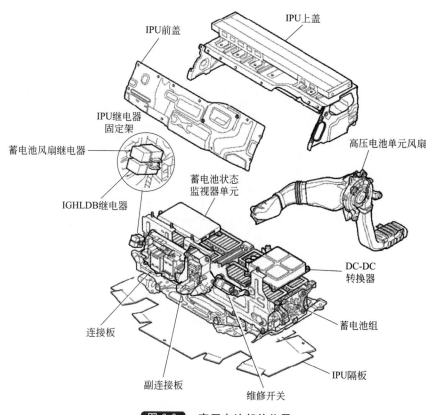

图 8-3 高压电池部件位置

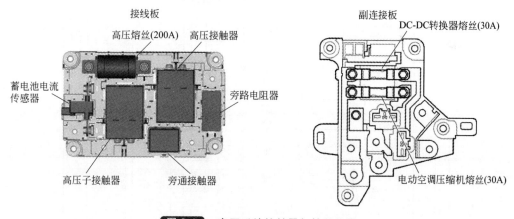

图 8-4 高压系统接触器与熔丝位置

8.1.2 高压电池系统电路

高压电池系统电路如图 8-5 所示。

8.1.3 动力驱动单元控制电路

动力驱动单元控制电路如图 8-6 所示。

新能源电动汽车混合动力汽车维修资料大全 国外品牌

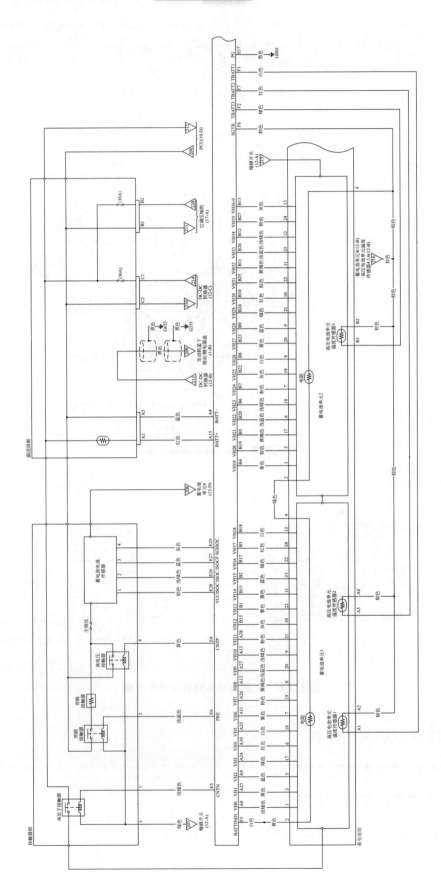

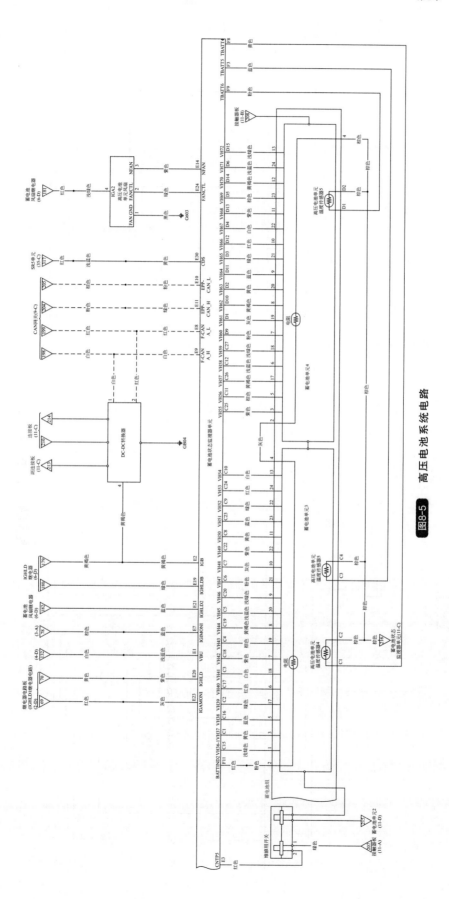

图8-5　高压电池系统电路

277

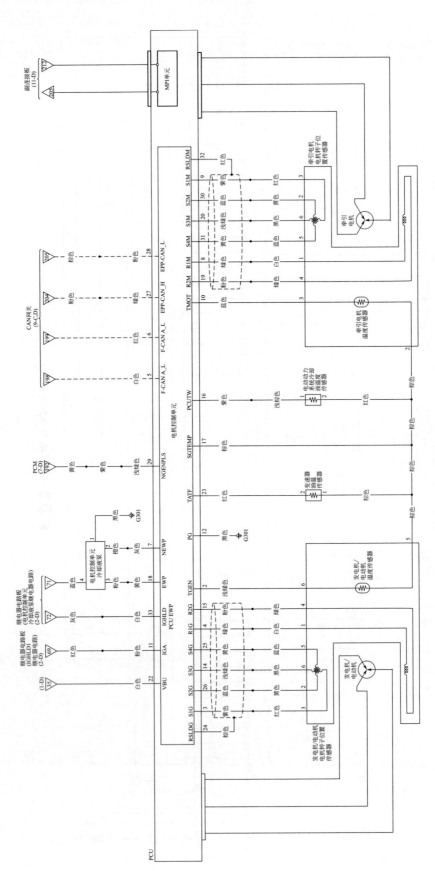

动力驱动单元控制电路

图8-6

8.1.4 高压电池单元拆装步骤

① 拆卸 IPU。

② 拆卸高压电池出口管总成。

a. 断开 DC-DC 转换器搭铁电缆端子（A）。

b. 断开 DC-DC 输出电缆端子（B）和电缆卡扣（C）。

c. 断开 DC-DC 输入电缆接插器（D）和电缆卡扣（E）。

d. 断开搭铁端子（F）。

e. 拆下 IPU 继电器固定架接头（G）。

f. 断开接插器（H）。

g. 拆下接插器卡扣（J）。

h. 拆下线束夹（K）。

以上元器件如图 8-7 所示。

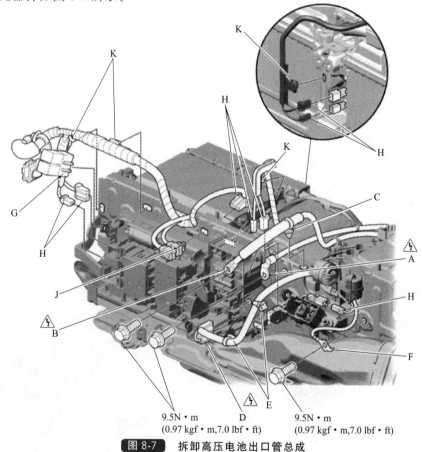

9.5N·m
(0.97 kgf·m,7.0 lbf·ft)

9.5N·m
(0.97 kgf·m,7.0 lbf·ft)

图 8-7 拆卸高压电池出口管总成

i. 断开连接器（A）。

j. 拆下卡扣（B）。

以上元器件如图 8-8 所示。

k. 在另一侧执行相同的程序。

l. 拆下蓄电池出口管总成（A），如图 8-9 所示。

注意：检查衬垫（B），如果老化或损坏，则将其更换。如果要重复使用衬垫，确保不要损坏衬垫。

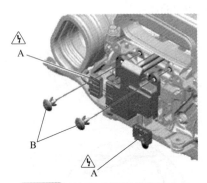

图 8-8　断开连接器并拆下卡扣

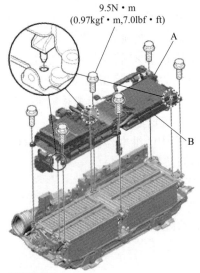

图 8-9　拆下高压电池出口管总成

③ 拆卸副连接板。

a. 拆下连接板输出（－）线束连接板（A）。注意：线束连接板弯曲时，务必更换。

b. 拆下连接板输出（＋）线束连接板（B）。注意：线束连接板弯曲时，务必更换。

c. 拆下副连接板（C）。

以上元器件如图 8-10 所示。

④ 拆卸连接板。

注意：断开维修开关后，高压电流入蓄电池端子和线束连接板。逐一执行所有步骤，不在端子盖上作业时，保持端子盖闭合。

a. 将端子盖 A 打开至锁止位置。

b. 拆下连接板输入（＋）线束连接板（B）。注意：线束连接板弯曲时，务必更换。

c. 关闭端子盖 A。

以上元器件如图 8-11 所示。

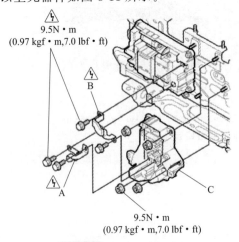

图 8-10　拆卸副连接板

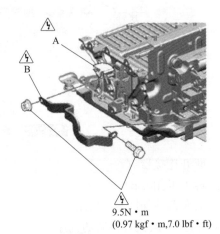

图 8-11　拆卸连接板 1

d. 将端子盖 B 打开至锁止位置。

e. 拆下连接板输入（一）线束连接板（A）。注意：线束连接板弯曲时，务必更换。

f. 关闭端子盖 B。

以上元器件如图 8-12 所示。

g. 拆下连接板（A），如图 8-13 所示。

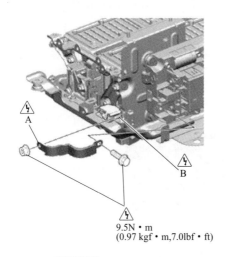

9.5N·m
(0.97 kgf·m,7.0lbf·ft)

图 8-12　拆卸连接板 2

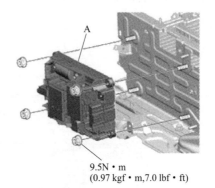

9.5N·m
(0.97 kgf·m,7.0 lbf·ft)

图 8-13　拆下连接板

⑤ 拆卸 IPU 进气管，如图 8-14 所示。

⑥ 安装所有拆下的部件。按照与拆卸相反的顺序安装部件，并注意以下事项：确保将凸出部位（A）支座插入托架（B），如图 8-15 所示。更换蓄电池组时，执行蓄电池状态监视器单元重新设定程序。

图 8-14　拆卸 IPU 进气管

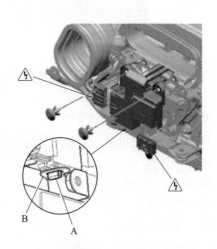

图 8-15　安装支座到托架

⑦ 蓄电池状态监视器单元重新设定。

注意：仅当更换蓄电池组（所有蓄电池单元）时，才执行该程序。

a. 连接 HDS。

b. 使用 HDS 选择 ELECTRIC POWERTRAIN/IMA（电动动力/IMA）系统。

c. 选择 HIGH VOLTAGE BATTERY/HIGH VOLTAGE BATTERY ECU RE-PLACEMENT MENU（高压电池/高压电池 ECU 更换菜单），然后遵循屏幕上的提示。

d. 选择 REPLACE THE HIGH VOLTAGE BATTERY MENU（更换高压电池菜单），然后遵循屏幕上的提示。

8.1.5　智能动力单元(IPU）拆装步骤

① 断开维修开关。

② 断开高压电机电源逆变器单元电缆。注意：副连接板的连接位置如图 8-16 所示。

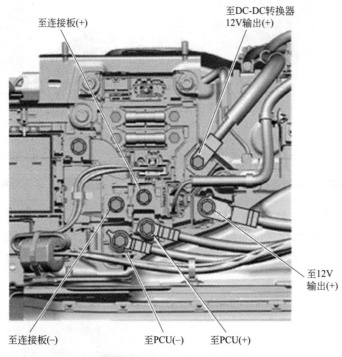

至连接板(+)
至DC-DC转换器
12V输出(+)
至12V
输出(+)
至连接板(-)
至PCU(-)
至PCU(+)

图 8-16　副连接板连接位置

a. 断开 IPU 搭铁电缆（A）。

b. 断开高压电机电源逆变器单元电缆搭铁端子（B）。

c. 断开接插器（C）。

d. 拆下线束夹（D）。

e. 断开高压电机电源逆变器单元电缆端子（E）。

f. 拆下电缆卡扣（F）。

以上元器件如图 8-17 所示。

③ 拆卸行李厢后侧装饰板。

④ 拆卸 IPU 出口接头。

⑤ 拆卸进气管。

⑥ 拆卸 IPU 总成。

a. 拆下 IPU 隔板卡扣（A），如图 8-18 所示。

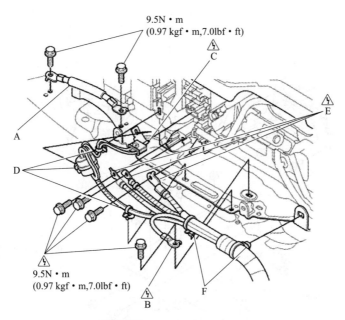

图 8-17 拆卸各线束连接器

b. 断开接插器（A）。

c. 拆下 IPU 总成（B）。

以上元器件如图 8-19 所示。

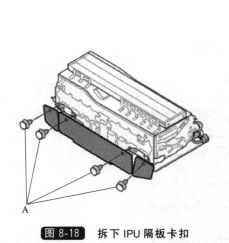

图 8-18 拆下 IPU 隔板卡扣

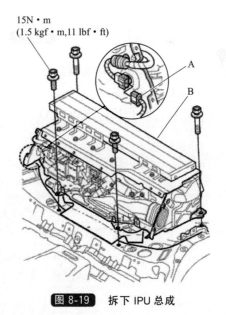

图 8-19 拆下 IPU 总成

⑦ 拆卸 IPU（图 8-20）。

a. 拆下 IPU 出口管（A）。

b. 拆下接插器卡扣（B）。

c. 拆下线束夹（C）。

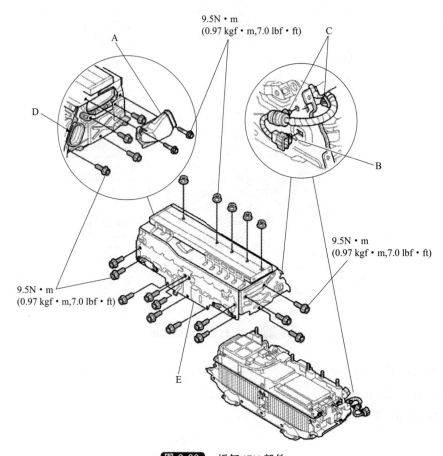

9.5N • m
(0.97 kgf • m,7.0 lbf • ft)

9.5N • m
(0.97 kgf • m,7.0 lbf • ft)

9.5N • m
(0.97 kgf • m,7.0 lbf • ft)

图 8-20　拆卸 IPU 部件

d. 拆下 IPU 进口连接接头（D）。

e. 拆下 IPU 上盖（E）。

f. 如有必要，拆下 IPU 隔板（A），如图 8-21 所示。

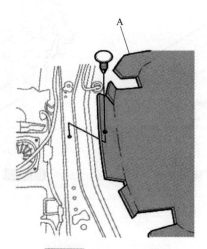

图 8-21　拆下 IPU 隔板

⑧ 安装所有拆下的部件。按照与拆卸相反的顺序安装部件，并注意以下事项（图 8-22）：仔细对齐 IPU 上盖（B）的孔（A）和双头螺栓（C）。先紧固标准螺栓（D）。将 IPU 隔板（E）插入 IPU 罩（F）和车身车架之间。

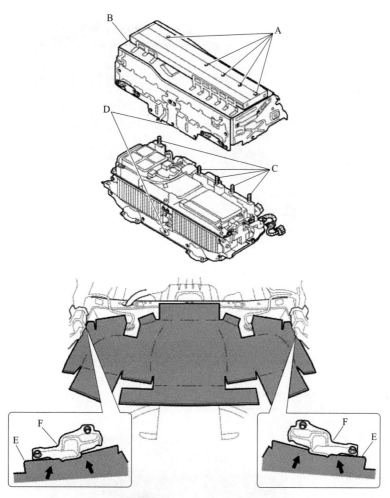

图 8-22 IPU 安装注意事项

8.2 思铂睿 HEV(2017~)

8.2.1 高压系统部件位置

混合动力系统部件位置如图 8-23～图 8-26 所示。

8.2.2 LFA11 混动发动机 PCM 端子定义

混动发动机 PCM 端子分布如图 8-27 所示，端子定义见表 8-1、表 8-2。

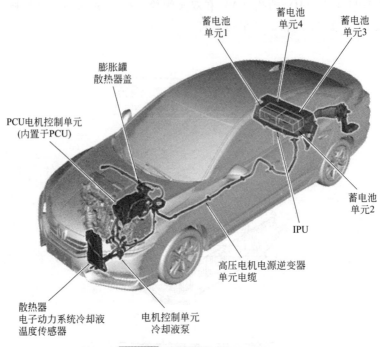

蓄电池
单元1

蓄电池
单元4

蓄电池
单元3

膨胀罐
散热器盖

PCU电机控制单元
(内置于PCU)

蓄电池
单元2

IPU

高压电机电源逆变器
单元电缆

散热器
电子动力系统冷却液
温度传感器

电机控制单元
冷却液泵

图 8-23　整车高压部件位置

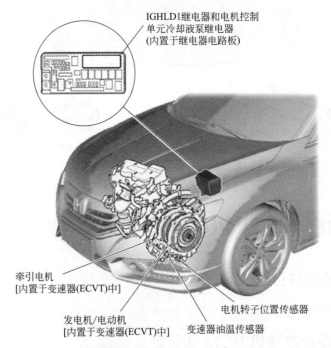

IGHLD1继电器和电机控制
单元冷却液泵继电器
(内置于继电器电路板)

牵引电机
[内置于变速器(ECVT)中]

电机转子位置传感器

发电机/电动机
[内置于变速器(ECVT)中]

变速器油温传感器

图 8-24　动力系统总成部件位置

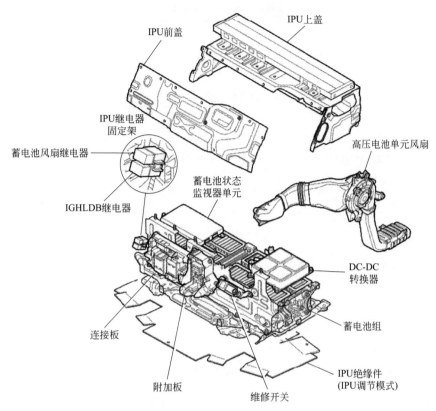

图 8-25 高压电池部件位置

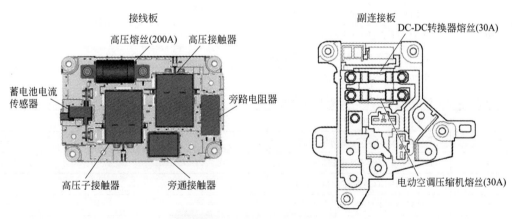

图 8-26 高压接触器与熔丝位置

1	2		3	4	5		6	7
8	9	10	11	12	13	14	15	16
17	18	19	20	21	22	23	24	25	26	27	28
29	30	31	32	33	34	35	36	37	38	39	40
41	42		43	44	45	46	47	48		49	50

1	2	3		4	5	6	7	8	9	10		11	12	13
14	15	16	17	18	19	20	21	22	23	24	25	26	27	28
	29	30	31	32	33	34	35	36	37	38	39	40	41	42	43	44	45	46
	47	48	49	50	51	52	53	54	55	56	57	58	59	60	61	62	63	64
	65	66	67	68		69	70	71	72	73	74	75	76		77	78	79	80

图 8-27 混动发动机 PCM 端子分布

表 8-1 PCM 50 针端子定义

端子	端子说明
3	IG1 VB SOL(电磁阀电源)
4	SO2HT[辅助加热型氧传感器(辅助 HO2S)(传感器 2)加热器控制]
5	FI MAIN RLY CL-(PGM-FI 主继电器 1)
7	+B VBU(备用电压)
8	FI MAIN RLY OUT(电源)
11	FUEL PUMP RLY CL-(发动机防盗锁止系统燃油泵继电器)
12	PADDLE SW UP(换挡拨片+)
13	GND(电源搭铁)
14	ATP-R(倒挡位置)
16	DBW RLY OUT(电源)
17	FAN CONTROL(散热器风扇控制)
20	EPP-CAN_L(EPP-CAN 通信信号低)
21	EPP-CAN_H(EPP-CAN 通信信号高)
22	RFC DIAG(RFC 诊断)
24	ENG W/PUMP DI-(发动机 EWP 继电器)
25	DBW RLY CL-[电子节气门控制系统(ETCS)控制继电器]
26	STOP SW(制动踏板位置开关)
27	SCS(维修检查信号)
28	STC(起动机开关信号)
29	PADDLE SW DOWN(换挡拨片-)
30	EVTC RLY CL-(电动 VTC 继电器)
32	APS1[加速踏板位置(APP)传感器 A]
33	PD 传感器(空调压力传感器)
34	APS2[加速踏板位置(APP)传感器 B]
35	VSP(车速信号输出)
36	F-CAN A_L(CAN 通信信号低)
37	F-CAN A_H(CAN 通信信号高)
38	F-CAN B_L(CAN 通信信号低)
39	F-CAN B_H(CAN 通信信号高)
40	S-NET(发动机防盗锁止系统串行通信)
43	SG5(传感器搭铁)
44	VCC5(传感器电压)
45	VCC4(传感器电压)
46	SG4(传感器搭铁)
47	SO2[辅助加热型氧传感器(辅助 HO2S)(传感器 2)]
48	SO2 SG[辅助加热型氧传感器(辅助 HO2S)(S2)传感器搭铁]
49	BKSWNC(制动踏板位置开关)

表 8-2 PCM 80 针端子定义

端子	端子说明
10	EEGR[废气再循环(EGR)阀]
13	AFHT[空燃比(A/F)传感器1加热器控制]
18	INJ 1(1号喷油器)
19	INJ 4(4号喷油器)
20	INJ 3(3号喷油器)
21	INJ 2(2号喷油器)
22	GND 1(电源搭铁)
23	GND 3(电源搭铁)
24	LG(搭铁)
25	SHB(换挡电磁阀B)
26	SHA(换挡电磁阀A)
27	MTR1(节气门执行器)
28	MTR2(节气门执行器)
29	EWP C(SWP)(发动机冷却液电动泵控制)
30	EVTS(电动VTC转速传感器)
31	EVTP(电动VTC控制信号)
32	PARKBUSY(驻车棘爪作动器驱动器单元的通信信号)
33	PODCL(变速器油压传感器)
34	KSGND(爆震传感器搭铁)
35	KS(爆震传感器)
36	IG1(F/P)(点火信号)
37	IGN01A(1号点火线圈脉冲)
38	IGN02A(2号点火线圈脉冲)
39	IGN03A(3号点火线圈脉冲)
40	IGN04A(4号点火线圈脉冲)
41	CAM[凸轮轴位置(CMP)传感器A]
43	TDC[凸轮轴位置(CMP)传感器B]
44	CRKP[曲轴位置(CKP)传感器]
45	SG6(传感器搭铁)
46	EVTD(电动VTC转速传感器)
48	IP[空燃比(A/F)传感器(S1)IP电池]
50	THL1[节气门位置(TP)传感器A]
51	THL2[节气门位置(TP)传感器B]
52	TW[发动机冷却液温度(ECT)传感器1]
53	TA[进气温度(IAT)传感器1]
54	TW2[发动机冷却液温度(ECT)传感器2]
55	INTA[进气温度(IAT)传感器2]
56	MAP(PB)[歧管绝对压力(MAP)传感器]

续表

端子	端子说明
57	EVTM(电动 VTC 诊断)
58	OPSEN(机油压力传感器)
60	EWP REV(NWP)(发动机冷却液电动泵)
61	VGP[质量空气流量(MAF)传感器＋侧]
62	VGM[质量空气流量(MAF)传感器－侧]
63	VCC6(传感器电压)
64	PARKCMD(驻车棘爪作动器驱动器单元的通信信号)
65	VTS(摇臂机油控制电磁阀)
66	NGENPLS(发电机转子脉冲)
69	EGRL[废气再循环(EGR)阀位置传感器]
70	VCC1(传感器电压)
71	SG1(传感器搭铁)
73	VS[空燃比(A/F)传感器(传感器 1)VS 电池]
74	VCENT[A/F 传感器(S1)搭铁]
75	VCC3(DBW)(传感器电压)
76	SG3(DBW)(传感器搭铁)
77	VCC2(传感器电压)
78	SG2(传感器搭铁)
80	PCS[蒸发排放(EVAP)炭罐净化阀]

8.2.3　变速器(ECVT)换挡控制单元与驻车控制单元端子定义

换挡控制单元与驻车控制单元端子分布如图 8-28 所示，端子定义见表 8-3 和表 8-4。

(a) 换挡控制单元端子

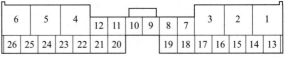
(b) 驻车控制单元端子

图 8-28　换挡控制单元与驻车控制单元端子分布

表 8-3　换挡控制单元 20 针端子定义

端子	端子说明
1	GND(SBW 换挡器控制单元的搭铁)
2	P-SNSR SG(传感器搭铁)
3	ILL-(LED)(检测照明控制信号)
4	PARKSEN2(检测驻车位置传感器 P 位置信号)
5	F-CAN A_H(发送和接收通信信号)
6	F-CAN A_L(发送和接收通信信号)
7	SRKS(输出钥匙松开信号)

续表

端子	端子说明
9	EPP-CAN_H（发送和接收通信信号）
10	EPP-CAN_L（发送和接收通信信号）
11	PARKSENSOR1（检测驻车位置传感器 P 位置信号）
12	P-SNSR VCC（提供传感器基准电压）
14	ATP-P（输出 P 位置信号）
16	ACC（SBW 换挡器控制单元的电源）
18	IG1 OPTION（SBW 换挡器控制单元的电源）
19	ILLUMI+（SBW 换挡器照明的电源）
20	＋B SHIFTER（SBW 换挡器控制单元的电源）

表 8-4 驻车控制单元 26 针端子定义

端子	端子说明
2	GND（驻车棘爪执行器驱动器单元搭铁）
3	GND（驻车棘爪执行器驱动器单元搭铁）
4	P-ACT MTR W（检测驻车棘爪作动器电机 W 相信号）
5	P-ACT MTR V（检测驻车棘爪作动器电机 V 相信号）
6	P-ACT MTR U（检测驻车棘爪作动器电机 U 相信号）
7	EPP-CAN_L（发送和接收通信信号）
8	EPP-CAN_H（发送和接收通信信号）
9	IGNTRX（通信线路）
10	PARKCMD（发送和接收通信信号）
11	PARKBUSY（发送和接收通信信号）
13	＋B SBW（驻车棘爪作动器驱动器单元电源）
15	IG1 OPTION（检测点火信号）
16	TCU WAKE UP（检测 TCU WAKE UP 信号）
17	GND（驻车棘爪执行器驱动器单元搭铁）
18	GND（驻车棘爪执行器驱动器单元搭铁）
19	P-ACT EENC（驻车棘爪作动器编码器搭铁）
20	P-ACT VENC（驻车棘爪作动器编码器电源）
21	P-ACT RB（检测驻车棘爪作动器编码器信号）
22	P-ACT RA（检测驻车棘爪作动器编码器信号）
23	P-ACT RLY CL—（驱动驻车棘爪作动器继电器）

8.3 CR-V HEV(2018~)

8.3.1 高压系统部件位置

高压系统部件位置如图 8-29～图 8-32 所示。

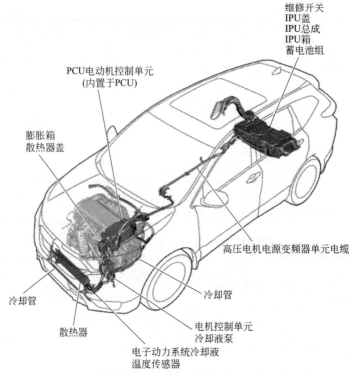

维修开关
IPU盖
IPU总成
IPU箱
蓄电池组

PCU电动机控制单元
(内置于PCU)

膨胀箱
散热器盖

高压电机电源变频器单元电缆

冷却管

冷却管

电机控制单元
冷却液泵

散热器

电子动力系统冷却液
温度传感器

图 8-29 整车高压系统部件位置

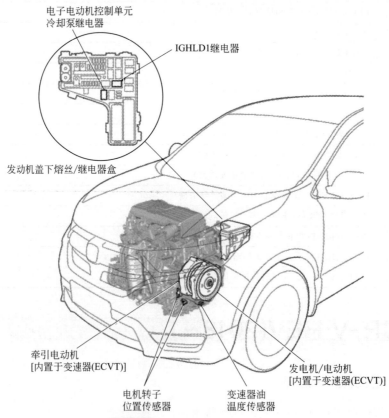

电子电动机控制单元
冷却泵继电器

IGHLD1继电器

发动机盖下熔丝/继电器盒

牵引电动机
[内置于变速器(ECVT)]

发电机/电动机
[内置于变速器(ECVT)]

电机转子
位置传感器

变速器油
温度传感器

图 8-30 动力驱动系统部件位置

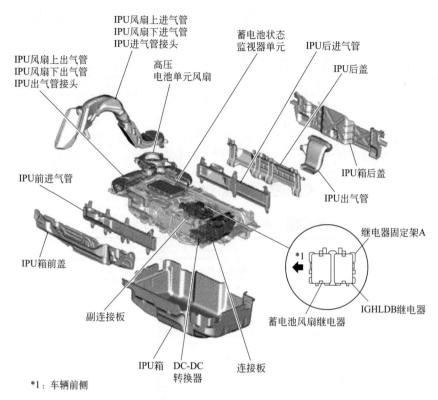

图 8-31　高压电池系统部件位置

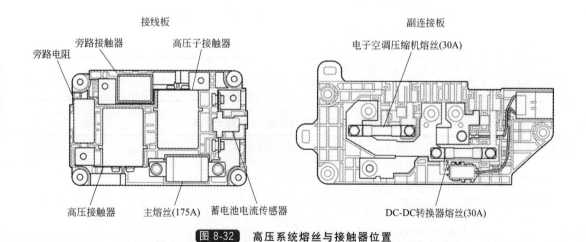

图 8-32　高压系统熔丝与接触器位置

8.3.2　高压电池管理器端子定义

高压电池管理器端子分布如图 8-33 所示，端子定义见表 8-5～表 8-10。

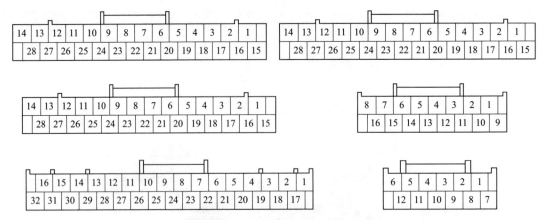

图 8-33 高压电池管理器端子分布

表 8-5 高压电池管理器 28 针端子定义

端子	端子说明
4	BATT—[检测高压电池负极(－)端子信号]
8	VH0(检测蓄电池单元电压信号)
9	VH2(检测蓄电池单元电压信号)
10	VH4(检测蓄电池单元电压信号)
11	VH6(检测蓄电池单元电压信号)
12	VH8(检测蓄电池单元电压信号)
13	VH10(检测蓄电池单元电压信号)
15	BATT＋[检测高压电池正极(＋)端子信号]
23	VH1(检测蓄电池单元电压信号)
24	VH3(检测蓄电池单元电压信号)
25	VH5(检测蓄电池单元电压信号)
26	VH7(检测蓄电池单元电压信号)
27	VH9(检测蓄电池单元电压信号)
28	VH11(检测蓄电池单元电压信号)

表 8-6 高压电池管理器 28 针端子定义

端子	端子说明
1	VH13(检测蓄电池单元电压信号)
2	VH15(检测蓄电池单元电压信号)
3	VH17(检测蓄电池单元电压信号)
4	VH19(检测蓄电池单元电压信号)
5	VH21(检测蓄电池单元电压信号)
6	VH23(检测蓄电池单元电压信号)
7	VH24(检测蓄电池单元电压信号)
8	VH26(检测蓄电池单元电压信号)

端子	端子说明
9	VH28(检测蓄电池单元电压信号)
10	VH30(检测蓄电池单元电压信号)
11	VH32(检测蓄电池单元电压信号)
12	VH34(检测蓄电池单元电压信号)
13	VH36-0(检测蓄电池单元电压信号)
15	VH12(检测蓄电池单元电压信号)
16	VH14(检测蓄电池单元电压信号)
17	VH16(检测蓄电池单元电压信号)
18	VH18-0(检测蓄电池单元电压信号)
19	VH20(检测蓄电池单元电压信号)
20	VH22(检测蓄电池单元电压信号)
22	VH25(检测蓄电池单元电压信号)
23	VH27(检测蓄电池单元电压信号)
24	VH29(检测蓄电池单元电压信号)
25	VH31(检测蓄电池单元电压信号)
26	VH33(检测蓄电池单元电压信号)
27	VH35(检测蓄电池单元电压信号)

表 8-7　高压电池管理器 28 针端子定义

端子	端子说明
1	VH37(检测蓄电池单元电压信号)
2	VH39(检测蓄电池单元电压信号)
3	VH41(检测蓄电池单元电压信号)
4	VH43(检测蓄电池单元电压信号)
5	VH45(检测蓄电池单元电压信号)
6	VH47(检测蓄电池单元电压信号)
7	VII48(检测蓄电池单元电压信号)
8	VH50(检测蓄电池单元电压信号)
9	VH52(检测蓄电池单元电压信号)
10	VH54-0(检测蓄电池单元电压信号)
11	VH56(检测蓄电池单元电压信号)
12	VH58(检测蓄电池单元电压信号)
15	VH36-1(检测蓄电池单元电压信号)
16	VH38(检测蓄电池单元电压信号)
17	VH40(检测蓄电池单元电压信号)
18	VH42(检测蓄电池单元电压信号)
19	VH44(检测蓄电池单元电压信号)

续表

端子	端子说明
20	VH46（检测蓄电池单元电压信号）
22	VH49（检测蓄电池单元电压信号）
23	VH51（检测蓄电池单元电压信号）
24	VH53（检测蓄电池单元电压信号）
25	VH55（检测蓄电池单元电压信号）
26	VH57（检测蓄电池单元电压信号）
27	VH59（检测蓄电池单元电压信号）

表 8-8 高压电池管理器 16 针端子定义

端子	端子说明
1	VH61（检测蓄电池单元电压信号）
2	VH63（检测蓄电池单元电压信号）
3	VH65（检测蓄电池单元电压信号）
4	VH67（检测蓄电池单元电压信号）
5	VH69（检测蓄电池单元电压信号）
6	VH71（检测蓄电池单元电压信号）
9	VH60（检测蓄电池单元电压信号）
10	VH62（检测蓄电池单元电压信号）
11	VH64（检测蓄电池单元电压信号）
12	VH66（检测蓄电池单元电压信号）
13	VH68（检测蓄电池单元电压信号）
14	VH70（检测蓄电池单元电压信号）
15	VH72（检测蓄电池单元电压信号）

表 8-9 高压电池管理器 32 针端子定义

端子	端子说明
1	VBU［蓄电池状态监视器单元的电源（备份）］
2	IGB（蓄电池状态监视器单元的电源）
3	CNTPS（连接器电源）
4	CNTP（驱动高压连接器）
5	CNTN（驱动高压副连接器）
6	PRE（驱动旁通连接器）
7	IG1MONI（检测 IG1 信号）
8	F-CAN A_L［发送和接收 F-CAN A 通信信号（低）］
9	F-CAN A_H［发送和接收 F-CAN A 通信信号（高）］
10	EPP-CAN_L［发送和接收 EPP-CAN 通信信号（低）］
11	EPP-CAN_H［发送和接收 EPP-CAN 通信信号（高）］
14	NFAN（检测高压电池单元风扇旋转速度信号）

端子	端子说明
17	PG(蓄电池状态监视器单元搭铁)
19	IGHLDB(驱动 IGHLDB 继电器)
20	IGHLD(驱动 IGHLD1 继电器)
21	IGHLD2(驱动高压电池风扇继电器)
23	IGAMONI(检测 IGA 信号)
24	FANCTL(驱动高压电池单元风扇)
26	ISOC[检测蓄电池电流传感器信号(正常范围)]
27	ISOCF[检测蓄电池电流传感器信号(好的范围)]
28	VCCISOC(提供蓄电池电流传感器参考电压)
29	SGISOC(蓄电池电流传感器的传感器搭铁)
30	CDS(检测来自 SRS 单元的碰撞检测信号)

表 8-10 高压电池管理器 12 针端子定义

端子	端子说明
1	TBATT1(检测高压电池单元温度传感器 1 信号)
2	TBATT3(检测高压电池单元温度传感器 3 信号)
5	MODID1(检测高压电池单元识别电阻器信号)
6	SGTB(高压电池单元传感器搭铁)
7	TBATT2(检测高压电池单元温度传感器 2 信号)
8	TBATT4(检测高压电池单元温度传感器 4 信号)
11	MODID2(检测高压电池单元识别电阻器信号)

8.3.3 电机控制单元(PCU)端子定义

电机控制单元端子分布如图 8-34 所示,端子定义见表 8-11。

图 8-34 电机控制单元端子分布

表 8-11 电机控制单元端子定义

端子	端子说明
2	TGEN(检测发电机/电动机温度传感器信号)
3	S1G[输入发电机/电动机转子位置传感器(SIN)信号]
4	R1G(输出发电机/电动机转子位置传感器激励信号)

续表

端子	端子说明
5	F-CAN A_H［发送和接收 F-CAN A 通信信号（高）］
6	F-CAN A_L［发送和接收 F-CAN A 通信信号（低）］
7	NEWP（检测电子电动机控制单元冷却液泵旋转信号）
8	R1M（输出牵引电动机转子位置传感器激励信号）
9	S1M［输入牵引电动机转子位置传感器（SIN）信号］
10	TMOT（检测牵引电动机温度传感器信号）
11	IGA（电动机控制单元的电源）
12	PG（电动机控制单元搭铁）
14	S3G［输入发电机/电动机转子位置传感器（SIN）信号］
15	R2G（输出发电机/电动机转子位置传感器激励信号）
16	PCUTW（检测电子动力冷却液泵温度传感器信号）
17	SGTEMP（电子动力冷却液泵温度传感器搭铁）
18	EWP（驱动电子电动机控制单元冷却液泵）
19	R2M（输出牵引电动机转子位置传感器信号）
20	S3M［输入发电机/电动机转子位置传感器（SIN）信号］
22	VBU［电动机控制单元的电源（备份）］
23	TATF（检测变速器液温传感器信号）
24	RSLD G（发电机/电动机转子位置传感器导线搭铁）
25	S4G［输入发电机/电动机转子位置传感器（COS）信号］
26	S2G［输入发电机/电动机转子位置传感器（COS）信号］
27	EPP-CAN_H［发送和接收 EPP-CAN 通信信号（高）］
28	EPP-CAN_L［发送和接收 EPP-CAN 通信信号（低）］
29	NGENPLS（输出发电机/电动机旋转速度信号）
30	S2M［输入牵引电动机转子位置传感器（COS）信号］
31	S4M［输入牵引电动机转子位置传感器（COS）信号］
32	RSLD M（牵引电动机转子位置传感器导线搭铁）
33	IG HLD PCU EWP（驱动电子电动机控制单元冷却液泵继电器）

第9章

日产汽车

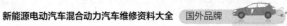

9.1 聆风 LEAF(2014~)

9.1.1 电动车辆控制系统电路

电动车辆控制系统电路如图 9-1 所示。

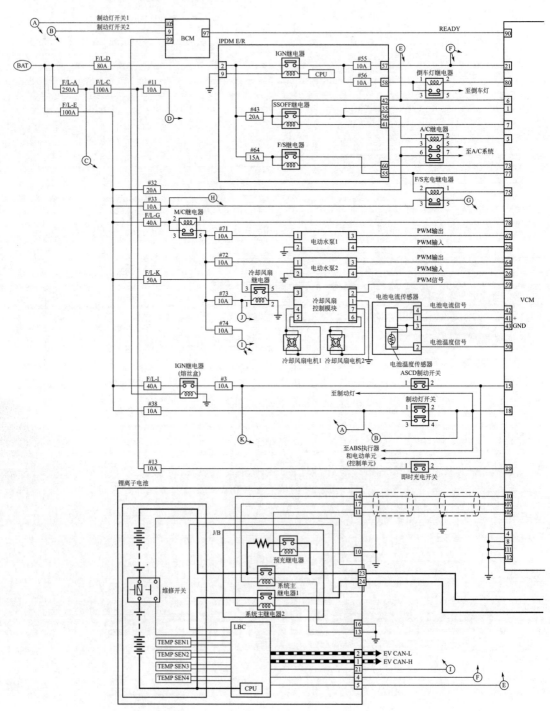

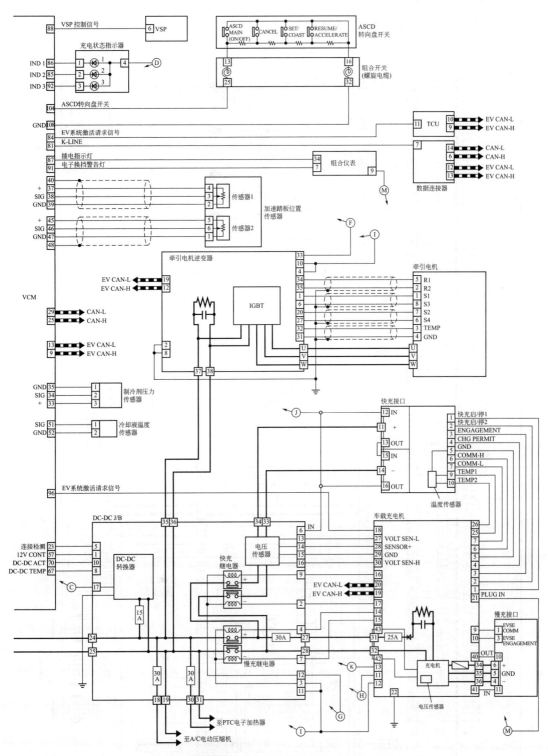

图 9-1 电动车辆控制系统电路

9.1.2　高压电池控制系统电路

高压电池控制系统电路如图 9-2 所示。

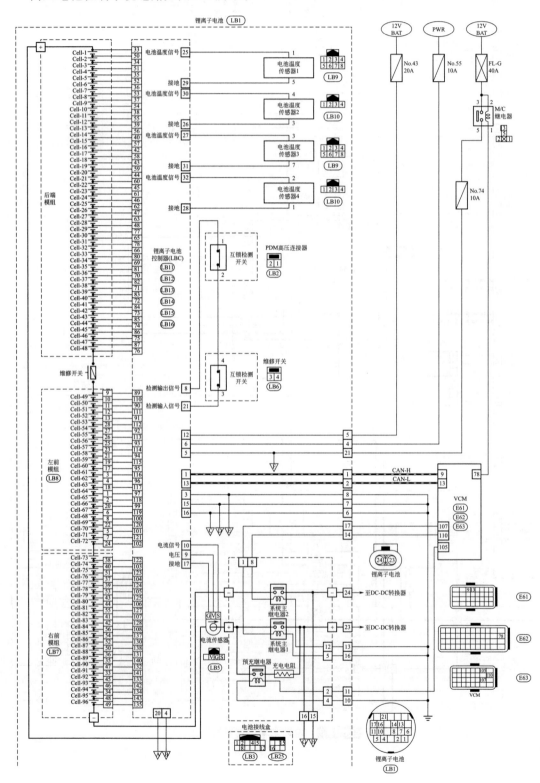

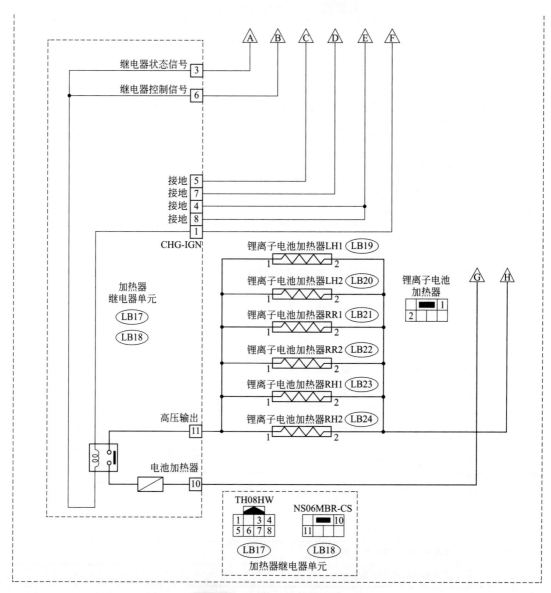

图 9-2 高压电池控制系统电路

9.1.3 车载充电机端子定义

车载充电机端子如图 9-3 所示，端子定义见表 9-1。

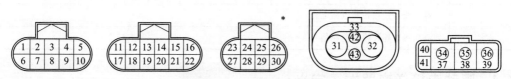

图 9-3 车载充电机端子分布

（*：带快速充电功能端子）

表 9-1 车载充电机端子定义

端子	端子说明
1	快速充电开始/停止信号1
2	快速充电开始/停止信号2
3	快速充电器连接信号
4	快速充电许可信号
5	接地
6	快速充电器通信-H（CAN）
7	快速充电器通信-L（CAN）
9	EVSE通信（PWM）
10	EVSE连接信号
11	电池供电
12	电池供电
13	接通电源
14	正常充电继电器（＋）电源
15	正常充电继电器（—）电源
16	快速充电继电器（＋）电源
17	快速充电继电器（—）电源
18	EV系统激活请求信号
19	EV系统CAN-H
20	EV系统CAN-L
21	插入信号接地
22	接地
25	快速充电端口温度传感器信号1
26	快速充电端口温度传感器信号2
27	快速充电电压传感器信号-L
28	传感器电源（快速充电电压传感器）
29	传感器接地（快速充电电压传感器）
30	快速充电电压传感器信号-H
40	高压线束连接检测电路电源
41	高压线束连接检测电路信号
42	高压线束连接检测电路电源
43	高压线束连接检测电路信号

9.1.4　驱动电机逆变器端子定义

驱动电机逆变器端子分布如图 9-4 所示，端子定义见表 9-2。

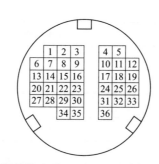

图 9-4　驱动电机逆变器端子分布

表 9-2　驱动电机逆变器端子定义

端子	端子说明
1	牵引电机旋转变压器信号(S1,S3)
2	接地
4	电源(BAT)
8	接地
10	电源(BAT)
12	EV 系统 CAN-H
19	EV 系统 CAN-L
20	牵引电机旋转变压器信号(S2,S4)
31	牵引电机温度传感器
33	电源(IGN)—
34	牵引电机旋转变压器信号(R1,R2)

9.1.5　车辆控制模块(VCM）端子定义

车辆控制模块端子分布如图 9-5 所示，端子定义见表 9-3。

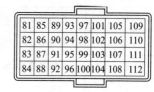

图 9-5　车辆控制模块端子分布

表 9-3　车辆控制模块端子定义

端子	端子说明
1	上电电源
4	VCM 接地
5	A/C 继电器

端子	端子说明
6	电池电源
7	SSOFF 继电器
8	VCM 接地
9	EV 系统 CAN-H
13	EV 系统 CAN-L
14	ASCD 制动开关
18	Stop 灯开关
21	Power ON 电源
23	高压连接器互锁
25	CAN-H
26	水泵 2 信号
28	水泵 1 信号
29	CAN-L
33	传感器电源(制冷剂压力传感器)
34	制冷剂压力传感器
35	传感器接地(制冷剂压力传感器)
37	传感器电源(加速踏板位置传感器 1)
38	加速踏板位置传感器 1
39	传感器接地(加速踏板位置传感器 1)
40	屏蔽
41	传感器电源(电池电流传感器)
42	电池电流传感器
43	传感器接地(电池电流传感器)
45	传感器电源(加速踏板位置传感器 2)
46	加速踏板位置传感器 2
47	传感器接地(加速踏板位置传感器 2)
48	屏蔽
50	电池温度传感器
51	冷却液温度传感器
52	传感器接地(冷却液温度传感器)
57	电源电压可变控制信号
59	冷却风扇控制信号
62	水泵 1 信号

续表

端子	端子说明
64	水泵 2 信号
67	DC-DC 转换器温度信号
70	DC-DC 转换器激活信号
73	F/S 继电器接地
75	F/S CHG 继电器
77	F/S 继电器电源
78	M/C 继电器
80	倒车灯继电器
81	K-Line
84	EV 系统激活请求信号
85	充电状态指示灯 2
86	充电状态指示灯 1
87	插入指示灯
88	VSP 控制信号
89	立即充电开关
90	READY 信号
91	电动换挡警示灯
92	充电状态指示灯 3
96	EV 系统激活请求信号
104	ASCD 转向开关
105	预充电继电器
107	系统主继电器 1
108	ASCD 转向开关接地
110	系统主继电器 2
111	VCM 接地
112	VCM 接地

9.2　楼兰 HEV(2015~)

9.2.1　混合动力系统部件位置

混合动力系统部件位置如图 9-6 所示，高压电池与逆变器单元位置如图 9-7 所示。

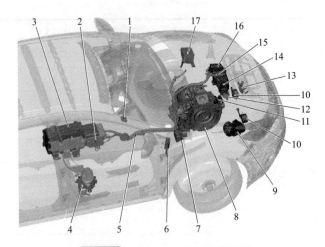

图 9-6　混合动力系统部件位置

1—ADAS 控制单元；2—DC-DC 转换器；3—电池组；4—蓄电池冷却风扇；5—高压线束；6—混合动力控制模块（HPCM）；7—ABS 执行器和电气单元（控制单元）；8—变速驱动桥总成；9—动力转向控制模块（带内置动力转向油泵总成）；10—冷却风扇；11—起动机电机；12—电动水泵；13—发动机罩开关；14—牵引电机逆变器；15—变速器控制模块（TCM）；16—发动机控制模块（ECM）；17—发动机舱智能电源分配模块（IPDM E/R）

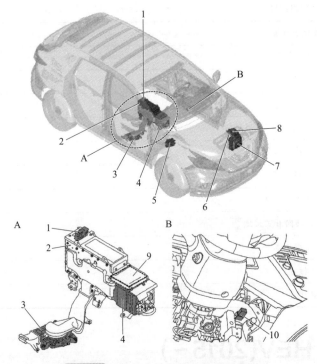

图 9-7　高压电池与逆变器单元位置

1—维修开关；2—锂离子电池；3—蓄电池冷却风扇；4—DC-DC 转换器；5—混合动力控制模块（HPCM）；6—变速器控制模块（TCM）；7—牵引电机逆变器；8—发动机控制模块（ECM）；9—锂离子电池控制器（LBC）；10—蓄电池冷却风扇继电器；A—锂离子电池周围；B—仪表板下面板（左侧）后面［拆下仪表板下面板（左侧）后的视图］

9.2.2 高压电池控制系统电路

高压电池控制系统电路与相关端子分布如图 9-8 所示。

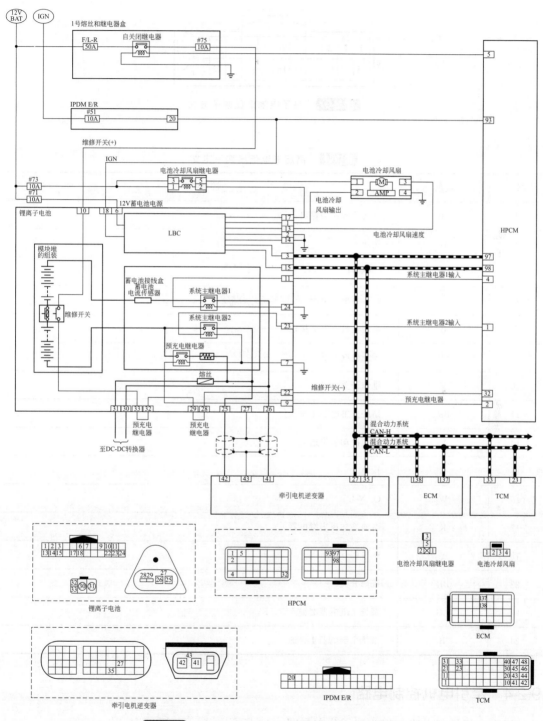

图 9-8 高压电池控制系统电路与相关端子分布

9.2.3 高压电池低压端子定义

高压电池低压端子分布如图 9-9 所示，端子定义见表 9-4。

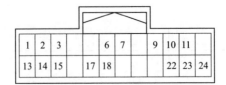

图 9-9　高压电池低压端子分布

表 9-4　高压电池低压端子定义

端子	线色	端子说明
1	SB	电池冷却风扇输出
2	B	接地
3	B	CAN-H
6	L	12V 蓄电池电源
7	B	系统主继电器 2 接地
9	SB	预充电继电器
10	V	维修开关（＋）
11	BR	系统主继电器 1 输入
13	V	电池冷却风扇速度
14	B	接地
15	W	CAN-L
17	R	电池冷却风扇继电器
18	Y	IGN
22	BR	维修开关（一）
23	LG	系统主继电器 2 输入
24	B	系统主继电器 1 接地

9.2.4 牵引电机控制电路

牵引电机控制电路与相关端子分布如图 9-10 所示。

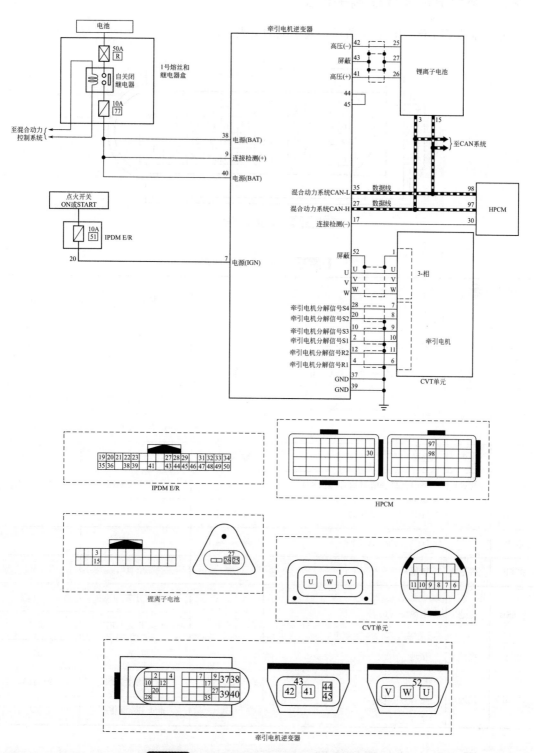

图 9-10 牵引电机控制电路与相关端子分布

9.2.5　牵引电机逆变器端子定义

逆变器端子分布如图 9-11 所示，端子检测见表 9-5。

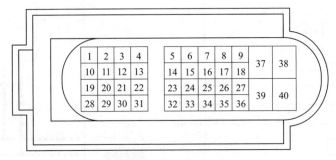

图 9-11　逆变器端子分布

表 9-5　逆变器端子检测

端子（颜色）		端子说明	输入/输出	检测条件	规定状态
＋	－				
2（B）	10（W）	牵引电机分解器信号（S1,S3）	输入	点火开关 OFF	1.5kΩ 或以上
4（B）	12（W）	牵引电机分解器信号（R1,R2）	输出	点火开关 OFF	10kΩ 或以上
7（Y）	接地	电源（IGN）	—	点火开关 ON	9～16V
				点火开关 OFF	0V
9（SB）	17（W）	连接检测	输入/输出	—	—
20（B）	28（W）	牵引电机分解器信号（S2,S4）	输入	点火开关 OFF	1.5kΩ 或以上
27（B）	—	HEV 系统 CAN-H	输入/输出	—	—
35（W）	—	HEV 系统 CAN-L	输入/输出	—	—
37（B）	接地	接地	—	一直	0V
38（SB）	接地	电源（BAT）	—	点火开关 ON	9～16V
				点火开关 OFF	0V
39（B）	接地	接地	—	一直	0V
40（SB）	接地	电源（BAT）	—	点火开关 ON	9～16V
				点火开关 OFF	0V

9.2.6　混合动力控制系统电路

混合动力控制系统电路如图 9-12 所示。

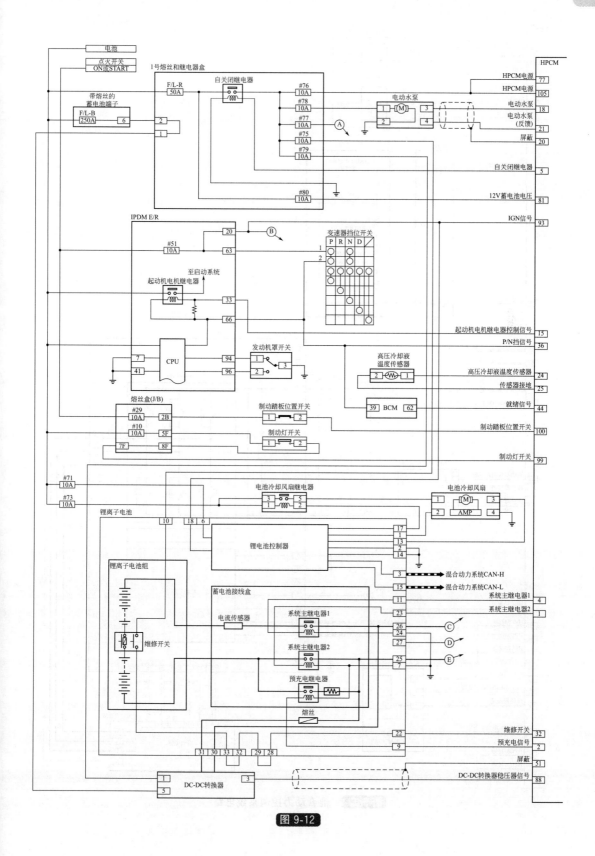

图 9-12

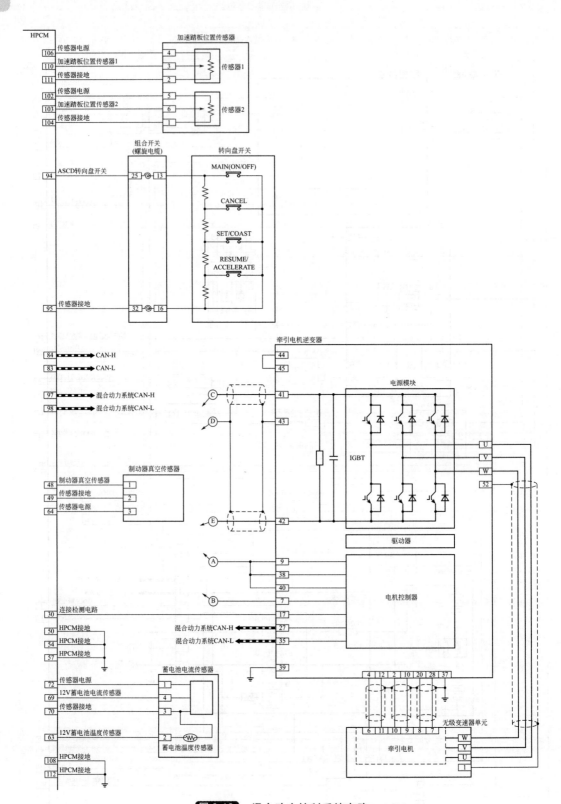

图 9-12　混合动力控制系统电路

9.2.7　混合动力控制模块(HPCM)端子定义

混合动力控制模块端子分布如图 9-13 所示，端子定义见表 9-6。

1	5	9	13	17	21	25	29
2	6	10	14	18	22	26	30
3	7	11	15	19	23	27	31
4	8	12	16	20	24	28	32

33	37	41	45	49	53	57	61	65	69	73	77
34	38	42	46	50	54	58	62	66	70	74	78
35	39	43	47	51	55	59	63	67	71	75	79
36	40	44	48	52	56	60	64	68	72	76	80

81	85	89	93	97	101	105	109
82	86	90	94	98	102	106	110
83	87	91	95	99	103	107	111
84	88	92	96	100	104	108	112

图 9-13　混合动力控制模块端子分布

表 9-6　混合动力控制模块端子定义

端子	端子说明
1	系统主继电器 2
2	预充电信号
4	系统主继电器 1
5	自关闭继电器
15	起动机电机继电器控制信号
18	电动水泵
20	屏蔽
21	电动水泵（反馈）
24	高压冷却液温度传感器
25	传感器接地（高压冷却液温度传感器）
30	连接检测电路
32	维修开关
36	P/N 挡信号
44	就绪信号
48	制动器真空传感器
49	传感器接地（制动器真空传感器）
50	HPCM 接地
54	
57	
108	
112	
51	屏蔽
63	12V 蓄电池温度传感器
64	传感器电源（制动器真空传感器）
69	12V 蓄电池电流传感器
70	传感器接地（12V 蓄电池电流传感器，12V 蓄电池温度传感器）
72	传感器电源（12V 蓄电池电流传感器，12V 蓄电池温度传感器）

续表

端子	端子说明
77	HPCM 电源
81	12V 蓄电池电压
83	CAN-L
84	CAN-H
88	DC-DC 转换器电压稳定器信号
93	IGN 信号
94	ASCD 转向盘开关
95	传感器接地（ASCD 转向盘开关）
97	HEV 系统 CAN-H
98	HEV 系统 CAN-L
99	制动灯开关
100	制动踏板位置开关
102	传感器电源（加速踏板位置传感器 2）
103	加速踏板位置传感器 2
104	传感器接地（加速踏板位置传感器 2）
105	HPCM 电源
106	传感器电源（加速踏板位置传感器 1）
110	加速踏板位置传感器 1
111	传感器接地（加速踏板位置传感器 1）

第10章

现代-起亚汽车

10.1 现代索纳塔 HEV(2016)

10.1.1 混合动力系统部件位置

混合动力系统部件位置如图 10-1 所示。

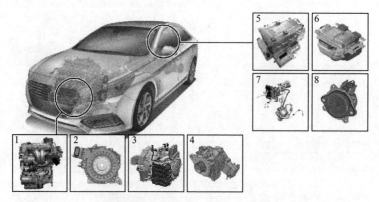

图 10-1　混合动力系统部件位置

1—发动机（2.0L）；2—驱动电机（38kW）；3—变速器（6AT）；4—混合动力起动机和发电机（HSG）；
5—混合动力控制总成（HPCU）；6—高压电池系统；7—再生制动系统；
8—虚拟发动机声音系统（VESS）

10.1.2 电动车窗与天窗初始化

（1）电动车窗初始化

如果电动车窗不能正常操作，必须进行下述自动电动车窗系统初始化。

① 将点火开关置于 ON 位置。

② 关闭车窗，并继续拉起电动车窗开关至少 1s。

（2）天窗初始化

如果发生下列情况（在下列情况中），需要初始化天窗：车辆蓄电池放电或被分离，或者更换或分离了相关熔丝；天窗的一触滑动功能不正常工作。

① 将点火开关置于 ON 位置或启动发动机，建议在发动机运转期间初始化天窗。

② 向前推天窗控制杆，天窗根据天窗的位置完全关闭或倾斜。

③ 天窗不移动时释放控制杆。

④ 向前推天窗控制杆约 10s。

天窗在关闭位置时：玻璃会倾斜上升，到达顶点后轻微上下移动。

天窗在倾斜位置时：玻璃轻微上下移动。

在天窗操作期间不要释放操纵杆，直到天窗结束操作为止。如果在天窗操作期间释放操纵杆，必须从步骤②开始重试。

⑤ 在 3s 内，向前推天窗控制杆直到天窗完成如下动作：倾斜下降→滑动打开→滑动关闭。

在天窗操作期间不要释放操纵杆，直到天窗结束操作为止。如果在天窗操作期间释放操纵杆，必须从步骤②开始重试。

⑥ 完成所有操作后释放天窗控制杆（已初始化天窗系统）。

（3）全景天窗初始化

如果发生下列情况（在下列情况中），需要初始化天窗：车辆蓄电池放电或被分离，或者更换或分离了相关熔丝；天窗的一触滑动功能不正常工作。

① 运行混合动力系统，完全关闭天窗玻璃和卷帘。

② 释放控制杆，如图10-2所示。

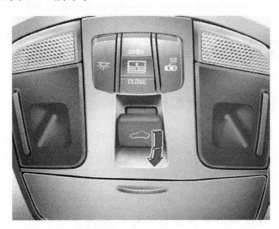

图 10-2 释放天窗控制杆

③ 朝关闭方向推天窗控制杆（约10s）直到天窗稍微移动为止，然后释放控制杆。

④ 朝关闭方向推天窗控制杆直到天窗完成如下动作：卷帘打开→玻璃倾斜打开→玻璃滑动打开→玻璃滑动关闭→卷帘关闭。然后，释放控制杆。

完成上述操作时，天窗系统初始化结束。

10.1.3 油液规格与用量

油液规格与用量见表10-1。

表 10-1 油液规格与用量

油液	用量	规格
发动机机油	4.1L(4.33US qt.)	ACEA A5 或以上
自动变速器油	6.0L(6.34US qt.)	MICHANG ATF SP-IV，SK ATF SP-IV NOCA ATF SP-IV，HYUNDAI genuine ATF & SP-IV
冷却水	6.6~6.9L(6.97~7.29US qt.)	防冻剂和水的混合物（铝制散热器用磷酸盐基乙二醇冷却水）
逆变器冷却水	2.26L(2.38US qt.)	
制动器油	0.7~0.8L(0.74~0.85US qt.)	FMVSS116 DOT-3 或 DOT-4
燃油	60L(15.85US gal.)	—
制冷剂	(650±25)g[(22.9±0.8)oz.]	gR-134a
压缩机润滑油	(130±10)g[(4.58±0.35)oz.]	gPOE(RB100EV)

10.1.4 车轮定位数据

车轮定位数据见表10-2。

表 10-2　车轮定位数据

项目	前轮	后轮
车轮外倾角	$-0.5°\pm0.5°$	$-1.0°\pm0.5°$
主销后倾角(到地面)	$4.57°\pm0.5°$	—
前束(总计)	$0°\pm0.2°$	$0.17°\pm0.2°$
主销内倾角	$13.7°\pm0.5°$	—

10.2　现代悦动 EV(2017~)

10.2.1　电动汽车高压系统主要部件位置

现代悦动 EV 高压系统部件位置如图 10-3 所示。高压接线盒从高压电池向逆变器、LDC、空调压缩机和 PTC 加热器供电。车载充电机（OBC）通过外部设备给高压电池低速充电。逆变器将直流电转换为交流电给电机供电，并将交流电转换为直流电给高压电池充电。低电压直流-直流转换器（LDC）将高压电池的电能转换为低电压（12V）后给汽车供电（DC-DC）。电机使用高压电池内储存的电能驱动汽车（功能与传统汽车内的发动机类似）。减速器以适当速度和转矩将电机的旋转力传递到轮胎。高压电池（锂离子）储存和供给电动汽车操纵所必需的电量（12V 辅助蓄电池给车灯和雨刮器等汽车装置供电）。

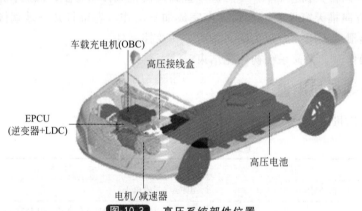

图 10-3　高压系统部件位置

10.2.2　油液规格与用量

油液规格与用量见表 10-3。

表 10-3　油液规格与用量

油液	用量	规格
减速器油	$1.0\sim1.1L$	75W/85,GL-4
冷却水	$4.1\sim4.2L$	防冻剂和水的混合物(铝制散热器用磷酸盐基乙二醇冷却水)
制动油	$0.7\sim0.8L$	FMVSS116 DOT-3 或 DOT-4
制冷剂	$475\sim525g$	R-134a

油液	用量	规格
压缩机润滑油	120~140g	PAG

10.2.3 车轮定位数据

车轮定位数据见表10-4。

表 10-4　车轮定位数据

项目	前轮	后轮
车轮外倾角	−34′±30′	−1°±0.5°
主销后倾角(到地面)	4°22′±30′	—
前束(总计)	0°±0.2°	0.22°±0.2°
主销内倾角	13°31′±30′	—

10.2.4 平均能耗手动与自动初始化方法

(1) 手动初始化

要手动初始化平均能耗显示值，在平均能耗显示模式下，按住转向盘上的 OK 按钮 1s 以上。

(2) 自动初始化

要在充满电后自动初始化平均能耗，在 LCD 显示器上的用户设置菜单上选中"充电后"模式。在"充电后"模式下，充满电并以大于 3km/h 的速度驾驶车辆时，平均能耗显示被清零。

10.3 起亚 K5 HEV(2016~)

10.3.1 混合动力系统部件位置

混合动力系统部件位置如图 10-4 所示。

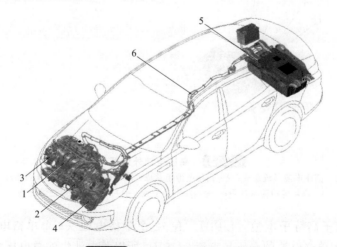

图 10-4　混合动力系统部件位置

1—发动机；2—混合动力驱动电机总成；3—混合动力启动发电机（HSG）；
4—变速器；5—高压电池系统；6—电源线束

10.3.2 高压电池系统技术参数

高压电池系统技术参数见表 10-5。

表 10-5 高压电池系统技术参数

项目	规格
单格电池数量	8 个单格电池×9 个模块[72 个单格电池],1 个单格电池电为 3.75V
类型	锂离子高分子电池(LiPB),盒类型
额定电压	270V[额定 1C 放电、充电状态(SOC)55%、20℃(68℉)时端子电压]
标准容量	6.0A·h[开始性能,20℃(68℉)时]
额定能量	1620W·h(额定容量×额定电压)
放电最大功率	最大 56kW
充电最大功率	最大(一)45kW
工作电压	200～309.6V(2.5V≤单格电池电压≤4.3V)
工作电流	一250～250A

10.3.3 高压电池部件组成

高压电池系统包括蓄电池组总成、蓄电池管理控制模块（BMS ECU）、电源继电器总成、壳体、控制线束、冷却风扇和冷却导管，如图 10-5 所示。

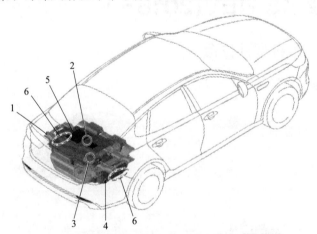

图 10-5 高压电池外围部件

1—高压电池系统总成；2—高压电池组总成；3—电源继电器总成（RPA）；
4—高压电池防水外壳；5—高压电池上盖（前）；6—高压电池熔丝盒

蓄电池是锂离子高分子电池（LiPB），有 72 个单格电池（8 个单格电池×9 个模块），如图 10-6 所示。各单格电池的电压是直流 3.75V，所以蓄电池组的总电压为直流 270V。

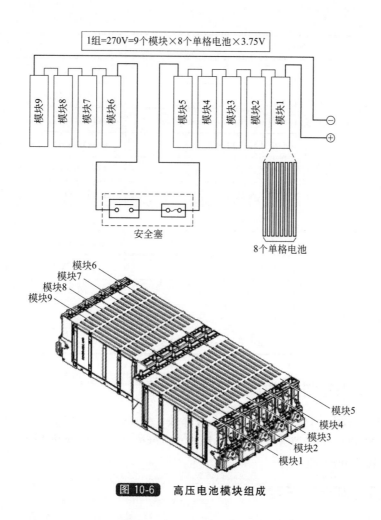

图 10-6 高压电池模块组成

10.3.4 混合动力驱动系统技术参数

混合动力驱动系统技术参数见表10-6。

表 10-6 混合动力驱动系统技术参数

项目		技术参数
驱动电机	类型	PMSM(永磁同步电机)
	功能	驱动车轮,发电
	额定电压	270V
	最大输出功率	38kW(1770~2000r/min 时) 29kW(6000r/min 时)
	最大转矩	205N·m
	最大速度	6000r/min
	冷却系统	变速器油冷却

续表

项目		技术参数
HSG 电机	类型	PMSM（永磁同步电机）
	功能	发动机启动,发电
	额定电压	270V
	最大输出功率	8.5kW(1870~12000r/min 时)
	最大转矩	43.2N·m
	最大速度	15000r/min
	冷却系统	水冷却
逆变器（MCU）	电机	最大 205A(700V/400A 电源模块)
	HSG	最大 125A(650V/200A 电源模块)
电动水泵（EWP）	工作	电机驱动
	电压	12V
	额定电流	2.2A 以下

10.3.5 混合动力控制总成(HPCU）组成

混合动力控制总成（HPCU）内置有各种部件，包括混合动力控制模块（HCU）、逆变器［电机控制模块（MCU）、发电机控制模块（GCU）］和低电压直流-直流转换器（LDC），如图 10-7 和图 10-8 所示。

10.3.6 电机控制器端子定义

电机控制器端子分布如图 10-9 所示，端子定义见表 10-7。

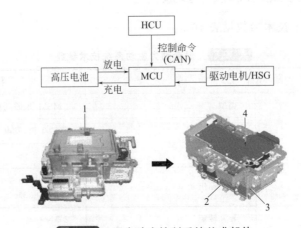

图 10-7 混合动力控制系统总成部件

1—混合动力控制总成（HPCU）；2—LDC；3—散热片；
4—控制电路板［逆变器（MCU）1、2＋HCU］

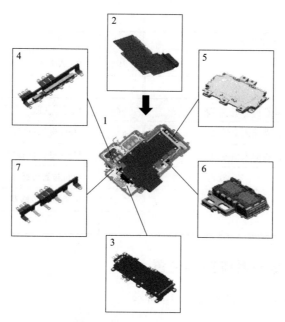

图 10-8　混合动力控制总成组成

1—混合动力控制总成（HPCU）；2—控制电路板［MCU（逆变器）1、2＋HCU＋LDC］；3—电容器（最大 700V）；4—电流传感器［500A（电机），300A（HSG）］；5—电源模块；6—散热器；7—汇流条

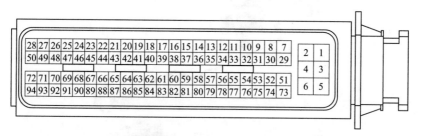

图 10-9　电机控制器端子分布

表 10-7　电机控制器端子定义

端子	端子说明	端子	端子说明
1	电源搭铁 2	38	启动信号输入
2	电源搭铁 3	42	HSG 温度传感器_搭铁
3	电源搭铁 1	43	HSG 温度传感器_信号
4	车辆电源 3(B+)	44	屏蔽
5	车辆电源 1(B+)	48	驱动电机温度传感器_搭铁
6	车辆电源 2(B+)	49	驱动电机温度传感器_信号
15	制动开关 2 输入_信号（常闭、IG1）	50	屏蔽
16	制动开关 1 输入_信号（常闭、IG1）	62	HSG 电机位置传感器输入信号(1)
31	发动机离合器压力传感器_电源	63	HSG 电机位置传感器输入信号(3)
32	发动机离合器压力传感器_搭铁	64	HSG 电机位置传感器输入信号(2)
33	发动机离合器压力传感器_信号	65	HSG 电机位置传感器输入信号(4)

端子	端子说明	端子	端子说明
66	屏蔽	79	P-CAN(低)
68	驱动电机位置传感器输入信号(1)	81	H-CAN(高)
69	驱动电机位置传感器输入信号(3)	82	H-CAN(低)
70	驱动电机位置传感器输入信号(2)	87	HSG 电机位置传感器输出(＋)
71	驱动电机位置传感器输入信号(4)	88	HSG 电机位置传感器输出(－)
72	屏蔽	93	电机位置传感器输出(＋)
73	点火开关	94	电机位置传感器输出(－)
78	P-CAN(高)		

10.3.7　驱动电机冷却系统部件位置

驱动电机冷却系统部件位置如图 10-10 所示。

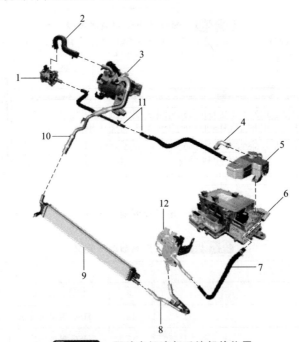

图 10-10　驱动电机冷却系统部件位置

1—电动水泵（EWP）；2—电动水泵（EWP）出水软管；3—混合动力起动机和发电机（HSG）；4—副水箱进水软管；5—副水箱；6—混合动力控制总成（HPCU）；7—逆变器散热器下软管；8—逆变器散热器下软管和导管总成；9—逆变器散热器；10—逆变器散热器上软管；11—电动水泵（EWP）进水软管和导管总成；12—油泵控制模块（OPU）

10.4　起亚 K5 PHEV(2018~)

10.4.1　混合动力系统部件位置

混合动力系统部件位置如图 10-11 所示。

第10章　现代-起亚汽车

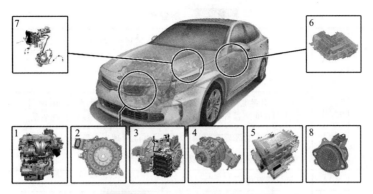

图 10-11　混合动力系统部件位置

1—发动机（2.0L）；2—驱动电机（50kW）；3—变速器（6AT）；4—混合动力起动机和发电机（HSG）；
5—混合动力控制总成（HPCU）；6—高压电池系统；7—再生制动系统；8—虚拟发动机声音系统（VESS）

10.4.2　熔丝与继电器信息

发动机舱熔丝与继电器盒如图 10-12 所示，熔丝信息见表 10-8，继电器信息见表 10-9。驾驶员座椅侧熔丝盒如图 10-13 所示，熔丝信息见表 10-10。

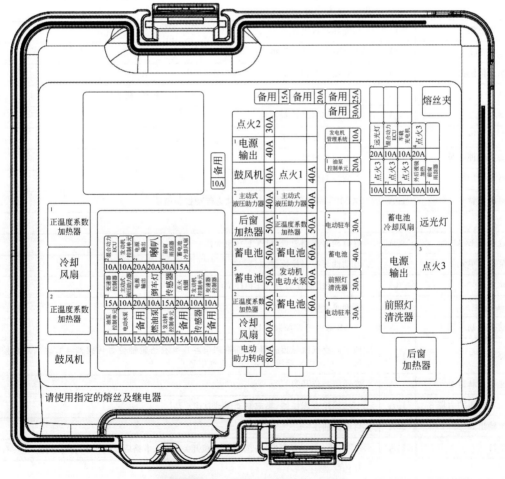

图 10-12　发动机舱熔丝与继电器盒

表 10-8 熔丝信息

熔丝名称	规格	受保护的部件
电动助力转向	80A	电机驱动助力转向(MDPS)控制模块
冷却风扇	60A	冷却风扇继电器
蓄电池 5	50A	PCB(印制电路板)接线块[发动机控制继电器、熔丝-雨刮器 1/喇叭/蓄电池冷却风扇/TCU(变速器控制模块)1/ECU(发动机控制模块)2/燃油泵]
蓄电池 3	50A	集成网关电源控制模块(熔丝-蓄电池管理)、后除霜器继电器
主动式液压助力器 2	40A	集成制动驱动总成、多功能检查连接器
鼓风机	40A	鼓风机继电器
电源输出 1	40A	电源插座继电器
点火 2	30A	[配备智能钥匙]PCB(印制电路板)接线块(IG2 继电器)、[未配备智能钥匙]点火开关
蓄电池 1	60A	集成网关电源控制模块[熔丝-电动门锁(左/右)/行李厢/驾驶员电动座椅/前乘客电动座椅/后座椅加热器/天窗 1/天窗 2]
发动机电动水泵	60A	电动水泵(发动机)
蓄电池 2	60A	集成网关电源控制模块[熔丝-AMP(放大器)/前座椅加热器]
主动式液压助力器 1	40A	集成制动驱动总成
点火 1	40A	[配备智能钥匙]PCB(印制电路板)接线块(IG1 继电器/ACC 继电器)、[未配备智能钥匙]点火开关
后窗加热器	50A	后除霜器继电器
电动驻车 1	30A	电动驻车制动控制模块
前照灯清洗器	30A	大灯喷水器继电器
蓄电池 4	40A	集成网关电源控制模块[熔丝-内部灯/记忆 1/多媒体/制动开关/智能钥匙/模块 1/门锁]
电动驻车 2	30A	电动驻车制动控制模块
油泵控制单元 1	20A	电动油泵控制模块
发动机管理系统	10A	蓄电池传感器
外后视镜加热	10A	空调控制器、驾驶员侧/前乘客侧电动室外后视镜
前窗雨刮器 2	10A	BCM(车身控制模块)、PCM(动力传动控制模块)
远光灯	20A	大灯远光继电器
混合动力 ECU1	10A	混合动力控制总成(HPCU)(逆变器)
油泵控制单元 2	10A	电动油泵控制模块(控制)
电动水泵	10A	电动水泵[混合动力汽车(HEV)]、电动水泵
燃油泵	20A	燃油泵继电器
发动机控制单元 1	20A	PCM(动力传动控制模块)
传感器 2	10A	质量式空气流量传感器、机油控制阀♯1/♯2、凸轮轴位置传感器♯1/♯2、净化控制电磁阀、发动机舱接线盒(冷却风扇继电器)
变速器控制器 2	15A	变速器挡位开关
主动式液压助力器 3	10A	多功能检查连接器、集成制动驱动总成
电源输出 3	20A	后电源插座
倒车灯	10A	PCM(动力传动控制模块)、变速器挡位开关、音响、电铬后视镜、后组合灯(内侧)(左/右)
传感器 1	15A	氧传感器(上/下)

续表

熔丝名称	规格	受保护的部件
点火线圈	20A	点火线圈♯1/♯2/♯3/♯4
发动机控制单元2	10A	PCM(动力传动控制模块)
变速器控制器1	10A	PCM(动力传动控制模块)
混合动力2	10A	混合动力控制总成(HPCU)、混合动力控制模块、发动机舱接线盒(蓄电池冷却风扇继电器)
发动机控制单元3	10A	PCM(动力传动控制模块)
电源输出2	20A	前电源插座
喇叭	20A	喇叭继电器、ICM(集成电路控制模块)继电器盒(警报喇叭继电器)
前窗雨刮器1	30A	雨刮器电源继电器
蓄电池冷却风扇	15A	发动机舱接线盒(蓄电池冷却风扇继电器)

表 10-9　继电器信息

继电器名称	类型
冷却风扇	微小型
鼓风机	袖珍型
蓄电池冷却风扇	袖珍型
远光灯	袖珍型
电源输出	袖珍型
正温度系数加热器	袖珍型
后窗加热器	微小型
前照灯清洗器	袖珍型

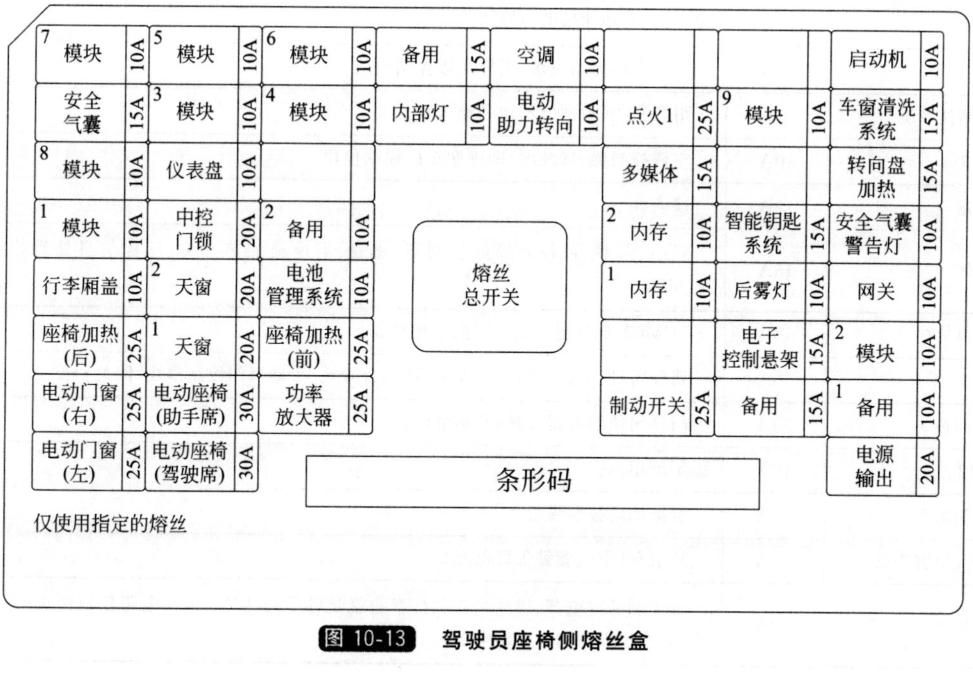

图 10-13　驾驶员座椅侧熔丝盒

表 10-10　驾驶员座椅侧熔丝信息

熔丝名称	规格	受保护的部件
模块 7	10A	前通风座椅控制模块、前座椅加热控制模块、后座椅加热控制模块
模块 5	10A	空调控制器、电铬后视镜、驾驶席集成记忆系统控制模块、燃油箱盖和行李厢盖开启开关、自动变速器变速杆指示器、前通风座椅控制模块、前座椅加热控制模块、后座椅加热控制模块、仪表板开关、自动大灯水平调整控制模块、大灯(左/右)、音频/视频和导航控制器、远程信息处理控制器(TMU)
模块 6	10A	BCM(车身控制模块)、智能钥匙控制模块
空调	10A	空调控制器、主动室内温度传感器、电控空调压缩机、离子发生器、发动机舱接线盒(鼓风机继电器)
起动机	10A	变速器挡位开关、点火开关、智能钥匙控制模块
安全气囊	15A	辅助保护系统控制模块(SRSCM)
模块 3	10A	BCM(车身控制模块)、制动灯开关、键盘、虚拟发动机声音控制模块(VESS)、运动模式开关、自适应大灯控制模块(AFLS)
模块 4	10A	控制台开关、后侧方盲区检测雷达(左/右)、主动风门控制模块、智能巡航控制模块、电动驻车制动控制模块、车道偏离警告控制模块、蓄电池管理系统控制模块(BMS)、智能驻车辅助控制模块、前驻车辅助传感器(左/右)(中央)
内部灯	10A	行李厢灯、驾驶席/助手席车门聚光灯、手套箱灯、驾驶席/助手席智能钥匙外侧手柄、车顶控制台灯、前化妆镜灯开关(左/右)、点火开关照明灯和钥匙插入开关、中央室内灯、中央私人灯、后私人灯(左/右)驾驶席/助手席脚灯、驾驶席/助手席车门礼貌灯
电动助力转向	10A	电机驱动动力转向(MDPS)控制模块(转向柱式)
点火 1	25A	PCB(印制电路板)接线块[熔丝-TCU(变速器控制模块)2/ECU(发动机控制模块)3/HEV(混合动力电动汽车)ECU(发动机控制模块)2/OPCU(机油泵控制模块)2/电动水泵/主动油压助力器 3]
模块 9	10A	智能钥匙控制模块、钥匙防盗控制模块
车窗清洗系统	15A	组合开关(雨刮器低速和喷水器开关)
模块 8	10A	空调控制器、驾驶席/助手席车门控制模块
仪表盘	10A	仪表盘
多媒体	15A	音响、音频/视频和导航控制器、键盘、后座椅加热开关、远程信息处理控制器(TMU)
转向盘加热	15A	BCM(车身控制模块)(转向盘加热器)
模块 1	10A	驾驶席/助手席车门控制模块、控制台开关、主动风门控制模块、网关
中控门锁	20A	门锁闭锁继电器、门锁开锁继电器
内存 2	10A	不使用
智能钥匙系统	15A	智能钥匙控制模块
安全气囊警告灯	10A	仪表盘(空气囊警告灯电源)
行李厢盖	10A	行李厢盖继电器、燃油箱盖和行李厢盖开启开关、ICM(集成电路控制模块)继电器盒(燃油加油口门开启继电器)

续表

熔丝名称	规格	受保护的部件
天窗 2	20A	天窗控制模块(卷帘)
电池管理系统	10A	蓄电池管理系统控制模块(BMS)
内存 1	10A	仪表盘、空调控制器、诊断连接器、雨量传感器、驾驶席集成记忆系统控制模块、保安灯、自动灯光和光照度传感器、ICM(集成电路控制模块)继电器盒(室外后视镜折叠/展开后视镜继电器)、BCM(车身控制模块)、驾驶席/助手席车门控制模块
后雾灯	10A	ICM(集成电路控制模块)继电器盒(后雾灯继电器)
网关	10A	网关
座椅加热器(后)	25A	后座椅加热控制模块
天窗 1	20A	天窗电机、天窗控制模块(玻璃)
座椅加热(前)	25A	前通风座椅控制模块、前座椅加热控制模块
电子控制悬架	15A	不使用
模块 2	10A	音响、音频/视频和导航控制器、键盘、智能钥匙控制模块、电动室外后视镜开关、后座椅加热开关、BCM(车身控制模块)、AMP(放大器)、发动机舱接线盒(电源插座继电器)
电动门窗(右)	25A	电动门窗(右)继电器、助手席电动门窗开关、助手席安全电动门窗控制模块
电动座椅(助手席)	30A	助手席座椅手动开关、助手席座椅靠背倾斜限位开关、上下车便利座椅继电器控制模块
功率放大器	25A	AMP(放大器)
制动开关	10A	制动灯开关、智能钥匙控制模块、启动/停止按钮开关、钥匙防盗控制模块
电动门窗(左)	25A	电动门窗(左)继电器、驾驶席安全电动门窗控制模块
电动座椅(驾驶席)	30A	驾驶席座椅手动开关、驾驶席集成记忆系统控制模块
电源输出	20A	点烟器

10.4.3 车轮定位数据

车轮定位数据见表 10-11。

表 10-11 车轮定位数据

项目	前轮	后轮
车轮外倾	$-0.5°\pm0.5°$	$-1.0°\pm0.5°$
主销后倾	$4.57°\pm0.5°$(至地面) $4.73°$(至车身)	—
前束	$0.12°\pm0.2°$(总计) $0.06°\pm0.1°$(个别)	$0.17°\pm0.2°$(总计) $0.085°\pm0.1°$(个别)
主销内倾	$13.7°\pm0.5°$	—

10.4.4　油液规格与用量

油液规格与用量见表 10-12。

表 10-12　油液规格与用量

油液	用量	规格
发动机机油	4.1L(4.33US qt.)	ACEA A5 或以上/5W-30(C)
自动变速器油	6.0L(6.34US qt.)	ATF SP-IV 东风悦达起亚批准 ATF：SK ATF SP-IV，MICHANG ATF SP-IV，NOCA ATF SP-IV
冷却水	6.744L(7.12US qt.)	防冻剂和水的混合物(铝制散热器用乙二醇冷却水)
逆变器冷却水	3.13L(3.30US qt.)	防冻剂和水的混合物(铝制散热器用乙二醇冷却水)
制动器油/离合器油	(0.49±0.02)L(0.52±0.02US qt.)	DOT 3 或 DOT 4
制冷剂	(650±25)g	R-134a
压缩机润滑油	(130±10)g	POE(RB100EV)

10.4.5　天窗系统初始化

在下列情况下，必须初始化天窗系统。

① 拆装了蓄电池，或者亏电蓄电池进行了充电，或者拆装了相关熔丝。

② 天窗不正常工作。

③ 在天窗关闭操作中，即使没有障碍物，会反向操作。

④ 滑动玻璃的高度不一致。

初始化步骤如下。

① 启动发动机。

② 如果遮光板和天窗玻璃在打开状态，完全关闭天窗玻璃和遮光板。

③ 释放天窗控制杆。

④ 向关闭方向推动天窗控制杆并保持约 10s，直到玻璃倾斜打开为止，然后释放控制杆。

⑤ 再次向关闭方向推动天窗控制杆并保持，直到天窗完成如下动作：玻璃倾斜关闭→玻璃滑动打开→玻璃滑动关闭。然后释放控制杆。

完成上述操作时，即完成天窗系统的初始化程序。

10.5　起亚 KX3 EV(2018~)

10.5.1　熔丝与继电器信息

电机舱熔丝与继电器盒如图 10-14 所示，熔丝信息见表 10-13。客舱熔丝盒如图 10-15 所示，熔丝信息见表 10-14。

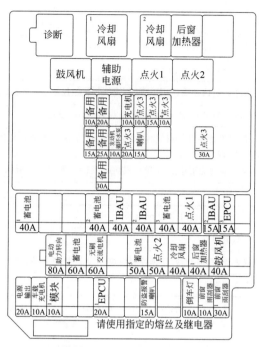

图 10-14 电机舱熔丝与继电器盒

表 10-13 电机舱熔丝信息

熔丝名称	规格	受保护的部件
电动助力转向	80A	电动动力转向控制模块
冷却风扇	40A	冷却风扇(高速/低速)继电器
蓄电池 4	60A	智能接线盒(IPS 1,IPS 2,IPS 3)
蓄电池 5	50A	智能接线盒(熔丝-天窗 1,IPS 2,制动开关、门锁、TURN、BMS)、熔丝开关、暗电流自动切断继电器 60A B+4,智能接线盒(IPS 1,IPS 2,IPS 3)
点火 2	50A	点火开关 2 继电器、点火开关
无刷交流电机	60A	无刷交流电机
后窗加热器 1	40A	后除霜器继电器
鼓风机	40A	鼓风机继电器
蓄电池 1	40A	PCB接线块(熔丝-IG3_1,IG3_2,IG3_3,IG3_4,IG3_5,喇叭,电动水泵,充电机)
EPCU1	20A	EPCU
车载充电机	10A	OBC 控制模块、仪表板开关
蓄电池 2	40A	智能接线盒(IPS 4,IPS 5)
1BAU1	40A	多功能检查连接器、集成制动驱动模块
1BAU2	40A	集成制动驱动模块
蓄电池 3	40A	智能接线盒[熔丝-座椅加热器、天窗 2、PDM1、电动门窗(左)、电动门窗(右)]
点火 1	40A	点火开关 1 继电器、ACC 继电器、点火开关

续表

熔丝名称	规格	受保护的部件
模块 1	10A	后除霜器继电器
防盗报警喇叭	15A	ICM 继电器盒（报警喇叭继电器）
倒车灯	10A	变速器挡位开关、BCM、音频/视频和导航控制器、后组合灯（内侧）（左/右）、EPCU
前窗雨刮器 1	10A	前雨刮器电机、PCB 接线块[雨刮器（低速）继电器]
前窗雨刮器 2	30A	[配备智能钥匙]电机舱接线盒（IG2 继电器）、智能接线盒（熔丝-大灯电磁执行器、后雨刮器、空调、模块 4） [未配备智能钥匙]点火开关、智能接线盒（熔丝-大灯电磁执行器、后雨刮器、空调、模块 4）
发动机循环水泵	10A	电动水泵
点火 3_2	20A	ICM 继电器盒（IG3_2 继电器）
喇叭	15A	喇叭继电器
点火 3_5	10A	仪表盘、门锁开锁/闭锁控制模块、变速器挡位开关、EPCU
点火 3_3	15A	电动油泵
点火 3_4	10A	高压接线盒、空调控制器、PTC 加热器（信号）、电机舱接线盒（鼓风机继电器）、监视器控制模块、电机舱接线盒（冷却风扇高速/低速继电器）
点火 3_1	30A	PCB 接线块（IG3_1 继电器）

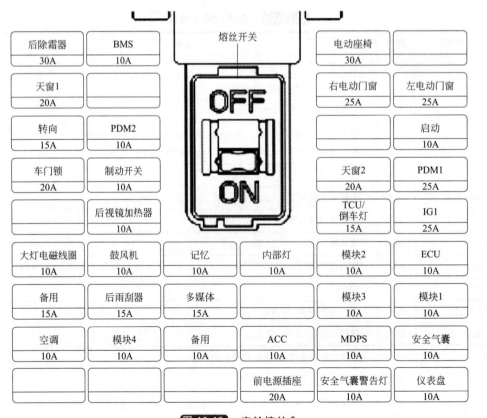

图 10-15 客舱熔丝盒

表 10-14　客舱熔丝信息

熔丝名称	规格	受保护的部件
后除霜器	30A	后除霜器(+),熔丝-后视镜除霜器
BMS	10A	BMS 控制模块
电动座椅	30A	驾驶席座椅手动开关
天窗 1	20A	全景天窗主控制模块(玻璃)
右电动门窗	25A	电动门窗(右)继电器
左电动门窗	25A	电动门窗(左)继电器、驾驶席安全电动门窗控制模块
转向	15A	BCM
PDM2	10A	启动停止按钮开关,钥匙防盗系统控制模块
启动	10A	变速器挡位开关
车门锁	20A	门锁闭锁继电器、门锁开锁继电器、行李厢门开锁继电器
制动开关	10A	智能钥匙控制模块,制动灯开关
天窗 2	20A	全景天窗副控制模块(卷帘)
PDM 1	25A	智能钥匙控制模块
后视镜加热器	10A	空调控制器
TCU/倒车灯	15A	控制台开关、变速杆位置指示灯
IG1	25A	电机舱接线盒(熔丝-EPCU2,IBAU3)
大灯电磁线圈	10A	大灯远光电磁线圈
鼓风机	10A	空调控制器
记忆	10A	音频/视频/导航控制器、空调控制器、BCM、轮胎压力监测模块、仪表盘、监视器控制模块、诊断连接器
内部灯	10A	室内灯、化妆镜灯(左/右)、阅读灯、后私人灯(左/右)、货舱灯
模块 2	10A	制动灯开关
ECU	10A	智能钥匙控制模块,钥匙防盗系统控制模块
后雨刮器	15A	组合开关、后雨刮器电机、PCB接线块(后雨刮器继电器)
多媒体	15A	音频/视频和导航控制器
模块 3	10A	仪表板开关、虚拟发动机声音系统、音频/视频和导航控制器、ICM继电器盒(IG3_3继电器)、轮胎压力监测控制模块、大灯水平调整执行器-左/右、后驻车距离警告传感器-左/右、后驻车距离警告传感器-左/右(中央)
模块 1	10A	BCM、运动模式开关
空调	10A	空调控制器、空调压缩机(LV)
模块 4	10A	BCM、智能钥匙控制模块
ACC	10A	BCM、智能钥匙控制模块、音频/视频和导航控制器、电动车外后视镜开关
MDPS	10A	MDPS 模块
安全气囊	10A	辅助保护系统控制模块
前电源插座	25A	前电源插座
安全气囊警告灯	10A	仪表盘(安全气囊警告灯)
仪表盘	10A	仪表盘(IG1)、主动 ECO 开关

10.5.2　车轮定位数据

车轮定位数据见表 10-15。

表 10-15　车轮定位数据

项目	前轮	后轮
车轮外倾	−0.5°±0.5°	−1.0°±0.5°
主销后倾	4.28°±0.50°(至地面);4.61°(至车身)	—
前束	0.1°±0.2°(总);0.05°±0.1°(个别)	0.2°±0.2°(总计);0.1°±0.1°(个别)
主销内倾	13.21°±0.5°	—

10.5.3　油液规格与用量

油液规格与用量见表 10-16。

表 10-16　油液规格与用量

油液	用量	规格
减速器油	1.2～1.4L(1.27～1.48 US qt.)	SAE 75W/85,API GL-4
冷却水	4.1～4.2L(4.33～4.44 US qt.)	防冻剂和水的混合物(铝制散热器用磷酸盐基乙二醇冷却水)
制动油	0.68～0.72L(0.72～0.76 US qt.)	FMVSS116 DOT-3 或 DOT-4
制冷剂	(17.6±0.9)oz.[(500±25)g]	(配备标准空调控制系统)R-134a
压缩机润滑油	(4.40±0.34)oz.[(130±10)mL]	POE

10.5.4　天窗初始化

车辆拆装了蓄电池，或者亏电蓄电池充电后，都应按照下列程序进行天窗系统初始化。
① 启动车辆。
② 如果卷帘和天窗在打开状态，完全关闭卷帘和天窗。
③ 释放天窗控制杆。
④ 向关闭方向推动天窗控制杆并保持约 10s，直到天窗稍微移动为止，然后释放天窗控制杆。
⑤ 再次向关闭方向推动天窗控制杆，直到天窗完成如下动作：卷帘和天窗玻璃滑动打开→天窗玻璃滑动关闭→卷帘关闭。然后释放天窗控制杆。
完成上述操作时，即完成天窗系统的初始化程序。

10.5.5　电动车窗初始化

如果电动车窗不能正常操作，必须进行下述自动电动车窗系统初始化。
① 点火开关 ON。
② 拉起电动车窗开关完全关闭车窗，并在车窗完全关闭后持续拉起开关 1s 以上。

10.6　华骐 300E EV(2017～)

10.6.1　高压系统部件位置

高压接线盒从高压电池向逆变器、LDC、空调压缩机和 PTC 加热器供电。车载充电机

（OBC）通过外部设备给高压电池低速充电。逆变器将直流电转换为交流电给驱动电机供电，并将交流电转换为直流电给高压电池充电。LDC（低电压直流-直流转换器）将高压电池的电能转换为低电压（12V）后，给汽车供电（直流-直流）。驱动电机使用高压电池内储存的电能驱动车辆（功能与传统车辆的发动机类似）。减速器以适当速度和转矩将驱动电机的旋转力传递到轮胎。高压电池（锂离子）储存和供给电动汽车运行所必需的电能（12V辅助蓄电池给车灯和雨刮器等汽车辅助设备供电）。高压系统部件位置如图10-16所示。

图 10-16 高压系统部件

10.6.2 高压电池管理器与车载充电机端子定义

高压电池管理器内部传感器分布如图10-17所示，管理器安装位置与连接器分布如图10-18所示，端子定义见表10-17和表10-18。

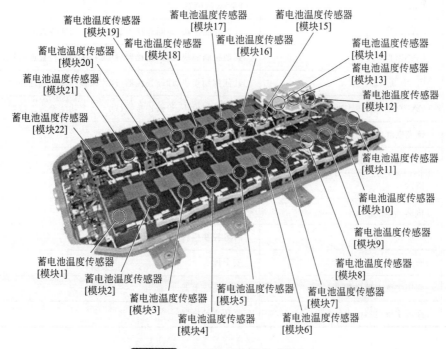

图 10-17 高压电池内部传感器分布

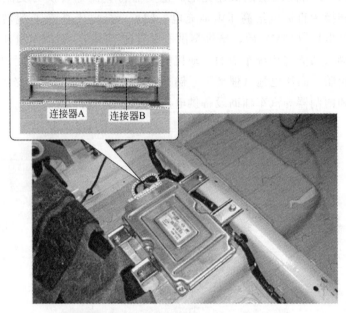

图 10-18　电池管理器安装位置与连接器分布

表 10-17　连接器 A26 针端子定义

端子	端子说明	连接到
1	蓄电池电源(B+)	12V 辅助蓄电池
2	蓄电池电源(B+)	12V 辅助蓄电池
3	IG3	IG♯3 继电器
5	CAN3(高)	其他控制模块、诊断连接器(DLC)、多功能检查连接器
6	CAN3(低)	其他控制模块、诊断连接器(DLC)、多功能检查连接器
7	CAN(高)	其他控制模块、诊断连接器(DLC)、多功能检查连接器
8	CAN(低)	其他控制模块、诊断连接器(DLC)、多功能检查连接器
12	预充电继电器控制	预充电继电器
13	主继电器[+]控制	高压主继电器(+)
14	搭铁	车身搭铁
15	搭铁	车身搭铁
19	碰撞输出信号	SRS 控制模块
21	安全插头互锁信号输入	安全插头
25	高压主继电器搭铁	高压主继电器
26	高压主继电器(一)	高压主继电器(一)

表 10-18 连接器 B22 针端子定义

端子	端子说明	连接到
1	正常充电温度检测信号输入	正常充电口
2	快速充电温度检测信号输入	快速充电口
3	快速充电温度检测信号输入	快速充电口
12	正常充电温度检测信号搭铁	正常充电嘴
13	快速充电温度检测信号搭铁	快速充电嘴
14	快速充电温度检测信号搭铁	快速充电嘴

车载充电机低压端子分布如图 10-19 所示，端子定义见表 10-19。

图 10-19 车载充电机低压端子分布

表 10-19 车载充电机低压端子定义

端子	线色	端子说明
1	B	搭铁（GC02）
2	P/B	发动机舱接线盒（熔丝-充电机）
3	W	正常充电口（检测）
4	G	正常充电口（控制引导）
5	L/B	发动机舱接线盒（IG3♯1 继电器）
6	L	C-CAN（低）
7	W	C-CAN（高）
11	B/O	正常充电口（屏蔽接地）
12	R	发动机舱接线盒（熔丝-OBC）

10.6.3 电能控制模块组成

电能控制模块（EPCU）是与逆变器、LDC 和 VCU 集成为一体的 80kW 电力变压器系统，其位置如图 10-20 所示。

电能控制模块(EPCU)
[逆变器+LDC+VCU]

图 10-20 EPCU 位置

逆变器将高压电池的直流电转换为交流电，供给到车辆的驱动电机。LDC（转换器）将高压电池的高压直流电转换为低压直流电，以供给到车辆的电气部件，系统原理如图 10-21 所示，控制形式如图 10-22 所示。

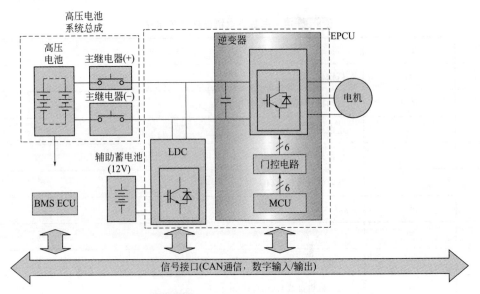

图 10-21 逆变器与 LDC 系统原理

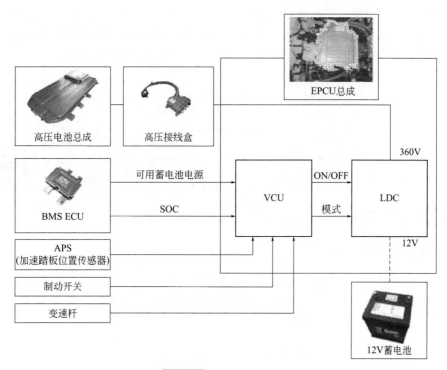

图 10-22　LDC 控制形式

　　高压电池的高压（直流 360V）通过 LDC 转换为低压（直流 12V）后，向各电气部件供电。由车辆控制模块（VCU）控制 LDC 的工作和工作模式（图 10-23）。

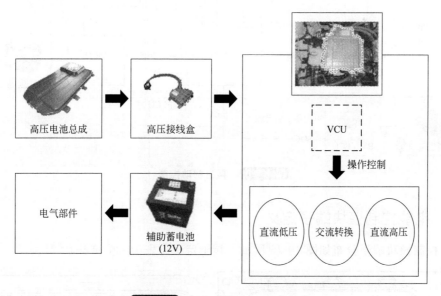

图 10-23　VCU 控制 LDC 工作流程

　　通过逆变器驱动电动汽车（EV）的驱动电机。它将高压电池的直流电转换为驱动电机所需的交流电，即将高压电池的直流电（＋、－）转换为三相交流电（U、V、W），并通过从控制器发送信号进行控制，以驱动电机。

加速期间，高压电池提供额外电能到电机（图 10-24）。减速期间，使用电机产生的电能给高压电池充电，从而延长续航里程（图 10-25）。逆变器向 VCU 提供计算必要输出转矩所需的可获得的电机转矩信息，并发送能产生由 VCU 计算的必要电机输出转矩的 PWM 信号。

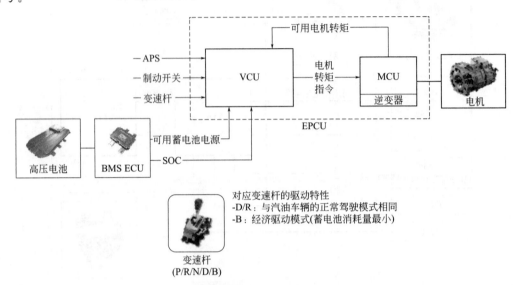

图 10-24　驱动电机控制

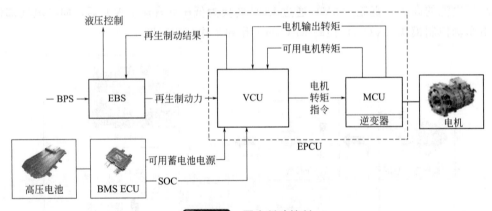

图 10-25　再生制动控制

10.6.4　电能控制模块端子定义

　　电能控制模块端子分布如图 10-26 所示，端子定义见表 10-20 和表 10-21。

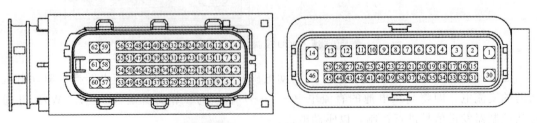

图 10-26　电能控制模块端子分布

表 10-20　62 针端子定义

端子	线色	端子说明
1	B	发动机舱接线盒(冷却风扇♯1 继电器)
2	W	加速踏板位置传感器(APS1 接地)
3	B	加速踏板位置传感器(APS2 接地)
4	R/O	加速踏板位置传感器(APS2 电源)
5	B	发动机舱接线盒(冷却风扇♯2/♯3 继电器)
6	L/O	加速踏板位置传感器(APS1 信号)
7	G	加速踏板位置传感器(APS2 信号)
8	R	加速踏板位置传感器(APS1 电源)
10	R	发动机舱接线盒(熔丝-倒车灯),变速器挡位开关(信号 2)
11	O	变速器挡位开关(信号 4)
14	BR	变速器挡位开关(信号 1)
15	GR	变速器挡位开关(信号 3)
16	L/O	发动机舱接线盒(熔丝-EPCU2)
20	Y	变速器挡位开关(信号 5)
22	G	主电机(电机位置传感器♯1)
24	W/B	主动 ECO 开关
26	W	主电机(电机位置传感器♯3)
27	L	制动灯开关(制动开关)
28	P/B	变速器挡位开关(驻车/空挡开关)
29	R	主电机[电机位置(+)]
31	BR	制动灯开关(制动灯光开关)
33	B	主电机[电机位置(-)]
34	R	主电机(电机位置传感器♯2)
38	B	主电机(电机位置传感器♯4)
39	B/O	主电机(电机位置接地)
40	B/O	主电机(温度传感器屏蔽)
41	W	C-CAN(高)
44	G	主电机(温度传感器接地)
45	L	C-CAN(低)
46	P	CAN3(高)
48	W	主电机(温度传感器信号)
50	BR	CAN3(低)
53	R/B	发动机舱接线盒(保险线-IG3-2)
57	B	接地(GC01)
58	B	接地(GC01)

续表

端子	线色	端子说明
59	B	接地(GC01)
60	R	发动机舱接线盒(熔丝-EPCU1)
61	R	发动机舱接线盒(熔丝-EPCU1)
62	R	发动机舱接线盒(熔丝-EPCU1)

表 10-21　46 针端子定义

端子	线色	端子说明
1	P	发动机舱接线盒(熔丝-IBAU1)
2	R	PSU 电机(电机+)
4	B/O	PSU 电机(GND2)
5	BR	发动机舱接线盒(熔丝-IBAU3)
6	R	制动踏板位置传感器(PDT 电源)
7	P	制动踏板位置传感器(PDF 电源)
10	GR	制动踏板位置传感器(PDT 接地)
11	B/O	PSU 电机(GND1)
13	W	PSU 电机(电机-)
14	B	接地(GC06)
17	L/O	前左轮速传感器(电源)
18	G/O	前右轮速传感器(电源)
19	W	C-CAN(高)
20	L	C-CAN(低)
22	W	制动踏板位置传感器(PDT 信号)
23	BR	制动踏板位置传感器(PDF 信号)
27	P/B	后左轮速传感器(信号)
28	L/B	前左轮速传感器(信号)
29	L	智能接线盒(IPS 控制模块-驾驶席车门开启开关输入)
30	W	发动机舱接线盒(熔丝-IBAU2)
31	B	制动踏板传感器(PDF 接地)
33	B	后左轮速传感器(电源)
34	B	后右轮速传感器(电源)
36	BR	制动灯开关(制动灯光开关)
42	G/B	前右轮速传感器(信号)
43	P/B	后右轮速传感器(信号)
44	L	制动灯开关(制动开关)
46	B	接地(GC06)

10.6.5 天窗初始化

当拆装了蓄电池，或者蓄电池亏电，或者使用应急手柄操作了天窗时，必须按下列程序进行天窗系统初始化。

① 将点火开关置于 ON 位置。

② 根据天窗位置，进行如下操作。

a. 天窗处于完全关闭或倾斜打开位置时，按下倾斜上升（⛰）按钮 1s。

b. 在天窗处于滑动打开位置时，按住关闭（☁）按钮 5s 以上，直到天窗完全关闭为止，释放关闭按钮。然后按下倾斜上升（⛰）按钮 1s。然后释放。

③ 天窗倾斜上升到稍高于最大倾斜上升（⛰）位置后，再次按住倾斜上升（⛰）按钮，直到天窗返回到倾斜上升（⛰）原始位置。

完成上述操作时，天窗系统初始化结束。